兩漢經學 的 曆術背景

邰積意　著

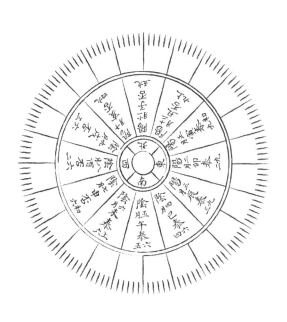

上海古籍出版社

圖書在版編目（CIP）數據

兩漢經學的歷術背景／郜積意撰. —上海：上海
古籍出版社，2022.12（2025.10重印）
ISBN 978-7-5732-0560-5

Ⅰ.①兩… Ⅱ.①郜… Ⅲ.①經學—研究—中國—漢
代②曆法—研究—中國—漢代 Ⅳ.①Z126.273.4
②P194.3

中國版本圖書館 CIP 數據核字（2022）第 233473 號

兩漢經學的歷術背景

郜積意 著

上海古籍出版社出版發行

（上海市閔行區號景路 159 弄 1-5 號 A 座 5F 郵政編碼 201101）

（1）網址：www.guji.com.cn

（2）E-mail：guji1@guji.com.cn

（3）易文網網址：www.ewen.co

商務印書館上海印刷有限公司印刷

開本 850×1168 1/32 印張 10.5 插頁 2 字數 226,000

2022 年 12 月第 1 版 2025 年 10 月第 3 次印刷

印數：2,351—2,950

ISBN 978-7-5732-0560-5

B·1298 定價：58.00 元

如有質量問題，請與承印公司聯繫

目　次

圖表目録

前　言

　　兩漢經學的曆術背景，是歷久彌新的論題。兩漢有不少經學家們精熟曆法，如劉歆以三統術解經傳曆日，鄭玄據殷術編排周初年代，蔡邕注《月令》用後漢四分曆等。不瞭解這些經學家的曆學背景，就不能準確理解相關的經學問題。

　　歷代對此兩方面的關聯性研究，却不具系統。通常的情形是，曆學歸曆學，經學歸經學。以錢大昕爲例，其精通經學自不待言，《潛研堂文集》中有關經學的論述足以爲證。且錢氏撰有《三統術衍》，知其精通三統。但錢氏所論《漢書・五行志》中的《左氏》日食説，頗多訛誤（見《三史拾遺》），個中原因，是錢氏未能仔細比勘劉歆説與《五行志》之間的乖異之處。又如錢氏弟子李鋭，撰《召誥日名考》，謂鄭玄據殷曆改動《召誥》原文“二月、三月”爲“一月、二月”，深具卓識，但鄭玄箋注他經，是否也用殷曆（如《毛詩箋》《周書注》等），却不得而知。這些問題，正是經學與曆學各自分塗所致。清代其他學者的相關著作，如臧壽恭《左氏古義》、成蓉鏡《漢太初曆考》、羅士琳《春秋朔閏異同》、汪曰楨《歷代長術輯要》、王韜《春秋》曆學三書等，皆重曆術的還原或曆譜的編排，學者們雖熟

習經學，但因論題所限，相關的經學史問題，如劉歆三統術及其
《春秋》學的關係，鄭玄曆學與其經學的關係等，並未論及。

　　另一類型的經學史研究，因爲討論範圍重在經學義例或經學
文獻，缺乏曆學的參照，故相關結論未必可信。如清劉逢禄認
爲，劉歆僞竄古本《左氏春秋》爲《春秋左氏傳》（見《左氏春
秋考證》）。康有爲《新學僞經考》提到，劉歆的《春秋》日
食説異於劉向之説，正是僞竄古文經傳的證據之一。民國前後，
北京大學教授崔適承康氏之説，同樣認爲劉歆改動《春秋》日
食之期，是其僞竄的表徵之一（見《春秋復始》）。但若知曉劉
歆的三統“歲術”，則不難看出《左傳》記載歲星與三統“歲
術”迥然有異，這無疑對上述的論點有所糾正。

　　二十世紀以來，涉及兩漢經學與曆學的關聯性研究，應關注
日本學者新城新藏的《東洋天文學史研究》。作者有現代天文學
的專業背景，且熟習中國古史，書中所涉及的文獻有《左傳》、
《國語》、《三統曆譜》、杜預《長曆》等，新城氏也提到劉歆僞
竄《左傳》説缺乏曆學的依據。四十年代前後，章鴻釗著《中
國古曆析疑》，不少論點是建立在新城説的基礎上。當然，從經
學史的角度論，《東洋天文學史研究》還有許多問題尚未展開，
如《易》學中的六日七分説，《詩》學中的五際説，《禮》學中
的《月令》物候説，等等。

　　當代的天文史學者，如張培瑜、陳久金、陳美東、江曉原、
黃一農諸教授，雖然涉及上古史的考辨、社會天文學與曆譜編排
等，但對經學問題，除張培瑜論及《春秋》日食説外，餘者也
極少涉及。至於當下的經學史研究，無論中國大陸還是中國臺

灣，多由文史學者充任，因爲學科建制的影響，有關兩漢經學的曆學問題，罕見涉及。

由此可見，經學、曆學分別兩塗，仍是目前經學史研究的基本格局。

有鑒於此，拙作以兩漢經學的曆術背景爲題，意在彰顯經學與曆學的相關性，爲進一步的研究提供新的思路。茲將具體内容簡介如下：

第一章討論三卷本《京氏易傳》之例。今三卷本《京氏易傳》的卦序是八宫卦，其内容包括二十八宿入卦、月日入卦、五行入卦等，是前漢《易》學史的重要著作。民國徐昂《京氏易傳箋》及今人盧央《京房評傳》等對此書有專門討論，但其中仍有不少問題尚待修正。如在月日入卦上，《京傳》以建候積算爲主，建始之例，據間八而成，故《京傳》原文"建起戊寅至癸未"當誤，坎卦應"建起癸未至戊子"；而徐昂、盧央等皆未指出，甚至依此起例，立論有誤。又因《漢書·京房傳》所載京房上封事，其説合乎六日七分説，而六日七分的卦序與八宫卦序不同，故本文進而討論二者之間的可能聯繫。在曆術上，六日七分與太初曆的八十一分日法不同。

第二章討論"五際"説的殷曆背景。"五際"謂："卯，《天保》也。酉，《祈父》也。午，《采芑》也。亥，《大明》也。"此以詩篇繫諸支辰，但此種分繫的理由何在？學者們語焉不詳。文章認爲，此種分繫當與殷曆相關。依據有：其一，"五際"説所見——《漢書·翼奉傳》和《詩緯汎曆樞》，其曆術背景最有可能是殷曆。其二，據師古《漢書注》引孟康釋"五際"爲"陰陽終始際會之歲”，則“五際”支辰或指歲名。其三，《易緯乾鑿度》所載文王受命入戊午蔀二十九年及殷曆古史年代，可推成王即位在丁亥年，與“亥，《大明》也”相合，知孟康之説有據。其四，“五際”云“戌，《十月之交》也”，而《漢書·翼奉傳》所引《十月之交》篇，與漢元帝初元二年（甲戌年）相合。有此四證，則五際支辰蓋是年名，而詩篇則分屬周王各年。

　　第三章討論《世經》三統術與劉歆《春秋》學。劉歆《世經》據三統術推排古史年代，並釋《春秋》經傳。又《漢書·五行志》所載劉歆《春秋》日食説，也全以三統術立論。然三統術與《春秋》經傳曆日並不吻合，但劉歆在《左傳》曆數與三統相異時，仍加引證；在經傳日食之期與三統推算結果不符時，逕改經傳曆日。此種特點，與東漢服虔以三統釋經傳有異。曆術與文獻的關係，既可爲理解劉歆之學及兩漢經學史提供新的視角，也可爲後世經學史的某些議題（如劉歆是否僞竄古文經傳）提供判斷的依據。

　　第四章討論鄭玄的周初年代學。鄭玄以曆釋經，多隨文出注，不以某一曆術爲準，但在周初年代的編排上，乃據殷曆推算，鄭氏《豳風》《周書》的箋注可以爲證。後世學者因不明鄭氏周初年代學的殷曆背景，以至於在解釋鄭氏《周書注》時，不得要領，且多舛謬。斯篇據殷曆還原出鄭氏的周初年代表，並據以考察後世學者以今、古説歸類鄭學所存在的問題。

　　第五章由漢及晉，延伸討論杜預《長曆》編排，可與前四章先後參證。《長曆》是杜預據《春秋》經傳曆日而編排的曆譜，其特點是“曲循經傳月日、日食以攷晦朔”。與杜氏之前的諸曆譜相較，《長曆》失三十三曆日、四日食，可謂最合經傳曆日。除失三十三曆日外，《長曆》猶失七曆日，對此，杜氏皆以"從赴"釋之。惟因杜氏從赴説前後矛盾，故杜氏對於失七曆日的解釋並不可信。由杜氏的從赴説可知，《長曆》的編排，不但與杜氏的曆日考證相關，也與杜氏對經傳的理解相關。

附論是《乾鑿度》主歲卦貞辰解，因其中也涉及月日時辰，故附論於此。此章可與第一章、第二章相發明。所謂主歲卦，指六十四卦分主三十二歲，每二卦主一歲，此二卦，即稱之爲主歲卦。貞辰者，謂主歲卦之爻當直何辰。要理解主歲卦之貞辰，須知陰陽卦之分及進退辰之例。陰陽卦之分，一據前後例，一據奇偶例。據前後例者，謂前卦爲陽，後卦爲陰。據奇偶例者，謂主奇歲卦者爲陽，主偶歲卦者爲陰。前後例與奇偶例交相見者，即是陰陽同位卦。進退辰之例，謂凡是陰陽同位卦，則退一辰以爲貞。泰亦是陰陽同位卦，獨貞其辰者，以泰否所貞之辰是戌酉故也。明乎陰陽卦之分及進退辰之例，則主歲卦貞辰之例無不通達。

總之，因爲前賢時彦在古曆學及經學史領域的辛勤耕耘，使筆者得以借鑒豐富的研究成果；又因爲古曆學、經學史所關注的側重點不同，使得兩漢經學與曆學的相關研究仍有廣闊的空間。這是一個饒有趣味且極具價值與挑戰性的課題，希望經學史和曆學家共同參與其中，則學科間的交融、拓展不僅指日可待，歷史內涵的豐富性也將充分展開。

初寫於二〇一一年十月
二〇二二年十一月修訂

第一章

論三卷本《京氏易傳》兼及京房的六日七分説

迄今爲止，前漢《易》家京房（字君明）的著作大多亡佚。《漢書·藝文志》録有《孟氏京房》11篇，《災異孟氏京房》66篇，《京氏段嘉》12篇。①《隋書·經籍志》云："《周易》十卷，漢魏郡太守京房章句。"② 又云：《周易占》12卷，《周易守林》3卷，《周易集林》12卷，《周易飛候》9卷，《周易飛候》6卷，《周易四時候》4卷，《周易錯卦》7卷，《周易混沌》4卷，《周易委化》4卷，《周易逆刺占災異》12卷。③《隋志》天文類並有：《京氏釋五星災異》1卷，《京氏日占圖》3卷，④ 不著姓名，然至今皆佚。唐以降，各正史《藝文

①《漢書》，中華書局，1962年，頁1703。以下引正史皆據中華書局點校本，但出頁碼。
②《隋書》，頁909。
③《隋書》，頁1032—1033。
④《隋書》，頁1020。

志》《經籍志》及目録學著作中所收京氏著作，與《隋志》大同
小異。據清朱彝尊《經義考》，《文獻通考》有“《易傳積演算法
雜占條例》一卷”，朱氏曰“存”，① 今亦不見此書。清王保訓
輯有《京氏易》8 卷，包括《周易章句》（卷一），《易傳》
（卷二），《易占》（卷三、四），《易妖占》、《易飛候》（卷
五），《别對災異》、《易説》、《五星占》（卷六），《外傳》（卷
七），《災異後序》、《周易集林》、《易逆刺》、《律術》（卷
八）。這些書名，有的又在上述各書之外。② 從這些殘存的引
證看，後世目之爲京氏《易傳》者，内容並不相同，如《漢
書·五行志》所載京房《易傳》，頗類《妖占》，與今三卷本
《京氏易傳》明顯有異。

　　三卷本《京氏易傳》（下簡稱《京傳》）的特徵是以八宫重
排六十四卦序，上、中卷釋八宫六十四卦，下卷則總論《易》
之義例，卷帙完整，且三卷之間可相互發明，對於瞭解京氏
《易》學，最有幫助。時下易見者有台灣商務印書館《文淵閣四
庫全書》景印本，《四部叢刊》景印明天一閣刊本，但二書文字
之訛比比皆是。《津逮秘書》所收《京氏易傳》，其下卷之訛相

---

① 〔清〕朱彝尊：《經義考》，《景印文淵閣四庫全書·史部·目録類》，臺灣商
務印書館，第 677 册，頁 68 下。

② 這些書名的確定，據王氏《京氏易·序録》（收入《木犀軒叢書》，光緒九
至十四年〔1883—1888〕德化李氏木犀軒刻本），爲《太平御覽》《乾象通鑒》
所引。《太平御覽》引京氏書有《京氏易傳》《京房易説》《京房易飛候》《周
易集林雜占》《京房别對災異》《京房風角要占》《風角要訣》《京房易妖占》
《京房五星占》《京氏律術》。《乾象通鑒》引書有：《京房易傳》《京氏外傳》
《京房星經外傳》《京房易飛候氣候》《京房易妖占》《京房易占》《京氏五星
占》《京房災異後序》《災異後論》。

對較少，然上、中卷之誤也不少見。①

　　至於《京傳》之研究，歷代並不多見。以清代經學之盛，也不見此書的詳細疏解。民國徐昂撰《京氏易傳箋》，②於義例多所發明，凡建候、積算、飛伏等等，徐氏皆有詳細論述。然此書亦有可議之處，一則徐氏只箋釋上、中卷（即八宮六十四卦），删除下卷，致使某些義例反而轉晦，如《京傳》論坎卦云建起戊寅至癸未，積算癸未至壬午，若據《京傳》卷下云"積算隨卦起宮……坎起子"云云，則坎卦之建算當有別解，即坎卦建始癸未至戊子，積算起戊子至丁亥。二則徐氏於《京傳》義例心得既深，又不免師心自用，如震卦建始丙子，後乾卦十二辰，故徐氏也認爲巽卦當建始丙午，後坤卦十二辰，③致巽宮之建始、積算、候數皆改，是徐氏以己例改文，非依文起例。今人論《京傳》者，以南京大學盧央教授爲代表，盧氏原從事射電天文學，後治京氏《易》，著有《京房評傳》《京氏易傳解讀》等。因有現代天文學

----

① 筆者曾對比北京大學圖書館所藏《京傳》諸本，有樊維城編《鹽邑志林》本（明天啓三年〔1623〕刻本）第二、三帙，收陸績注《易傳》，即今《京氏易傳》三卷本；《漢魏叢書》所收《京氏易傳》（明萬曆新安程氏刻本）；《津逮秘書》所收《京氏易傳》（明崇禎間虞山毛氏汲古閣刻本）。前二種之校勘，皆遠遜《津逮秘書》本，故本文所引《京氏易傳》卷下文字，均以《津逮秘書》本爲準。上、中卷八宮卦文字則依徐昂《京氏易傳箋》本，並參《津逮秘書》本。

② 徐昂：《京氏易傳箋》，《徐氏全書》，第一册，南通翰墨林書局，1944 年鉛印本。

③ 徐氏云："陽宮長男震卦，後乾十二辰，建始丙子，陰宮長女巽卦，宜後坤十二辰，建始丙午，受氣當五月節芒種，成體辛亥。"（《京氏易傳箋》，卷二，頁 10b。以下凡引此書，只出卷數、頁碼，不出書名）案：此説可商。乾卦建始甲子，一世卦姤則建始庚午；而坤卦建始甲午，一世卦復則建始乙未，是乾、坤陰陽二宮之建始不可類推。

背景，故論京房之星占學等，發前人所未發。① 然盧氏之於文獻
學，頗欠精審，如沿襲前人之說，將晁說之誤爲晁公武。② 又如
《漢書》京房本傳云"建昭二年二月朔"，錢大昕已指出此二月乃
三月之誤，盧氏或未見，致使京房上封事之釋，年月顛倒。③ 且盧
氏於《京傳》之例，亦有未洽，如假設巽卦建始改爲丙午，兌
卦建始改爲庚申，以應陰陽宮之相當，④ 皆於本文無可取證。此
外，相關的哲學史、經學史著作，如朱伯崑《易學哲學史》、高
懷民《兩漢易學史》，亦論及《京傳》之例，或因撰寫體例所
限，二書所論仍有可商者，如朱著引《京傳》卷下"立春正月
節在寅"云云，謂"依太初曆"，⑤ 非也。高著亦誤晁說之爲晁公

---

① 《京房評傳》，南京大學出版社，1998 年，第四章，頁 254—332。

② 《京房評傳》，頁 85、151。案：今三卷本《京傳》卷下附有"晁氏公武"云云，
文中並有"景迂嘗曰"，故前人以爲乃晁公武之言，如沈延國在《京氏易傳證僞》
中遂云"晁氏公武曰"（收入《民國叢書》，第四編第 50 冊，頁 8）。盧氏未識其
誤，並歸諸《郡齋讀書志》。今考晁說之《景迂生集・記京房易傳後》（《景印文
淵閣四庫全書・集部・別集類》，第 1118 冊，卷十八），則"晁氏公武"所言，
皆晁說之之語也。王應麟《玉海》所錄，亦爲晁說之，知南宋時不誤。但馬端
臨《文獻通考》論《京傳》則有"晁氏《讀書記》曰：《漢藝文志》：《易京氏》
凡三種八十九篇"，中並有"景迂嘗曰"等，全錄《景迂生集・記京房易傳後》
之文（中華書局，1986 年，下冊，頁 1513 下—1514 上）。又《四庫提要》論
《郡齋讀書志》云："馬端臨作《經籍考》，全以是書及陳氏《書錄解題》爲據。
然以此本與《經籍考》互校，往往乖迕不合。如《京房易傳》此本僅注三十
餘字，而馬氏所引其文多至數十倍。"（《景印文淵閣四庫全書・史部・目錄
類》，第 674 冊，頁 154 上）然則，誤晁說之爲晁公武，蓋始於馬端臨歟？

③ 《京房評傳》，頁 67。

④ 《京房評傳》，頁 158。

⑤ 朱伯崑：《易學哲學史》：北京大學出版社，1986 年，頁 135。案：太初曆以驚
蟄爲正月中、雨水二月節、穀雨三月節、清明三月中，而《京傳》之文卻以雨
水爲正月中、驚蟄爲二月節。且朱氏論六日七分說，以爲太初歲實（365+385/
1539 日），即（365+1/4 日），誤（同書，頁 118）。太初曆不可等同於四分曆。

武。① 其他著作，如郭彧《京氏易傳導讀》、劉玉建《兩漢象數易學研究》、林忠軍《象數易學發展史》等，雖側重點各異，但對《京傳》之例的探討，皆未能在徐昂《京氏易傳箋》的基礎上有所突破。江弘遠著《京房易學流變考》，於京氏《易》的流變及影響有詳細論述，對《京傳》之例的概括頗可稱道，但其中所論，有不合於《京傳》者，如在"世月"之例中，江氏引用干寶、胡一桂之論，實與《京傳》直月例不合。② 凡此種種，足示《京傳》有重新檢討的必要。

一、飛爻、伏爻、世爻及二十八宿入卦

《京傳》卦序，依八宮卦排列。各宮以八純卦領起，即乾宮、震宮、坎宮而下。各卦初爻始變，目爲一世卦；二爻繼變，則爲二世卦，至五爻五變爲五世卦。五世卦反變第四爻爲遊魂卦，再變内卦三爻，則是歸魂卦。見下表：

表一　《京傳》八宮卦表

	乾宮 ䷀	震宮 ䷲	坎宮 ䷜	艮宮 ䷳	坤宮 ䷁	巽宮 ䷸	離宮 ䷝	兑宮 ䷹
一世卦	姤 ䷫	豫 ䷏	節 ䷻	賁 ䷕	復 ䷗	小畜 ䷈	旅 ䷷	困 ䷮
二世卦	遯 ䷠	解 ䷧	屯 ䷂	大畜 ䷙	臨 ䷒	家人 ䷤	鼎 ䷱	萃 ䷬

① 高懷民：《兩漢易學史》，廣西師範大學出版社，2007 年，頁 110。
② 江弘遠：《京房易學流變考》，臺中瑞成書局，2006 年，頁 183—184。

續　表

	乾宮 ䷀	震宮 ䷲	坎宮 ䷜	艮宮 ䷳	坤宮 ䷁	巽宮 ䷸	離宮 ䷝	兌宮 ䷹
三世卦	否 ䷋	恒 ䷟	既濟 ䷾	損 ䷨	泰 ䷊	益 ䷩	未濟 ䷿	咸 ䷞
四世卦	觀 ䷓	升 ䷭	革 ䷰	睽 ䷥	大壯 ䷡	无妄 ䷘	蒙 ䷃	蹇 ䷦
五世卦	剝 ䷖	井 ䷯	豐 ䷶	履 ䷉	夬 ䷪	噬嗑 ䷔	渙 ䷺	謙 ䷎
遊魂卦	晉 ䷢	大過 ䷛	明夷 ䷣	中孚 ䷼	需 ䷄	頤 ䷚	訟 ䷅	小過 ䷽
歸魂卦	大有 ䷍	隨 ䷐	師 ䷆	漸 ䷴	比 ䷇	蠱 ䷑	同人 ䷌	歸妹 ䷵

《京傳》以八宮重排六十四卦，次序則先陽卦後陰卦。在解釋每卦時，例皆提及卦之飛伏，如乾卦，與坤爲飛伏；姤卦，與巽爲飛伏。飛爲表（可見），伏爲裏（不可見）。有關卦之飛伏，有如下幾種：

1. 八宮各純卦據錯卦而飛伏，如乾與坤、震與巽、坎與離、艮與兌相飛伏。

2. 各宮卦的一世卦、二世卦、三世卦與其本身之內卦爲飛伏，如乾宮一世卦姤，外乾內巽，故姤與巽爲飛伏；二世卦遯，外乾內艮，故遯與艮爲飛伏；三世卦否，外乾內坤，故否與坤爲飛伏。同樣，震宮一世卦豫，外震內坤，故與坤爲飛伏；二世卦解，外震內坎，故與坎爲飛伏；三世卦恒，外震內巽，故與巽爲飛伏。他皆倣此。

3. 四世卦、五世卦，則與其本身之外卦爲飛伏，如坎宮四世卦革，外兌內離，故革與兌爲飛伏，五世卦豐，外震內離，故豐與震爲飛伏。

4. 遊魂卦，據本宮五世卦反變第四爻而成，故與本宮五世卦之外卦爲飛伏。如巽宮遊魂卦頤，而五世卦噬嗑之外卦爲離，故頤與離爲飛伏。

5. 歸魂卦則與本宮五世卦之內卦爲飛伏，如艮宮歸魂卦漸，五世卦履之內卦爲兌，故漸與兌爲飛伏。

《京傳》的飛伏之義，不但在卦之飛伏，更在爻之飛伏，爻的飛伏，則與二十八宿入卦有關。欲明其間關係，首先須瞭解卦爻納干支法。

《京傳》卷下云："分天地乾坤之象，益之以甲乙壬癸，震巽之象配庚辛，坎離之象配戊己，艮兌之象配丙丁。"① 據此，乾納甲、壬，坤納乙、癸，震納庚，巽納辛，坎納戊，離納己，艮納丙，兌納丁。此爲卦納天干，其例即陽卦（乾、震、坎、艮）納陽甲，陰卦（坤、巽、離、兌）納陰乙。陽甲者，甲、丙、戊、庚、壬。陰乙者，乙、丁、己、辛、癸。《京傳》又有爻納支。地支也分陰陽，陽支者，子、寅、辰、午、申、戌；陰支者，丑、卯、巳、未、酉、亥。納支之例，陽卦納陽支，陰卦納陰支。至於六爻納支之法，《漢書》謂之"八八爲伍"。《律曆志》云：

（黃鐘）參分損一，下生林鐘。參分林鐘益一，上

---

① 《津逮秘書》本，卷之下，頁 1b—2a。

生太族。參分太族損一，下生南呂。參分南呂益一，上
生姑洗。參分姑洗損一，下生應鐘。參分應鐘益一，上
生蕤賓。參分蕤賓損一，下生大呂。參分大呂益一，上
生夷則。參分夷則損一，下生夾鐘。參分夾鐘益一，上
生亡射。參分亡射損一，下生中呂。陰陽相生，自黃鐘
始而左旋，八八爲伍。

師古《注》引孟康云：“從子數辰至未得八，下生林鐘。數未至
寅得八，上生太族。律上下相生，皆以此爲率。伍，耦也。八八
爲耦。”①

　　“八八爲伍”，謂陽律、陰呂分別相次，其數須兩間八而成。
自黃鐘子起，下生大呂未，子至未算上，凡八；大呂上生太族，
自未至寅，亦八。子、寅相並而爲伍，其間二“八”，故云“八
八爲伍”。又太族下生南呂，自寅至酉，凡八，未、酉相並，其
間亦二“八”。無論陽律下生、陰呂上生，皆是左旋之法。但從
《京傳》論乾坤六位而言，却是陽卦左旋，陰卦右旋，陽卦陽
爻、陰卦陰爻之例。② 兹將八卦之六爻干支圖示如下③：

────────────

① 《漢書》，頁 966。此云由子至未而得林鐘，是以黃鐘爲子。十二支與十二
律相應如下：十一月黃鐘（子），十二月大呂（丑），一月太簇（寅），二月夾
鐘（卯），三月姑洗（辰），四月中呂（巳），五月蕤賓（午），六月林鐘
（未），七月夷則（申），八月南呂（酉），九月亡射（戌），十月應鐘（亥）。
② 《京傳》卷下云：“子午分行，子左行，午右行。”《津逮秘書》本，卷之
下，頁 2b。
③ 關於爻位之干支，歷代學者多有論述，如朱震《漢上易傳》即有“乾坤六
位圖”。見《景印文淵閣四庫全書·經部·易類》，第 11 冊，頁 340 上。

```
        乾                       坤
    ——戌                    ——酉
    ——申                    ——亥
壬——午                    癸——丑
    ——辰                    ——卯
    ——寅                    ——巳
甲——子                    乙——未
```

```
    震        坎        艮        巽        離        兌
——戌    ——子    ——寅    ——卯    ——巳    ——未
——申    ——戌    ——子    ——巳    ——未    ——酉
——午    ——申    ——戌    ——未    ——酉    ——亥
——辰    ——午    ——申    ——酉    ——亥    ——丑
——寅    ——辰    ——午    ——亥    ——丑    ——卯
庚——子  戊——寅  丙——辰  辛——丑  己——卯  丁——巳
```

八卦共四十八爻，六十甲子必餘十二干支（以壬、癸爲首）不能納入爻位，故以乾、坤分納壬、癸，如壬午歸爲乾卦，癸丑歸爲坤卦。不過，在歸類時，乾、坤之初、二、三爻以甲、乙領稱，四、五、上爻以壬、癸領稱，《京傳》論乾卦云："甲壬配外内二象。"（卷一，頁 1b）同理，坤卦即"乙癸分内外二象"。

知曉八卦的爻位納干支，即可討論二十八宿入卦之例。

關於二十八宿入卦，京氏以參宿爲乾卦之始，其後據二十八宿之序。如乾卦起於參宿，則一世卦姤必自南方井宿降入，二世

卦遞則自鬼宿降入。每卦一宿,至兑宫歸妹卦"軫宿從位降丁
丑土"終。

至於乾卦何以起參宿,《京傳》並無説明。盧央氏特别指出
京房之地望爲東郡頓丘,屬衛地,以參星爲起首星,與地理位置
及家鄉文化傳承有關,[①] 可備一説。由建始看,乾卦始於初爻,
成象於上爻,初爻爲十一月節小雪,上爻爲四月中小滿,而太初
曆二十八宿距度,小滿正好在井宿初度,故京氏以乾卦始於參
宿,或許與建候的安排有關。

但這僅屬推測,並無直接證據。二十八宿入卦值得注意的,
是降位的干支安排。爲何坎卦是牛宿從位降戊子,此"戊子"
是如何確定的呢?

對於這一問題,徐昂《京氏易傳箋》並無明言,但從每卦
的解釋看,知徐氏以世爻釋之。具體而言,世爻的干支,必是二
十八宿入卦的干支。如乾宫三世否卦,"柳宿從位降乙卯",徐
氏云:"降世位乙卯。"(卷一,頁 6a)又如大有卦"軫宿從位降
甲辰",徐氏云:"軫宿位於東南方,降入第三爻甲辰。"(卷一,
頁 11a)諸如此類。後來,高懷民教授在《兩漢易學史》中也曾
指出世爻干支同於二十八宿入卦的干支。[②]

問題是,世爻的干支又如何確定呢? 這就需要討論爻的
飛伏。

按照上文所述,飛伏之例,僅就卦與卦之間而論,即一世

---

① 盧央:《京氏易傳解讀》,九州出版社,2004 年,頁 155。
② 高懷民:《兩漢易學史》,頁 104。

卦、二世卦、三世卦與本身之内卦相飛伏，四世、五世卦與外卦相飛伏，等等，但此種卦與卦之間的飛伏，尚不足以揭示京氏飛伏說的内涵。京氏的飛伏說，更在於爻的飛伏，因爲從二十八宿入卦看，世爻的干支，即是飛爻的干支。

比如，坎宮一世卦節（内兌外坎），與兌爲飛伏。由於節内卦由坎變初爻而成兌卦，故爻位干支以兌卦初爻丁巳爲準。陸《注》云：“丁巳火，戊寅木。”（卷一，頁 21b）丁巳是兌卦初爻，爲飛；戊寅是坎卦初爻，爲伏。又因節卦乃變坎之初爻而成，故初爻也是世爻。同理，又如巽宮四世无妄卦（外乾内震），與乾爲飛伏。乾之四爻壬午，爲飛；本宮巽之四爻辛未，爲伏，陸《注》云：“壬午火，辛未土。”（卷二，頁 14a）无妄卦是變巽之四爻而成，故四爻壬午也稱世爻，與飛爻同。餘皆例此。

不僅一世卦至五世卦如此，遊、歸卦也是如此。乾宮遊魂卦晉（内坤外離），與艮爲飛伏（艮爲剥之外卦），陸《注》云：“己酉金，丙戌土。”（卷一，頁 9a）晉卦由剥卦變艮四爻而成離，則離之四爻己酉，爲飛；艮之四爻丙戌，爲伏。世爻同樣是離之四爻己酉。此處不以乾之四爻壬午爲飛伏，是因爲晉卦的變與所變皆與乾卦無關，故雖處本宮，而不與飛伏。至於歸魂卦，則同世卦。如乾宮歸魂卦大有，内乾外離，與坤爲飛伏。陸《注》云：“甲辰土，乙卯木。”（卷一，頁 10a）甲辰爲乾之三爻，爲飛；乙卯爲坤之三爻，爲伏。世爻即乾之三爻甲辰，與飛爻同。

明瞭飛伏的爻位干支，就可看出《京傳》六十四卦納宿的干支，全據世爻，或者説全據飛爻，無一例外，見下表：

表二　二十八宿入卦降位表

廿八宿	入卦於世爻位			
參	乾（世爻壬戌）	睽（世爻己酉）		兑（世爻丁未）
井	姤（世爻辛丑）	履（世爻壬申）		困（世爻戊寅）
鬼	遯（世爻丙午）	中孚（世爻辛未）		萃（世爻乙巳）
柳	否（世爻乙卯）	漸（世爻丙申）		咸（世爻丙申）
星	觀（世爻辛未）		坤（世爻癸酉）	蹇（世爻戊申）
張	剥（世爻丙子）		復（世爻庚子）	謙（世爻癸亥）
翼	晉（世爻己酉）		臨（世爻丁卯）	小過（世爻庚午）
軫	大有（世爻甲辰）		泰（世爻甲辰）	歸妹（世爻丁丑）
角	震（世爻庚戌）		大壯（世爻庚午）	
亢	豫（世爻乙未）		夬（世爻丁酉）	
氐	解（世爻戊辰）		需（世爻戊申）	
房	恒（世爻辛酉）		比（世爻乙卯）	
心	升（世爻癸丑）		巽（世爻〔辛卯〕）	
尾	井（世爻戊戌）		小畜（世爻甲子）	
箕	大過（世爻丁亥）		家人（世爻己丑）	
計都	隨（世爻庚辰）		益（世爻庚辰）	
牛	坎（世爻戊子）		无妄（世爻壬午）	
女	節（世爻丁巳）		噬嗑（世爻己未）	

續　表

廿八宿	入卦於世爻位			
虛	屯（世爻庚寅）		頤（世爻丙戌）	
危	既濟（世爻己亥）		蠱（世爻辛酉）	
室	革（世爻丁亥）		離（世爻己巳）	
壁	豐（世爻庚申）		旅（世爻丙辰）	
奎	明夷（世爻癸丑）		鼎（世爻辛亥）	
婁	師（世爻戊午）		未濟（世爻戊午）	
胃	艮（世爻丙寅）		蒙（世爻丙戌）	
昴	賁（世爻己卯）		渙（世爻辛巳）	
畢	大畜（世爻甲寅）		訟（世爻壬午）	
觜	損（世爻丁丑）		同人（世爻己亥）	

　　案：《京傳》隨卦云"計都從位降庚辰"，二十八宿並無計都之宿，據上下文，知計都即是斗宿，而益卦云"計宿從位降庚辰"，此云"計宿"，蓋即"計都"。盧央氏推測，"計都或者計宿，只是建宿或建星之訛"（《京氏易傳解讀》，上冊，頁156）。又，《京傳》巽卦無納宿之文，今據上下文，可推知巽卦"心宿從位降辛卯"。遯卦，諸本皆作"鬼宿入位丙辰"，此丙辰誤，當作丙午，因遯卦世爻爲巽之二爻，干支即丙午。

　　據飛伏之例，還可以解釋六世卦（即八純卦）之間的關係。《京傳》卷下云："一世二世爲地易，三世四世爲人易，五世六世爲天易，遊魂歸魂爲鬼易。"[1] 六世即純卦，乾卦可以視爲坤之六世卦，即變坤上六而成。同樣，坤卦也可視爲乾卦之六世卦，變乾之上九而成，故乾、坤飛伏，均以上爻釋之（壬戌、

━━━━━━━━━

[1]《津逮秘書》本，卷之下，頁3a。

癸酉），據此，人們就不難理解《京傳》何以是錯卦相飛伏，也不難理解爲何八純卦的世爻皆在上爻。

二十八宿入卦的干支既由世爻或飛爻的干支確定，那麼，就須辨析世爻和飛爻的異同。世爻與飛爻的干支雖然一致，但在涵義上不同。飛爻對伏爻而言，兼指兩卦，謂變。世爻則針對本卦而言，謂所變。前者謂卦變的關係，後者謂卦變的結果。兩種爻名的干支雖同，内涵却異。不僅飛爻、世爻之間的關係需要辨析，其他爻類如建爻、主爻等，也需要分疏。否則，就有可能妨礙相關問題的理解，這在下文還有提及。

二、建候積算之例

如果説二十八宿入卦與世爻或飛爻相關，那麼，建候積算則與二十四氣、月日入卦相關。

《京傳》之建，或源自曆學。曆學之"建"，謂斗建，即斗柄所指，以辰命之以起月。《京傳》之建，亦有"指、起"義，即起氣、起月。如論坎宫三世卦既濟云："建丙戌至辛卯。卦氣分節氣，始丙戌受氣，至辛卯成正象。"（卷一，頁24a）論坎宫五世卦豐云："建始戊子至癸巳……夏至積陰生，豐當正應，吉凶見矣。"（卷一，頁25b—26a）此云"節氣""夏至"，即起氣之義。又乾宫二世遯卦建辛未至丙子，《京傳》云："建辛未爲月。"此即起月之義。所以，陸績之《注》既有氣，也有月。如陸注姤卦云："芒種，小雪。"（卷一，頁3b）注遯卦云："六月至十一月。”（卷一，頁4b）起氣與起月相互關聯：知起氣，則起月可知；知起月，則起氣也可推知。

關於起氣、起月之例，《京傳》六十四卦雖無明文，却可以推求。卷下云“龍德十一月子，在坎卦，左行；虎刑五月午，在離卦，右行”，[1] 知子爲十一月，午爲五月，則其餘支辰之直月皆可推知。但一月有二氣，如十一月有大雪、冬至二氣，則起氣究竟起何氣呢？《京傳》之例，以陽支直節氣，陰支直中氣。如姤卦建庚午至乙亥，陸《注》云：“芒種、小雪。”午爲陽支，且在五月，故配以五月節氣芒種；亥爲陰支，且在十月，故配以十月中氣小雪。既濟卦建丙戌至辛卯，陸《注》：“寒露、春分。”（卷一，頁24a）戌爲陽支，在九月，故配以九月節氣寒露；卯爲陰支，且在二月，故配以二月中春分。晁説之言“剛日則節氣，柔日則中氣”，[2] 是也。

另外，每卦六爻，直六月，每月二氣，六月共十二氣，但從氣數看，六月則有十二氣與十氣之別。若起節氣，則六月共十二氣；若起中氣，則六月只有十氣。如正月立春至六月大暑，六月十二氣，因立春爲正月節。二月春分至七月立秋，則是六月十氣，因春分爲二月中。上文姤卦起氣在五月節芒種，終於十一月中小雪，是六月十二氣；而遯卦起氣六月中大暑，終於十一月節大雪，則是六月十氣。十氣與十二氣的差別，關涉到分候數的不同（見下）。總之，建始分候以氣、月入卦。由下文可知，積算

---

① 《津逮秘書》本，卷之下，頁3a。

② 〔宋〕晁説之：《景迂生集》，卷十八《記京房易傳後》，頁344下。

則是以日入卦。徐昂在《京氏易傳箋》中據此列有八宮建候積算表[1]，今本徐表，重新修訂，並附說明。

表三　乾宮建候積算表

建始	甲子	乙丑	丙寅	丁卯	戊辰	己巳	庚午	辛未	壬申	癸酉	甲戌	乙亥	丙子	丁丑	戊寅	己卯	庚辰	辛巳	壬午	癸未	甲申
月節中	十一月節	十二月中	正月節	二月中	三月節	四月中	五月節	六月中	七月節	八月中	九月節	十月中	十一月節	十二月中	正月節	二月中	三月節	四月中	五月節	六月中	七月節
廿四氣	大雪	大寒	立春	春分	清明	小滿	芒種	大暑	立秋	秋分	寒露	小雪	大雪	大寒	立春	春分	清明	小滿	芒種	大暑	立秋
卦名	乾					姤	遯	否	觀	剝					大有	晉					
起算						乾							姤	遯	否	觀	剝			大有	晉
候數	36					36	28	36	28	36					36	28					

案：本表據《京傳》本文，與徐表同。

表四　震宮建候積算表

建始	丙子	丁丑	戊寅	己卯	庚辰	辛巳	壬午	癸未	甲申	乙酉	丙戌	丁亥	戊子	己丑	庚寅	辛卯
月節中	十一月節	十二月中	正月節	二月中	三月節	四月中	五月節	六月中	七月節	八月中	九月節	十月中	十一月節	十二月中	正月節	二月中
廿四氣	大雪	大寒	立春	春分	清明	小滿	芒種	大暑	立秋	秋分	寒露	小雪	大雪	大寒	立春	春分

[1] 卷三，頁20b—22b、30b—31b。

續　表

建始	丙子	丁丑	戊寅	己卯	庚辰	辛巳	壬午	癸未	甲申	乙酉	丙戌	丁亥	戊子	己丑	庚寅	辛卯
卦名	震	豫	解	恒	升	井				隨	大過					
起算							震	豫	解	恒	升	井			隨	大過
候數	36	28	36	28	36	28				28	36					

　　案：《京傳》原文恒卦分候三十八，誤，今改爲二十八。其餘據本文，與徐表同。

表五　坎宮建候積算表

建始	癸未	甲申	乙酉	丙戌	丁亥	戊子	己丑	庚寅	辛卯	壬辰	癸巳	甲午	乙未	丙申	丁酉	戊戌
月節中	六月中	七月節	八月中	九月節	十月中	十一月節	十二月中	正月節	二月中	三月節	四月中	五月節	六月中	七月節	八月中	九月節
廿四氣	大暑	立秋	秋分	寒露	小雪	大雪	大寒	立春	春分	清明	小滿	芒種	大暑	立秋	秋分	寒露
卦名	坎	節	屯	既濟	革	豐				師	明夷					
起算						坎	節	屯	既濟	革	豐				師	明夷
候數	36	28	36	28	36	28				28	36					

　　案：《京傳》原文坎卦建始戊寅至癸未，今改爲癸未至戊子。起算也改爲戊子。徐表坎卦據原文建始戊寅，起算癸未。但徐表改其餘七卦之分候數，除坎卦分候36外，其餘七卦之分候數皆與本表異。

表六　艮宮建候積算表

建始	庚寅	辛卯	壬辰	癸巳	甲午	乙未	丙申	丁酉	戊戌	己亥	庚子	辛丑	壬寅	癸卯	甲辰	乙巳
月節中	正月節	二月中	三月節	四月中	五月節	六月中	七月節	八月中	九月節	十月中	十一月節	十二月中	正月節	二月中	三月節	四月中
廿四氣	立春	春分	清明	小滿	芒種	大暑	立秋	秋分	寒露	小雪	大雪	大寒	立春	春分	清明	小滿
卦名	艮	賁	大畜	損	睽	履			漸	中孚						
起算							艮	賁	大畜	損	睽	履			漸	中孚
候數	36	28	36	28	36	28			28	36						

案:《京傳》原文大畜分候二十八,今改爲三十六。徐表亦改大畜分候爲三十六。餘同。

表七　坤宮建候積算表

建始	甲午	乙未	丙申	丁酉	戊戌	己亥	庚子	辛丑	壬寅	癸卯	甲辰	乙巳	丙午	丁未	戊申	己酉
月節中	五月節	六月中	七月節	八月中	九月節	十月中	十一月節	十二月中	正月節	二月中	三月節	四月中	五月節	六月中	七月節	八月中
廿四氣	芒種	大暑	立秋	秋分	寒露	小雪	大雪	大寒	立春	春分	清明	小滿	芒種	大暑	立秋	秋分
卦名	坤	復	臨	泰	大壯	夬			比	需						
起算							坤	復	臨	泰	大壯	夬			比	需
候數	36	28	36	28	36	28			28	36						

案:本表據《京傳》原文,與徐表同。

表八　巽宮建候積算表

建始	辛丑	壬寅	癸卯	甲辰	乙巳	丙午	丁未	戊申	己酉	庚戌	辛亥	壬子	癸丑	甲寅	乙卯	丙辰
月節中	十二月中	正月節	二月中	三月節	四月中	五月節	六月中	七月節	八月中	九月節	十月中	十一月節	十二月中	正月節	二月中	三月節
廿四氣	大寒	立春	春分	清明	小滿	芒種	大暑	立秋	秋分	寒露	小雪	大雪	大寒	立春	春分	清明
卦名	巽	小畜	家人	益	无妄	噬嗑						蠱	頤			
起算							巽	小畜	家人	益	无妄	噬嗑			蠱	頤
候數	36	28	36	28	36	28						28	36			

案：本表據《京傳》本文，與徐表全異，徐表改動巽卦建始，致全宮之建始、積算、二十四氣、候數皆改。

表九　離宮建候積算表

建始	戊申	己酉	庚戌	辛亥	壬子	癸丑	甲寅	乙卯	丙辰	丁巳	戊午	己未	庚申	辛酉	壬戌	癸亥
月節中	七月節	八月中	九月節	十月中	十一月中	十二月中	正月節	二月中	三月節	四月中	五月節	六月中	七月節	八月中	九月節	十月中
廿四氣	立秋	秋分	寒露	小雪	大雪	大寒	立春	春分	清明	小滿	芒種	大暑	立秋	秋分	寒露	小雪
卦名	離	旅	鼎	未濟	蒙	渙					同人	訟				
起算							離	旅	鼎	未濟	蒙	渙			同人	訟
候數	36	28	36	28	36	28					28	36				

案：《京傳》原文旅卦分候三十六，今改爲二十八。與徐表同。

表十　兌宮建候積算表

建始	乙卯	丙辰	丁巳	戊午	己未	庚申	辛酉	壬戌	癸亥	甲子	乙丑	丙寅	丁卯	戊辰	己巳	庚午
月節中	二月中	三月節	四月中	五月節	六月中	七月節	八月中	九月節	十月中	十一月節	十二月中	正月節	二月中	三月節	四月中	五月節
廿四氣	春分	清明	小滿	芒種	大暑	立秋	秋分	寒露	小雪	大雪	大寒	立春	春分	清明	小滿	芒種
卦名	兌	困	萃	咸	蹇	謙				歸妹	小過					
起算				兌	困	萃	咸	蹇	謙						歸妹	小過
候數	36	28	36	28	36	28				28	36					

案：《京傳》原文萃卦建始戊寅至癸未，誤，當建始丁巳至壬戌。又，原文萃卦分候二十八，咸卦分候三十六，今互易。原文歸妹卦分候三十八，誤，當爲二十八。徐表改動兌卦建始，致全宮建始、積算、候數皆改，與本表異。

　　上表除乾宮之外，其餘各宮的起建方式一致。乾卦建始甲子，終於己巳，一世卦姤則建始庚午；而他宮自純卦建始之後，一世卦即從下一干支建始，依次遞降，至遊、歸卦再變。如坤卦建始甲午，終於己亥，一世卦復則建始乙未，二世卦臨則建始丙申，如此遞降。京房所以獨立乾宮諸世卦的建始方式，可能是乾卦爲八宮之首，故建始與他宮不同：即一世卦緊接乾卦世爻，而非建爻。其他宮的一世卦建始則緊接純卦建爻，而非世爻。

　　此建始之例極其重要，因爲它涉及坎卦建始的判定。學者們之所以對各宮建候問題多有分歧，即因未認識乾宮建始的特殊性。

但是，對此特殊性的最大質疑，來自《京傳》以坎卦建起戊寅至癸未，一世節卦建起甲申，例與乾宮同。徐昂、盧央氏皆未指出其誤。其實，坎卦應建起癸未至戊子，《京傳》本文言坎卦建起戊寅至癸未，當有訛誤。謹將理據說明如下：

乾建始甲子，坤建始甲午，是京氏先定之例。[1] 其他諸宮之建始，如震卦建起丙子至辛巳，巽卦建起辛丑至丙午等，《京傳》並無明言。細究京氏建始之由，以乾、震、坎、艮爲陽宮，以坤、巽、離、兌爲陰宮，即乾、坤分陰陽，生六子。乾、坤建始既已先定，他卦則以類相從。建始之例，是以前宮純卦建始之爻，算上八，而爲後宮純卦之建始，如坤宮建始甲午，算上八，至於辛丑，則辛丑爲巽宮建始。辛丑算上八，至戊申，爲離宮建始。戊申算上八，至乙卯，爲兌宮建始。同樣，震宮純卦建始丙子，算上八，命起丙子，則丁丑、戊寅、己卯、庚辰、辛巳、壬午、癸未，則癸未當爲坎宮建始。坎建起癸未，算上八，至庚寅，而爲艮宮之建始。惟乾宮至震宮的建始之例稍異。乾宮建始甲子，算上八，得辛未，然《京傳》云震卦建始丙子，與此不合。個中緣由，可能是乾卦爲八宮之首，"八卦例諸"（卷一，頁2b），故其例與他宮不同，即不以起建之爻爲始，而以止建之爻（己巳）爲始，其間深意，雖未

---

[1] 此種先定之緣由，當是"子午分行"原則。《京傳》卷下云："陰從午，陽從子，子午分行。"（《津逮秘書》本，卷之下，頁2b）《京傳》論姤卦建始云："建午起坤宮初六爻。"（卷一，頁4a）此有二義，一謂姤卦建始庚午，二謂坤初六也起建於午，即甲午。故姤卦雖在乾宮，其義亦引申坤宮之起建。又論乾卦云："建子起潛龍，建巳至極主亢位。"（卷一，頁4a）知乾卦建始甲子至己巳。

敢斷定，但姤卦建始庚午而非乙丑，亦據乾之止建之爻己巳遞
降。以此類推，震卦依己巳起算，算上八，至於丙子，故建始
丙子。如此，不僅可合理解釋震宮與姤卦建始之例的一致性，
還可彰顯乾卦的特殊性。據震卦建始丙子，算上八，得癸未，
知坎卦當建始癸未。且坎宮一世節卦建起甲申，也符合遞降之
例，與各宮相同。此其一。又陸《注》云："大暑、大雪。"
（卷一，頁21a）此謂癸未至戊子，若依原文建起戊寅至癸未，
當爲"立春、大暑"，則注家即認爲坎卦建始癸未。此其二。
從分候看，《京傳》有三十六與二十八候數之別。八宮各卦均
占六月，但氣數不同，即十二氣、十氣。十二氣與十氣之別，
正關涉候數三十六與二十八之分。《京傳》之例，八純卦之候
數均爲三十六，各宮之卦據十二氣、十氣相從。如乾宮純卦，
建始甲子至己巳，始氣大雪，終氣小滿，共十二氣，則姤、
否、剝、大有亦十二氣，故從乾卦分候三十六；而遯、觀、晉
只有十氣，故候數二十八。巽宮純卦始氣於大寒，終氣於芒
種，共十氣，候數三十六，則家人、无妄、頤亦十氣，從巽候
數三十六；而小畜、益、噬嗑、蠱皆十二氣，故候數二十
八。據此，因坎宮之屯、革、明夷皆候數三十六，此三卦起
於中氣，共十氣；而節、既濟、豐、師皆起於節氣，共十二
氣，候數二十八，推坎卦必起於中氣。若建始戊寅至癸未，
則起於節氣，與各卦之候數從例不合。① 此其三。《京傳》卷

---

① 據純卦氣數而分候三十六或二十八，《京傳》中有四例不合。1. 艮宮二世卦
大畜建起壬辰至丁酉，氣自清明至秋分，共十二氣，純卦艮建庚寅至乙未，氣自
立春至大暑，亦十二氣，故大畜當分候三十六，但《京傳》云："分（轉下頁）

下云："積算隨卦起宮……乾起巳，坤起亥……坎起子，離起

（接上頁）氣候二十八。"（卷一，頁31b）2.離宮一世卦旅，建己酉至甲寅，氣自秋分至立春，共十氣，與純卦十二氣不合，故當分候二十八，但《京傳》云："分氣候三十六。"（卷二，頁20a）3.兌宮三世卦咸建起戊午至癸亥，氣自芒種至小雪，共十二氣，與純卦十氣不合，當建候二十八，但《京傳》云："分氣候三十六。"（卷二，頁31b）此三例與本文所言不符，最爲明顯。至於第四例，則與第三例相關。4.兌宮二世卦萃，《京傳》云建戊寅至癸未，陸《注》云："立春，大暑。"則是十二氣，《京傳》雖"分氣候二十八"（卷二，頁30b），但與實情不合，此卦當分候三十六。何以言之？考兌卦建始乙卯至庚申，一世卦困建丙辰至辛酉，三世卦咸建戊午至癸亥，則二世卦萃當建丁巳至壬戌，無緣建始戊寅至癸未，《京傳》誤也。萃既建始丁巳至壬戌，則二十四氣當爲"小滿，寒露"，陸《注》云"立春，大暑"，乃因建戊寅至癸未而並誤也。故萃卦因建始之誤，致二十四氣與分候之數俱誤。推測此誤之由，可能是萃、咸二卦互爲指涉，致使咸卦之建誤入萃卦中，分候之數前後互錯，即咸卦分候三十六當爲萃卦，萃卦分候二十八，當爲咸卦。如此，則三、四例與本文所言不合者，可解也。惟第一、二例大畜、旅不合分候之數。觀艮宮、離宮其餘各卦之分候，皆據純卦十氣、十二氣相從，且《京傳》無三卦候數連續相同之例，則大畜、旅分候之數，或轉寫而譌，亦未可知。據純卦氣數而分候，當是京氏的真正依據。又，《京傳》中有二卦分候三十八之說，一爲震宮三世卦恒，一爲兌宮歸魂卦歸妹，據本宮純卦之氣數，知此三十八乃二十八之訛。徐昂在《京氏易傳箋》中以五日一候、一氣三候爲說，而改動巽宮、兌宮、坎宮各卦分候之數，然改不勝改，六十四卦，徐氏之改達二十餘卦，每卦改動包括建始、積算、候數等方面，雖說《京傳》之訛在此多有，然其誤如此之密且如此成例者，豈不可怪？究其原，是徐氏未明坎卦建始之誤，反而以此起例而改動各宮卦。所謂一氣三候，固合於古曆，然《京傳》中的分候之數是否全依此理，頗有疑問。十二氣固然分候三十六，則十氣當分候三十，非二十八也。徐氏於此釋云："起建之時，初候不足；止建之時，末候不足。"（卷三，頁30b）且不論此說是否符合京氏本意，然由此亦可知京氏之分候有張縮之例：以本宮卦分候三十六爲準，雖起中氣，不妨張其候數；若起節氣，也不妨縮其候數。以此解之，則候數之疑渙然冰釋。另外，何以定八純卦分候三十六？《京傳》無明文。筆者之意，純卦爲六世卦，六世已變；而三十六候數，正合老陽起變之義（9×4 = 36）。若爲二十八，則屬少陽（7×4 = 28），未待變也。徐氏以爲節氣必三十六候，中氣必二十八候，泥於一氣三候之說，知其未契《京傳》本旨。

丑",① 坎卦只有建始癸未至戊子,積算起戊子,方合"坎起子"之義(下文有詳證)。此是本證,最爲有力。此其四。故坎卦當建起癸未至戊子,積算相應改爲起戊子至丁亥,則諸問題皆迎刃而解。

　　建始之例據乾、坤建甲子、甲午即可推出,遊魂、歸魂的建始之例須略作説明。在世卦中,建始皆依干支遞降,如坎宮四世卦革建始丁亥,則五世卦豐建始戊子,但坎宮遊魂卦明夷建始癸巳而非己亥。個中緣由,是遊魂卦由五世卦豐變四爻而來,而豐卦建始戊子至癸巳,即豐之四爻爲癸巳,故明夷建癸巳至戊戌。同理,坎宮歸魂師卦建始壬辰,是因爲豐之三爻爲壬辰,故師卦雖變豐卦之三、二、初爻,却以三爻始變爲標誌。其他遊、歸卦的建始之例相同。

　　八宮卦的起建與積算連在一起,建始謂直月,直氣,然則積算何謂?黄宗羲《易學象數論》釋云:"曰建,以爻直月,從世起建,布於六位(惟乾、坎從初爻起)。乾起甲子,坤起甲午,一卦凡六月也。曰積算,以爻直日,從建所止起日。"② 黄氏謂積算以爻直日,是,盧央氏即據此排出積算六十干支。③ 不過,黄氏謂"從世起建",則有可商。《京傳》姤卦提到"建午起坤宮初六爻"(卷一,4a),雖指姤卦,然由此可推坤卦起建也在初爻,不在世爻(即上爻)。又論乾卦

_____

① 《津逮秘書》本,卷之下,頁4a。

② 〔明〕黄宗羲:《易學象數論》,《景印文淵閣四庫全書·經部·易類》,第40册,頁21上—下。

③ 見《京房評傳》,頁159。

云："建子起潛龍，建巳至極主亢位。"（卷一，1b）知乾卦建甲子至己巳，爻位自初爻至上爻，起建也在初爻，非世爻。故"從世起建"，並不適用於純卦，純卦之世爻在上爻，不在初爻。由此可見，世卦及遊、歸卦的世爻位即建爻位，而純卦的世爻位與建爻位不合。且世卦及遊、歸卦的世爻之義等於建爻。建爻，謂起建之爻，其干支據本宮卦之建始而推定，而世爻的干支則據飛爻干支而定，故建始干支不等於世爻干支。建爻還有直氣直月之義，而世爻則成卦之義，無直氣直月義。黃宗羲以爲"乾、坎從初爻起"，意謂起建干支同於世爻位干支，是誤以坎卦建始戊寅，而非癸未。

總之，建候謂以爻直月、直氣，[①] 積算謂以爻直日。二者的聯繫，從干支上看，建候之末，即爲積算之初。不過，無論是起日還是起月，建候積算最終都關涉五行生克以定吉凶的推斷。這是《京傳》的核心思想。所以，有必要進一步考察《京傳》的五行入卦問題。

---

① 元代胡一桂在《周易啓蒙翼傳·外篇》中有京氏起月例，其說與《京傳》以爻直月之例不合。胡氏云："一世卦陰主五月，一陰在午也；陽主十一月，一陽在子也。二世卦陰主六月，二陰在未也；陽主十二月，二陰在丑也。三世卦陰主七月，三陰在申也；陽主正月，三陽在寅也。四世卦陰主八月，四陰在酉也；陽主二月，四陽在卯也。五世卦陰主九月，五陰在戌也；陽主三月，五陽在辰也。八純上世陰主十月，六陰在亥也；陽主四月，六陽在巳也。遊魂四世所主，與四世卦同；歸魂三世所主，與三世同。"（《景印文淵閣四庫全書·經部·易類》，第 22 冊，頁 354 下）案：此說非也。即以乾坤二宮卦而論，亦有未洽。如坤宮一世卦復，建始乙未，起六月，與一陽在子十一月不合。即使強以積算論，則遊魂卦需之起月與四世卦大壯全不同。此不合之例甚夥，不贅舉。

三、五行入卦中的分象問題

從二十八宿入卦看，京氏既以飛爻作爲入宿的干支，又提及飛爻五行之屬，如晉卦云"翼宿從位降己酉金"（卷一，頁9b），己酉爲離之四爻，五行屬金，故云"降己酉金"。《京傳》中，干支配五行是用支不用干，這與齊《詩》家翼奉所言"師法用辰不用日"相類。[①] 據《京傳》所載，即可推出京氏以支辰分繫五行之例：

亥	子	丑	寅	卯	辰	巳	午	未	申	酉	戌
↓	↓	↓	↓	↓	↓	↓	↓	↓	↓	↓	↓
水	水	土	木	木	土	火	火	土	金	金	土

既知干支分配五行之例，即不難理解《京傳》的五行分象。

所謂五行分象，指內外二卦各具五行之象。如艮卦，《京傳》云"上艮下艮二象，土木分氣候"（卷一，頁28b），是以土、木分上艮、下艮。又如離卦，《京傳》云"土水二象入離火位"（卷二，頁19a），是以土水分上離下離。五行分象在世卦及遊、歸卦中更具表徵，如論震宮三世卦恒云"金木起度數"（卷一，頁15b），論乾宮遊魂卦晉云"運配金土"（卷一，頁10a）

---

① 《漢書》，頁3170。

等，皆是五行分象。但《京傳》五行分象的論述並不全面，學者所論又嫌散漫，如徐昂關於五行分象的歸類達三十種（詳卷三，頁5a—8a），其中頗多重複，反不如晁說之簡捷。晁氏論五行分象約十類，茲列舉如下，逐一分析。晁氏云：

1. 或兩相配而論內外二象，若世與內（革，水火配位，離火，四世水），若世與外（因〔案：當作困〕，金木交爭，外兌金，初世木）。

2. 或不論內外二象，而論其內外之位（萃，土水入艮〔案：艮，當爲坤〕兌，初土四水）。

3. 或三相參而論內外與飛（賁，土火木分陰陽，艮土，離火，飛木）、若伏（旅，火土木入離艮，離火，艮土，伏木）。

4. 或相參而論內、外、世、應、建、伏（觀，金土火木互爲體，建金，世應，內土，伏火，外木）。

5. 或不論內外而論世建與飛伏（益，金土入震巽，世與飛土，建與伏金）。

6. 或兼論世、應、飛、伏（復，水土見候，世應水土，飛伏水土。屯，土木應象，世應土木，飛伏土木）。

7. 或專論世應（夬，金木合乾兌，入坤象，世金應木。蠱，金木入艮巽，世金應木）。

8. 或論世之所忌（履，金火入卦。初九火、九四火，克九五世金及乾之金）。

9. 或論世之所生（巽，火木與巽同宮，世木，巽
木建火）。

10. 於其所起，見其所減（大壯，起於子，減於亥
〔案：亥，當爲寅〕），於其所刑，見其所生（隨，金
木交刑，水火相激，兌金巽木）。①

以上是晁氏論分象之文，其間有與京傳本旨不合者，分辨
如下。

第一種兩相配而論内外二象，晁氏以革、困卦爲例，前者屬
世與内，後者屬世與外。論革云：“水火配位，離火，四世水。”
“離火”，指革之内卦爲離，離象火；“四世水”，謂革外卦兌之
四爻丁亥爲水，故晁云“水火配位”。但《京傳》云：“水土配
位。”陸《注》亦云：“土水入卦。”（卷一，頁24b）是分象爲
水土，非水火也。晁氏論困卦云：“困，金木交争，外兌金，初
世木。”困卦内坎外兌，坎之初爻爲戊寅木，外卦兌象金，故金
木交争。《京傳》亦云：“金木交争。”但《京傳》並云：“土金
入坎兌。”（卷二，頁29a）知京氏於卦之分象别有計慮，晁氏所
言世與外，不合也。

第二種爲内外之位，晁氏以萃卦爲例。萃爲兌宫二世卦
（内坤外兌），“土水入坤兌，初土四水”，晁氏以初、四爻爲説，
萃内卦坤初爻爲乙未土，外卦兌四爻爲丁亥水，故云“土水入
坤兌”，然《京傳》云：“土木入坤兌。”（卷二，頁30a）又知

---

① 《景迂生集》，頁344下—345上。文中1、2等序號係筆者爲醒目而加。

五行分象與晁氏所言不合。

第三種爲内外及飛伏，晁氏以賁、旅爲例。賁爲艮宫一世卦（内離外艮），晁云：“土火木分陰陽。艮土，離火，飛木。”“土火木分陰陽”亦見於《京傳》，晁氏以内外卦及飛爻釋之，是也。旅爲離宫一世卦（内艮外離），晁氏云：“火土木入離艮。離火，艮土，伏木。”此説或是。①

第四種爲内、外、世、應、建、伏，晁氏以觀卦爲例。觀爲乾宫四世卦（内坤外巽），《京傳》云：“金土火互爲體。”又云：“土木分氣二十八。”（卷一，頁7b）然晁氏云：“金土火木互爲體。建金，世應，内土，伏火，外木。”建金，謂觀卦建始癸酉爲金；世應，謂觀卦世爻四，應初爻，四爻癸酉金，應初爻丙子水；内土，謂内卦坤象土；伏火，謂觀之四爻飛巽伏乾，乾四爻爲壬午火；外木，謂外卦巽象木。是晁氏以金、水、土、火、木五行皆入卦，與《傳》不合。

第五種爲世建與飛伏，以益卦爲例。益爲巽宫三世卦（内震外巽），晁氏云：“金土入震巽，世與飛土，建與伏金。”益卦飛震伏巽，震之三爻爲庚辰土，巽之三爻爲辛酉金，故云“金土入震巽”。又，飛爻即世爻，故云“世與飛土”。益卦建始甲辰土至己酉金，晁云“建與伏金”，是以建終論，非以建始論，建終己酉與伏爻辛酉，皆金。② 考《京傳》云“土金入震巽”，

① 徐昂箋本《京傳》原文作“金入木上離艮”，與晁説不合，然考《津逮秘書》本，正作“火土木入離艮”（卷中，頁14a），則晁氏之論或有據。今兩存之。

② 然建終即起算，知晁氏此例頗爲無當。一則世爻即飛爻，每卦皆同，不宜於此立例；二則《京傳》無建終之例，有起算之例。

知晁氏所言不誤，然《京傳》又云“陰陽二木合金土配象”（卷二，頁 13b），是益卦納五行不止金土，並有木也。

第六種爲兼論世、應、飛、伏，晁氏以復、屯卦爲例。復爲坤宮一世卦（內震外坤），屯爲坎宮二世卦（內震外坎）。晁云：“復，水土見候，世應水土，飛伏水土。屯，土木應象，世應土木，飛伏土木。”復卦飛震伏坤，震之初爻爲庚子水，坤之初爻爲乙未土，是飛伏水土也。復之世爻（初爻）爲庚子水，應爻爲坤之四爻癸丑土，是世應亦水土。屯卦飛震伏坎，震之二爻爲庚寅木，坎之二爻爲戊辰土，是飛伏土木也；世爻爲六二庚寅木，應爻爲坎之九五戊戌土，知世應亦土木。考《京傳》屯卦云“土木應象見吉凶”（卷一，頁 22b），復卦云“土水見候”（卷二，頁 3a），知晁氏所言不誤。

第七種專論世應，以夬、蠱卦爲例。晁氏云：“夬，金木合乾兌，入坤象，世金應木。蠱，金木入艮巽，世金應木。”夬爲坤宮五世卦（內乾外兌），蠱爲巽宮歸魂卦（內巽外艮），夬卦飛兌伏坤，兌之世爻（五爻）爲丁酉金，應乾之二爻爲甲寅木，是晁氏立論之據。蠱卦飛巽伏震，巽之世爻（三爻）爲辛酉金，應爻爲艮之上六丙寅木。然《京傳》論夬卦云“金木分乾兌，入坤象”（卷二，頁 7a）。論蠱卦云“土木入艮巽”（卷二，頁 17b），又云“金土合木象”（卷二，頁 17a），知晁氏所論世應不全合於本文。

第八種爲世之所忌，晁氏以履卦爲例。履爲艮宮五世卦（內兌外乾），世爻爲乾之五爻壬申金，晁氏云：“金火入卦。初九火、九四火，克九五世金，及乾之金。”履卦初爻即兌之丁巳，屬火，四爻爲乾之壬午，亦屬火，是初九、九四克九五世爻金及外卦乾金也。《京傳》論履卦云“金火入卦”（卷一，頁34a），知晁氏有據。

第九種爲世之所生，以巽爲例。巽爲純卦，晁氏論云：“火木與巽同宮，世木，巽木建火。”巽之世爻爲辛卯木，然《京傳》中無“巽木建火”之文，是晁氏以己意加之，不足爲據。

第十種晁氏以大壯、隨卦爲例以明“於其所起，見其所滅”“於其所刑，見其所生”。大壯爲坤宮四世卦，隨爲震宮歸魂卦。《京傳》論大壯云“起於子，滅於寅”（卷二，頁6b），是晁氏所本。《京傳》論隨卦云“金木交刑，水火相敵”（卷一，頁20a），爲晁氏“金木交刑，水火相激”所本，然晁云“兌金巽木”頗不合例。隨卦飛震伏巽，內震外兌，而晁氏以伏、外立論，與第三、四種重複。

以上所析，知晁氏有關五行分象的論述與《京傳》多有乖違，即使第六種合於本文，然據此不足以解釋《京傳》中的其他卦例。如坤宮二世卦臨，飛兌伏坤，兌之二爻丁卯木，坤之二爻乙巳火，飛伏與《京傳》“金土應候”（卷二，頁3b）不合，世爻丁卯木，應爻爲坤之六五癸亥水，世應與金土應候也不合。由此觀之，《京傳》的五行分象並無一定之例。

五行分象首據八卦本象。八卦五行本象爲：乾，金；震，木；坎，水；艮，土；坤，土；巽，木；離，火；兌，金。乾宮一世姤卦云“金木互體”，是指內巽木，外乾金。遯卦云“金土分象”，據內卦艮土、外卦乾金，皆以八卦五行之本象爲說。此種分象最爲直觀，在《京傳》中有不少例證，不贅舉。

　　但分象的實際情形却更爲複雜。如兑宫遊魂卦小過（内艮外震），既云"土木入卦分於二象"，又云"土火入震艮"。前以八卦五行本象爲説，後則另納五行。震宫三世恒卦（内艮外震），《京傳》既云"上下二象見木"，又云"金木起度數"，前以八卦五行本象，後則另納五行。巽宫四世无妄卦（内震外乾），既云"金木配象，吉凶明矣"，又云"火土入乾震"，前以八卦五行本象，後另納五行。離宫二世卦鼎（内巽外離），《京傳》既云"火居木上，二氣交合"，又云"分土木入離巽"，前以八卦五行本象，後則另納五行。如此之例不暇枚舉，則《京傳》之五行分象，不可僅據八卦本象。

　　五行分象既不可僅據本宫之象，則須另尋他塗。《京傳》論兑宫卦之五行分象最爲詳細，可提供相關的綫索。《京傳》論兑卦云：

　　　　土木入兑，水火應之，二陰合體，積於西郊。衝震入乾，氣類陰也；配象爲羊，物類同也。與艮爲飛伏。上六宗廟在世，六三三公爲應。建始乙卯至庚申。積算起庚申至己未，周而復始，金土入兑宫。五星從位起太白。參宿從位降丁未土。分氣候三十六。内卦互體見離巽，配火木入金宫，分貴賤於强弱。①

　　這段文字包含多層涵義，除上文的二十八宿入卦、建候積算

――――――――――
① 《京氏易傳箋》，卷二，頁27b—28a。

外，還有陰陽二氣之斷，如"二陰合體"，謂兑爲陰卦，上兑下兑，即二陰合體。"氣類陰也"亦同此。有八卦方位者，兑屬西方，故云"積於西郊"。有八卦五行之生克，震爲木，乾、兑爲金，金克木，故衝震；兑金與乾同，故入乾。有爻位之尊卑，上爻爲宗廟，三爻三公（又，初爻元士、二爻大夫、四爻諸侯、五爻天子）。有内外互體及與本卦五行之關聯，内互爲離，外互爲巽，火克金，故離爲强、爲貴；金克木，故巽爲賤、爲弱。

此外，引文中如"土木入兑""金土入兑宫""配火木入金宫""水火應之"之説，非據本卦之象，又做何解？

首先，"土木入兑"，據飛伏爲説。兑上六爻丁未土，爲飛；艮上九爻丙寅木，爲伏；土木入兑，即據飛伏。其次，"金土入兑宫"，乃據積算。兑積算起於庚申金，終於己未土，故云以金土入兑宫。積算與建始相連，亦可謂據建、算入卦。如《京傳》論蠱卦云："積算起宫，從乎建始。"（卷二，頁18a）再次，"配火木入金宫"，乃據互體立論。兑卦内互離，外互巽，離火巽木，故云配火木入金宫（兑爲金）。最後，水火應之，係據爻應。兑卦初九爻丁巳爲火，九四爻丁亥爲水，是水火應之。

以上表明，京氏的五行分象依據不止一種。爲免遺漏，有必要對六十四卦一一分析，看看飛伏、建算、互體、爻應是否成爲五行分象的重要依據。

兑宫一世卦困（内坎外兑），《京傳》云"金木交争"（卷二，頁28b），"坎象互見，離火入兑，金水見運配吉凶"（卷二，頁29b）。金木交争，謂兑宫屬金。困卦變兑之初爻而爲坎，坎初爻戊寅木，故云"金木交争"。但金木並非困卦分象，《京傳》云"土金入坎兌"（卷二，頁 29a），土金之分上下二卦，則緣於建、算。困卦建始丙辰土，算起辛酉金，故以之入卦。兌宮二世卦萃，《京傳》云："金火分氣候，土木入兌宮。"（卷二，頁 29b）又云："土木入坤兌。"（卷二，頁 30a）金火分氣候，謂世、應。[1] 土木入坤兌，謂互體入卦。[2] 三世咸卦云："火土入艮兌"，據伏爻與建始，伏爻丁丑土，建始戊午火。[3] 四世卦蹇云："土水入坎艮"（卷二，頁 32a），乃據建、算，蹇卦建始己未土，算起甲子水。五世卦謙云："金土入坤艮"（卷二，頁 33a），亦緣於建、算，謙卦建起庚申金，算起乙丑土。遊魂卦小過（内艮外震），據建算，建起乙丑土，算起庚午火，《京傳》云："土火入震艮"（卷二，頁 34a）。歸魂卦歸妹（内兌外震）則據互體，歸妹内互離，外互坎，故云"水土入震兌"（卷二，頁 35b）。

　　從兌宮看，五行分象的根據不外乎飛伏、建算、爻應（或世應），互體。晁説之、徐昂已有論及，但嫌淩亂。今以此四種分象入卦爲準，對比他宮，了解《京傳》五行分象的依據所在。

　　如離宮。《京傳》論離卦云"土水二象入離火位"（卷二，頁 19a），此以建算爲説。離卦建始戊申金，算起癸丑土。《京傳》又云："内外二象配火土爲祥。"（卷二，頁 19a）此以互體爲説。離卦内互巽木，外互兌金，木火相生，火土相生，故云

---

[1] 萃卦世爻爲坤之二爻乙巳火，應爻爲兌五爻丁酉金，故云"金火分氣候"。

[2] 萃卦内互艮爲土，外互巽爲木。

[3] 徐昂則認爲，"積算起戊辰至丁卯一周，京氏以建始之癸亥爲終訖，而建候實水土入艮兌，積算加之以卯木也"（卷二，頁 31a—b）。

"内外二象配火土爲祥"。

離宫一世卦旅（内艮外離），《京傳》云"金木土入離艮"。① 此兼論建算與飛伏。旅卦建始己酉金，算起甲寅木。又，旅與艮爲飛伏，艮之初爻丙辰土，離之初爻己卯木，故"金木土入離艮"。二世卦鼎（内巽外離），"分土木入離巽"（卷二，頁21a），是據建算分象。② 三世卦未濟（内坎外離），也據建算分象，"水土二象入離坎"（卷二，頁22a），謂建始辛亥水，算起丙辰土。四世卦蒙（内坎外艮），"火土入艮坎"（卷二，頁23a），據積算分象。蒙卦積算丁巳火至丙辰土。五世卦涣，遊魂卦訟，歸魂卦同人皆以建算入卦分象。③

巽宫純卦之分象，《京傳》無明言。一世卦小畜（内乾外巽），建始壬寅，起算丁未，《京傳》云："木土入乾巽。"（卷二，頁11b）顯據建算分象。二世卦家人（内離外巽），積算戊申金至丁未土，《京傳》云："金土入離巽。"（卷二，頁12b）據積算分象。三世卦益（内震外巽），兼及建算與飛伏。震三爻庚辰土，爲飛，巽三爻辛酉金，爲伏，《京傳》論益卦云："土金入震巽。"（卷二，頁13b）又益卦建始甲辰土，算起己酉金，故以建算、飛伏入卦分象。四世卦无妄（内震外乾），亦兼及建

---

① 卷二，頁20a。此句《津逮秘書》本作"火土木入離艮"（卷中，頁4a），與晁説之之説合，今兩存之。

② 鼎卦建始庚戌土，算起乙卯木。

③ 涣卦建始癸丑土，算起戊午火，《京傳》云"火土入坎巽"（卷二，頁24b）。訟卦建始戊午火，算起癸亥水，《京傳》云"火水入卦"（卷二，頁25b）。同人卦建始丁巳火，算起壬戌土，《京傳》云"火土入乾離"（卷二，頁26b）。

算與飛伏。《京傳》云："火土入乾震。"（卷二，頁14b）乾之四爻壬午火，爲飛，巽之四爻辛未土，爲伏；又无妄建始乙巳火，算起庚戌土，是建算入卦分象。五世卦噬嗑（内震外離），乃據飛伏分象，噬嗑與離爲飛伏，離之五爻己未土，巽之五爻辛巳火，故《京傳》云："火土入離震。"（卷二，頁15b）遊魂卦頤據積算入卦，頤積算丙辰土至乙卯木，《京傳》云："土木入艮震。"（卷二，頁16b）歸魂卦蠱（内巽外艮），建始庚戌，算起乙卯，《京傳》云："土木入艮巽。"（卷二，頁17b）是據建算分象。

　　坤宮本卦，配土用事，分象無明言。一世卦復（内震外坤），與震爲飛伏。震初爻庚子水，爲飛；坤初爻乙未土，爲伏。又復卦建始乙未土，算起庚子水，《京傳》云："土水見候。"（卷二，頁3a）是以飛伏與建算爲説。二世卦臨（内兑外坤），建始丙申金，算起辛丑土，《京傳》云："金土應候。"（卷二，頁3b）是據建算分象。三世卦泰（内乾外坤），《京傳》云"金土二氣交合"（卷二，頁4b），是據本象，但在分象上是否另有安排，不得而知。四世卦大壯，《京傳》缺。五世卦夬（内乾外兑），《京傳》云："金木分乾兑，入坤象。"[1]是據世應。兑五爻丁酉金，應乾二爻甲寅木，故云。《京傳》論遊魂卦需（内乾外坎）云："金土入乾坎。"（卷二，頁8b）據建算分象，需卦建始甲辰土，算起己酉金。

　　通過各宮卦的分析，[2]知建算、飛伏、互體、爻應（或世

---

① 卷二，頁7a。徐本"金木"作"金水"，誤。

② 案：以下四宮分析，爲避累贅，1. 凡據本象入卦者，不作分析，如坎宮一世卦節"金水交運"，即據本象。2. 凡《京傳》無明文分象者，也　（轉下頁）

應）是《京傳》五行分象的重要依據，尤其積算，在入卦分象上至關重要，而晁說之上述恰恰略於積算。京氏論坎宮歸魂師卦云："積算起於五行，五行正則吉，極則凶。"（卷一，頁28b）又論震之歸魂隨卦云："吉凶定於起算之端。"（卷一，頁20a）論乾宮遊魂晉卦云："積算氣候無差於晷刻，吉凶列陳，象在其中矣。"（卷一，頁10a）《京傳》卷下云："積算隨卦起宮。"[①] 知入卦分象不

（接上頁）　不作分析。如損卦，《京傳》無分象之文，亦略之。艮宮本卦，《京傳》論云："上艮下艮二象，土木分氣候。"（卷一，頁28b）乃據飛伏，飛丙寅木，伏丁未土。又云"金木相敵"，乃據世應，世爻丙寅木，應爻丙申金。金克木，故相敵。一世卦賁（內離外艮），《京傳》云："土火木分陰陽。"（卷一，頁30b）五行本象加飛伏，飛己卯木，伏丙辰土。五世卦履（內兌外乾），《京傳》云"分氣候金火入卦"（卷一，頁34a），據互。世爻壬申金，內互離爲火。坎宮二世卦屯（內震外坎），云"土木應象見吉凶"（卷一，頁22b），據飛伏。飛爻庚寅木，伏爻戊辰土。遊魂卦明夷（內離外坤），《京傳》云："金水見火，氣不相合。"（卷一，頁27b）火據建始癸巳，水據互體坎，金不知確據，不知是否以終算丁酉金爲例，然考《京傳》，幾無終算起例，姑存疑（徐昂則認爲是終算之例，"積算至乙酉金"，頁27b）。震宮一世卦豫（內坤外震），《京傳》云："卦配火水木以爲陽用事。"（卷一，頁12b）承本宮震卦爲說。震初爻庚子水，應爻庚午火，木用事。三世卦恒（內巽外震），《京傳》云："金木起度數。"（卷一，15b）據建算。建始戊寅木，起算甲申金。遊魂卦大過（內巽外兌），《京傳》云："互體象乾，以金土定吉凶。"（卷一，頁18b）據互體及建始。建始丙戌，內互乾金。乾宮一世卦姤云"木入金爲始"（卷一，頁4a），二世卦遯云"土入金爲緩"（卷一，頁5a），此非分象之說。木入金爲始，謂乾初爻始變成巽木，故云"木入金爲始"。乾二爻再變而成艮土，故云"土入金爲緩"。四世卦觀（內坤外巽），《京傳》云："金土火互爲體。"（卷一，頁7b）據本宮與飛伏。本宮乾象金，飛辛未土，伏壬午火。五世卦剝（內坤外艮），《京傳》云："體象金爲本，隨時運變，水土生事，成剝之義。"（卷一，頁7b）據本宮與世建。乾金，世爻丙子水，建始甲戌土。遊魂卦晉（內坤外離），《京傳》云："金方以火土運用事。"（卷一，頁9a）此謂本宮與內外卦本象。內卦坤土，外卦離金，本宮乾金。《京傳》又云："運配金土。"（卷一，頁10a）此以飛伏爲說，飛己酉金，伏丙戌土。歸魂卦大有，《京傳》云："金土分象。"（卷一，頁11a）據世爻及互體。世爻甲辰土，內互乾金。

① 見《津逮秘書》本，卷下，頁4a。

可忽略積算。否則，就無法理解《京傳》所云"乾起巳，坤起亥，震起午，巽起辰，坎起子，離起丑，艮起寅，兌起□"的確切涵義。① 所謂乾起巳，坤起亥等，皆以積算爲説。乾卦積算起己巳，故云"乾起巳"。坤卦積算起於己亥，故云"坤起亥"。坎卦積算起於戊子，故云"坎起子"。② 離卦積算起於癸丑，故云"離起丑"。據此，兌積算起於庚申，則"兌起申"可推知也。惟"震起午，巽起辰，艮起寅"與積算不合。巽卦積算起於丙午，當云"巽起午"，震卦積算起於辛巳，當云"震起巳"，艮積算起乙未，當云"艮起未"。故此處或有誤文。清人胡煦《周易函書》論《京傳》云："乾起巳，坤起亥，震起寅，巽起午，坎起子，離起丑，艮起未，兌起申。"③ "巽起午，艮起未，兌起申"合於積算，可從。云"震起寅"未知何據。考震卦積算起辛巳至庚辰，積算起巳與乾卦同，爲避重複，另以庚辰起算亦未可知，如此，則本文"震起午，巽起辰"前後互易，或爲"震起辰，巽起午"。而本文"艮起寅"，或因積算之誤而誤，艮卦建始庚寅至乙未，積算當起乙未至甲午，然本文云"積算起庚寅至己丑"（卷一，頁29a)，故致"艮起寅"之誤。胡氏以爲"艮起未"，是也。關於五行入卦分象之四要素，詳見下表：

---

① 見《津逮秘書》本，卷下，頁4a。

② 由此可知《京傳》坎卦建始戊寅至癸未，誤也，當爲癸未至戊子，積算起戊子至丁亥。

③〔清〕胡煦：《周易函書約存》，《景印文淵閣四庫全書·經部·易類》，第48冊，頁251上。

表十一　五行入卦之分象表

卦名	分　象	依　據	卦名	分　象	依　據
乾	略		坤	略	
姤	略		復	土水見候	據飛伏、建算
遯	略		臨	金土應候	據建算
否	略		泰	略	
觀	金土火互爲體	據本宮、飛伏	大壯	略	
剝	體象金，水土生事	據本宮、世建	夬	金木分乾兌	據世應
晉	運配金土	據飛伏	需	金土入乾坎	據建算
大有	金土分象	據世爻、互體	比	略	
震	略		巽	略	
豫	卦配火水木	據本宮、世應	小畜	木土入乾巽	據建算
解	略		家人	金土入離巽	據積算
恒	金木起度數	據建算	益	土金入震巽	據建算，飛伏
升	略		无妄	火土入乾震	據建算，飛伏
井	略		噬嗑	火土入離震	據飛伏
大過	互體象乾，金土定吉凶	據互體、建始	頤	土木入艮震	據積算
隨	略		蠱	土木入艮巽	據建算
坎	略		離	土水二象，內外配火土	據建算、飛伏

卦名	分　象	依　據	卦名	分　象	依　據
節	略		旅	金木土入離艮	據建算、飛伏
屯	土木應象	據飛伏	鼎	分土木入離巽	據建算
既濟	略		未濟	水土入離坎	據建算
革	略		蒙	火土入艮坎	據積算
豐	略		渙	火土入坎巽	據建算
明夷	金水見火	據建始、互體	訟	火水入卦	據建算
師	略		同人	火土入乾離	據建算
艮	土木分氣候，金木相敵	據飛伏、世應	兌	土木入兌，金土入兌宮，配火木入金宮，水火應之	據飛伏、建算、互體、爻應
賁	土火木分陰陽	據本象、飛伏	困	土金入坎兌	據建算
大畜	略		萃	金火分氣候，土木入坤兌	據世應、互體
損	略		咸	火土入艮兌	據伏爻、建始
睽	略		蹇	土水入坎艮	據建算
履	金火入卦	據世爻、互體	謙	金土入坤艮	據建算
中孚	略		小過	土火入震艮	據建算
漸	略		歸妹	水土入震兌	據互體

案：表中諸卦分象依據所以略者，皆因五行入卦或依本象，或無分象明文。

　　總之，建算、飛伏、互體、世應四種因素幾可涵蓋所有的五行分象之例。尤其是建算，在五行分象中更爲常見，不應忽略。

只要把握住這幾方面的内容，則京氏五行入卦的理據就可大體把握。

四、吉凶判斷的其他因素

五行分象是京氏推斷吉凶的一個側面。除五行分象外，京氏以五行斷吉凶，還有其他方面的考慮。

首先，六十四卦之爻位與本宫之五行關係。由於各宫的五行屬性已經確定，即乾、兑爲金，坤、艮爲土，坎水離火，震巽爲木，而六爻之五行與本卦的五行屬性有衝有合。以乾卦爲例，《京傳》論其爻位云：

> 水配位爲福德。木入金鄉居寶貝。土臨内象爲父母。火來四上嫌相敵。金入金鄉木漸微。宗廟上建戌亥，乾本位（卷一，頁 2b）。

這是對乾卦六爻與本宫五行關係的逐一解釋。《京傳》卷下又論八卦爻位云：

> 八卦：鬼爲繫爻。財爲制爻。天地爲義爻。福德爲寶爻。同氣爲專爻。①

————————

① 《津逮秘書》本，卷下，頁 3b。

據此，乾卦中的爻位是：初爻甲子水，金生水，位配福德，名寶爻。二爻甲寅木，木入金鄉，位居寶貝，名制爻。三爻甲辰土，土生金爲父母，名義爻。四爻甲午火，火克金相敵爲官鬼，名繫爻。五爻甲申金，金與金即兄弟同氣，名爲專爻。上爻爲宗廟本位，京氏無名號，姑稱之爲宗爻。

《京傳》詳論乾卦六爻與本宮之五行關係，他宮卦則略而不言，然乾卦是起例之卦，所謂"八卦例諸"，足以表明爻位五行與本宮五行的關係不應被忽略，且《京傳》卷下有繫爻、制爻等論述，正好印合乾卦的爻位納五行。以此爲準，他宮純卦即可觸類旁通。比如，坤卦爲土，初爻乙未土，同氣兄弟爲專爻。二爻乙巳火，火生土爲父母義爻。三爻乙卯木，木克土爲官鬼，繫爻也。四爻癸丑土，亦爲同氣專爻。五爻癸亥水，土克水爲制爻。《京傳》論離宮本卦云："吉凶從位起至六五，休廢在何爻。"陸《注》云："看當何位金水木火土，與本宮刑宮。"（卷二，頁 19a）是論述爻位五行與本宮五行關係的另一例證。[1]

其次，在非純卦中，由於上下卦不同，卦與本宮的五行關係並非《京傳》論述的重點，相反，《京傳》關注的是六爻間的爻應關係。如坎宮一世節卦，內兌金，外坎水，《京傳》云："金上見水，本位相資。二氣交爭，失節則嗟。"（卷一，頁 22b）"金上見水"，謂內金外水，金水相生，故云"本位（即上下位）相資"。"二氣交爭"，謂爻應關係。節卦之兌初爻丁巳火，坎四

---

[1] 離卦初爻己卯木，木生火爲父母，義爻。二爻己丑土，土生於火爲子孫福德，寶爻。三爻己亥水，水克火爲官鬼，繫爻。四爻己酉金，火克金爲制爻。五爻己未土，爲寶爻。

爻戊申金，火克金，一衝也；兌之二爻丁卯木，坎之五爻戊戌土，木克土，二衝也；兌之三爻丁丑土，坎之上爻戊子水，土克水，三衝也。故節卦在上下分象時，是本位相資；而從爻應考察，則是二氣交争。

當然，在非純卦中，爻應關係並非六爻皆衝。大多數情形是：六爻有的相衝，有的相生。如震宮一世卦豫（内坤外震），坤初爻乙未土，震四爻庚午火，土火相生；二爻乙巳火，震五爻庚申金，火克金，相克；坤三爻乙卯木，震上爻庚戌土，木克土，相克。是初四相生，二五、三上相克。又如坎宮三世既濟卦，内離外坎，離初爻己卯木，應坎四爻戊申金，金克木，相衝；離二爻己丑土，應坎五爻戊戌土，同氣相應；離三爻己亥水，應坎上爻戊子水，亦爲同氣相應。對於此種或相衝或相合的情形，京氏有時並論諸爻應的多重關係，有時以某一種爻應爲主而忽略其他，如論豫卦云：“爻象適時，有凶有吉，人之生世，亦復如斯。”（卷一，頁13b）又論晉卦云：“六爻交通，至於六卦陰陽，相資相返，相克相生。”（卷一，頁10a）是兼論爻應的三種型態；而論既濟云：“二氣無衝，陰陽敵體……内外陰陽相應。”（卷一，頁23b）則忽略初四之相克，而重在二五，三上之相應。

至於何時並論諸種爻應關係，何時但論一種，《京傳》並無明文。但從《京傳》關於主爻的選取上，對《京傳》祇選取其中一種爻應關係而忽略其他，將會有所啓發。

主爻謂一卦之義成於此爻，與主爻相關的是世爻。上已提到，八純卦的世爻是上爻，非建爻（初爻），而其他卦的世爻位

同於建爻位。各卦的建爻，通常是世爻，也是主爻，即成卦之義
定於此爻，如乾宮一世卦姤，建爻、世爻、主爻皆同，《京傳》
云："定吉凶，只取一爻之象。"（卷一，頁 3a）此一爻即初爻。
又震宮二世卦解，《京傳》云："成卦之義在於九二。"（卷一，
頁 14a）九二是建爻、是世爻，也是主爻。但京氏在考慮主爻
時，不單限於世爻，還慮及陰陽爻之數目多少，《京傳》論履卦
云："陽多陰少，宗少爲貴。"（卷一，頁 34a）論大有卦云："分
六五陰柔爲日，照於四方，象天行健。少者爲多之所宗，六五爲
尊也。"（卷一，頁 11a）皆以少爲貴。如乾宮五世卦剝（內坤外
艮），世爻爲艮之五爻丙子，但《京傳》云："成剝之義出於上
九。"（卷一，頁 7b）是以上九爲主爻，剝卦五陰一陽，陽在上
九。同樣，坎宮歸魂師卦（內坎外坤），世爻在坎六三爻，但
《京傳》云："一陽得其貞正……九二貞正。"（卷一，頁 27b、
28b）是以九二爲主爻。巽宮一世卦小畜（內乾外巽），世爻在
乾初爻，而主爻却是巽六四爻，即"成卦之義在於六四"（卷
二，頁 11a）。兌宮五世卦謙（內艮外坤），《京傳》云："一陽居
內卦之上，爲謙之主。"（卷二，頁 32b）謙卦之世爻在坤五爻，
但主爻是艮三爻。主爻，是京氏論爻應關係的重要依據。

　　以謙卦爲例，從爻應看，謙卦世爻爲坤五爻癸亥水，應艮二
爻丙午火，水火相衝，但《京傳》云："陰陽不爭，處位謙柔，
陰中見陽，止順於謙，有無之位，上下皆通。"（卷二，頁 32b）
京氏此處並不考慮世爻及其應爻，而是基於主爻與應爻的關係。
主爻爲艮三爻丙申金，應爻爲坤之上爻癸酉金，申酉同氣相應，
故《京傳》以爲"有無之位，上下皆通"。因此，在爻應關係

上，京氏有時只著眼於主爻。考慮到主爻與世爻有別，在主爻確
定的情形下，可將世爻、建爻理解爲次爻。有關主爻與其他爻名
的涵義，歸納如下表：

表十二　《京傳》主要爻名釋義表

爻名	涵　　義
飛爻	與伏爻相對，爲可見之爻，表示二爻間的互變關係（干支同於世爻）
伏爻	與飛爻相對，爲不可見之爻，亦示二爻間的互變關係
建爻	爲起建之爻，意謂一卦自此爻始直氣或直月
世爻	爲最終成卦之爻（游魂卦初、二、三爻齊變，以三爻爲代表）
主爻	一卦中主義之爻，謂此爻在本卦中最爲重要，卦義由此爻而定

另一種值得注意的吉凶判斷，是京氏的五行休王説。所謂休
王，謂五行之相生相克。《京傳》卷下論云：“寅中有生火，亥
中有生木，巳中有生金，申中有生水。丑中有死金，戌中有死
火，未中有死木，辰中有死水。土兼於中。”① 此論五行之生死，
乃隔三而生、隔六而衝之例，與《淮南子》論五行生死相同。
《天文》云：“木生於亥，壯於卯，死於未，三辰皆木也。火生
於寅，壯於午，死於戌，三辰皆火也。土生於午，壯於戌，死於
寅，三辰皆土也。金生於巳，壯於酉，死於丑，三辰皆金也。水
生於申，壯於子，死於辰，三辰皆水也。”② 所謂“寅中有生

---

① 《津逮秘書》本，卷下，頁 4a。
② 何寧：《淮南子集釋》，中華書局，1998 年，上册，頁 269。

火", 即"火生於寅"之義; 而"丑中有死金", 乃"金死於丑"之義。據《天文》, 知"土兼於中", 必包含了"午中有生土", "寅中有死土"之義。徐昂以爲, "土居中央而通於四時, 其生死則與水同位"（卷三, 頁 3a）, 是否合於京氏本意, 未可斷定。觀《京傳》論坤宮四世卦大壯:"九四庚午火之位, 入坤爲卦之本。起於子, 滅於寅。"（卷二, 頁 6b）正是據休王説的例證。大壯內乾外震, 世爻在震之九四庚午火, 故云"九四庚午火之位"。"入坤爲卦之本", 一謂此爻爲主爻, 須考慮震卦之義; 二謂大壯在坤宮, 須考慮坤宮所在五行。"起於子", 即謂震卦初爻起於子（庚子）, "滅於寅", 謂坤宮屬土, 土生於午, 滅於寅。此種五行休王的情形, 與上文的爻應又有所不同。

以上幾方面可見《京傳》在建候、積算、飛伏及五行分象之外, 還包含其他五行生克的豐富內容。

或有疑者, 京氏在吉凶判斷上如此多樣, 不有隨意之嫌? 案京氏雖然在各宮卦的分象問題上前後不一, 但飛伏、建算、爻應、互體却可以提供大致的解釋框架。在《京傳》中, 可知京氏已經意識到筮例的有限與判斷的多變, 如《京傳》論艮宮三世卦損云:"六爻有吉凶, 四時變更, 不可執一以爲規。"（卷一, 頁 32b）論坎宮五世卦豐云:"吉凶之兆, 或見於有, 或見於無。陰陽之體, 不可執一爲定象。"（卷二, 頁 26a）"不可執一", 表明《京傳》一方面有相對穩定的《易》筮之例, 另一方面對於吉凶的判斷須隨機應變。從《易》學史的角度看,《左傳》《國語》中記載的《易》筮之例, 主要強調本卦與之卦的關係, 而《京傳》中的本卦與飛伏卦, 本卦與本宮的關係, 及建

算、星宿的參與，其範圍遠超本卦與之卦的關係，在《易》筮
的解釋能力上更爲圓融。從京氏對六十四卦的重新編排及相關義
例中，不難體會他試圖在重建一種新的《易》學體系。此種新
的《易》學體系是否已在具體的占筮中貫徹，不得而知，因爲
從《漢書·京房傳》中的筮例看，京房用的是六日七分法，不
是八宮法，故有必要對二者間的關係略作申説。

五、京房的六日七分説

　　從建算、飛伏看，《京傳》的論述基礎是八宮卦，八宮是京
氏對《易》卦序的重新編排。但是，《京傳》下卷中的某些内
容，却與八宮之序不相吻合，如《京傳》卷下論八卦直氣云：

　　　　立春正月節在寅，坎卦初六。立秋同用。

　　　　雨水正月中在丑，巽卦初六。處暑同用。

　　　　驚蟄二月節在子，震卦初九。白露同用。

　　　　春分二月中在亥，兌卦九四。秋分同用。

　　　　清明三月節在戌，艮卦六四。寒露同用。

　　　　穀雨三月中在酉，離卦九四。霜降同用。

　　　　立夏四月節在申，坎卦六四。立冬同用。

　　　　小滿四月中在未，巽卦六四。小雪同用。

　　　　芒種五月節在午，乾宮九四。大雪同用。

　　　　夏至五月中在巳，兌宮初九。冬至同用。

小暑六月節在辰，艮宮初六。小寒同用。

大暑六月中在卯，離宮初九。大寒同用。①

　　《京傳》將二十四氣分屬十二支辰，並以八卦相配，但其中不見坤卦，且乾、震只有一爻當氣，其餘五卦皆二爻當氣，即初爻與四爻；又支辰反序。這三方面皆與八宮卦序相違。據上文的建候積算表，每卦皆六月十氣或十二氣，兩卦即一年二十四氣。然此處不僅無兩卦一年之候，而且爻、氣之對應也與上表不符。

　　如何解釋這一現象呢？除了此段文字有後人僞竄之嫌外，② 還應考慮另一種情形：即京氏對二十四氣入卦是否有不同安排？因爲月、氣入卦有不同方式。爲說明這一問題，須從《易緯》談起。

　　在《易緯·稽覽圖》中，關於以卦直月之文，如：

乾十一月，小君賢臣佐上，天下有作謀九錄之文。

天下風雨摧禾，威政復，聖人自西北立。

坤六月，有女子任政一年，傳爲復。五月，有貪之

從東北來，立。大起土邑，西北地動，星墜陽衞。

―――――――――――――

① 《津逮秘書》本，卷下，頁 2b—3a。

② 今本《京傳》卷下有“《周禮·太卜》一曰《連山》，二曰《歸藏》，三曰《周易》”之語（《津逮秘書》本，卷下，頁 2a）。案：《周禮》起於莽、歆之際，在京房之後，故此文字或後人竄偽者。上述卦直二十四氣之文，與此《周禮》之文相隔不遠，亦或是後人僞竄，未可知也。此其一。又，上文以雨水在正月中，驚蟄在二月節，清明在三月節、穀雨在三月中，但京房之世行太初曆，而太初是以驚蟄爲正月中、雨水二月節，穀雨三月節、清明三月中。所以，此節、中氣編排不符太初，或是後人僞竄。此其二。

屯十一月，神人從中山出，趙地動，北方三十日千
里馬數至。

蒙正月，天下東北經顏色，陽國水大溢陽泉。①

《稽覽圖》卷上所錄此段文字，包含六十四卦的直月，至於
其中之義，不可解。②但《稽覽圖》卷下又有六十四卦直月的另
一記載，與上述的直月不同：

（正月）寅：小過、蒙、益、漸、泰。

（二月）卯：需、隨、晉、解、大壯。

（三月）辰：豫、訟、蠱、革、夬。

（四月）巳：旅、師、比、小畜、乾。

（五月）午：大有、家人、井、咸、姤。

（六月）未：鼎、豐、渙、履、遯。

（七月）申：恒、節、同人、損、否。

（八月）酉：巽、萃、大畜、賁、觀。

（九月）戌：歸妹、无妄、明夷、困、剝。

（十月）亥：艮、既濟、噬嗑、大過、坤。

（十一月）子：未濟、蹇、頤、中孚、復。

---

① 見《景印文淵閣四庫全書・經部・易類》，臺灣商務印書館影印，第53冊，頁847上—下。上海古籍出版社有《緯書集成》一書，收錄清代緯書輯佚者多家，然其中文字之訛相同。本文引《文淵閣四庫全書》本，以其流播廣、易檢索耳。

②《四庫》館臣云：「按以上依六十四卦次序，各爲之辭，蓋即毖緯之文，語多艱深不可曉，而訛脫尤甚。」同上注，頁851上。

（十二月）丑：屯、謙、睽、升、臨。①

此爲六日七分卦序。六十卦直月，每月五卦，每卦六日七分。② 坎、離、震、兌爲四正卦，直二至二分，故不在此列。由此可見，以卦直氣或有殊法，若加上《易緯·乾鑿度》中關於八卦直月的不同記述，③ 則以卦直月的方式當不止一種。

不僅如此，《稽覽圖》上文中的六日七分卦序，却在另一處中有不同方式，即一卦只有六日，而無七分。《稽覽圖》卷下以小過卦爲始：

（小過）初六：一日；六二：六日；九三：十一日；九四：十六日；六五：二十一日；上六：二十六日。

其下論蒙卦等直日：

（蒙卦）初六：二日；九二：七日；六三：十二日；六四：十七日；六五：二十二日；上九：二十七日。

---

① 《文淵閣四庫全書·經部·易類》，臺灣商務印書館影印，第 53 册，頁 851 下。

② 所謂六日七分，即將歲實（回歸年長度）定爲三百六十五日又四分日之一，又定一日長度爲八十分，由六十卦均分，則每卦六日七分。

③ 《乾鑿度》卷上云："震生物於東方，位在二月。巽散之於東南，位在四月。離長之於南方，位在五月。坤養之於西南方，位在六月。兌收之於西方，位在八月。乾制之於西北方，位在十月。坎藏之於北方，位在十一月。艮終之於東北方，位在十二月。"見《文淵閣四庫全書·經部·易類》，第 53 册，頁 867 上。

（益卦）初九：三日；六二：八日；六三：十三日；
六四：十八日；九五：二十三日；上九：二十八日。

（漸卦）初六：四日；六二：九日；九三：十四日；
六四：十九日；九五：二十四日；上九：二十九日。

（泰卦）初九：五日；九二：十日；九三：十五日：
六四：二十日；六五：二十五日；上六：三十日。①

案：《稽覽圖》五卦的初爻分別直初一日至初五日，二爻分別直
初六至初十日，三爻直十一至十五日，四爻直十六至二十日，五
爻直二十一至二十五日，上爻直二十六至三十日。所以，直日是
據爻序，而非卦序。自小過卦初爻直初一日之後，便是蒙卦初爻
直初二日，而非小過卦之二爻，其下則益卦初爻直初三日，最後
泰卦初爻直初五日。初爻終，又自小過卦二爻始，直初六日，蒙
卦二爻直初七日，如此循環。很顯然，此直日之序與六日七分的
卦序有異。

　　張惠言認爲此種直日法不符六日七分，乃“後世雜家所附
益，非中孚傳本文”，② 張說的前提是，六日七分法惟有一種。
但俞樾則認爲，此種直日法也可能是六日七分法的別種。③ 因卦
之直日、直月有不同編排，則俞說更合情理。

　　《稽覽圖》中的六日七分卦序中既有如此差別，則京房的八

----

① 《文淵閣四庫全書》，第 53 冊，頁 861 下—862 上。
② 《易緯略義》，《續修四庫全書·經部·易類》，第 40 冊，頁 545 上。
③ 俞氏《卦氣直日考》云：“然既古有是說，則亦未始不成一理。”《續修四
庫全書·經部·易類》，第 34 冊，頁 206 下。

宮卦序與六日七分卦序不合，就有邏輯的可能。

　　問題是，除了邏輯的可能外，是否還有更具體的實證呢？爲便於說明，茲摘録《京房傳》中與《易》說相關者如下：

　　建昭二年二月朔拜，上封事曰："辛酉以來，蒙氣衰去，太陽精明，臣獨欣然，以爲陛下有所定也。然少陰倍力而乘消息。臣疑陛下雖行此道，猶不得如意，臣竊悼懼。守陽平侯鳳欲見未得，至己卯，臣拜爲太守，此言上雖明下猶勝之效也。臣出之後，恐必爲用事所蔽，身死而功不成。故願歲盡乘傳奏事，蒙哀見許。乃辛巳，蒙氣復乘卦，太陽侵色，此上大夫覆陽而上意疑也。己卯、庚辰之間，必有欲隔絶臣令不得乘傳奏事者。"

　　……

　　臣前以六月中言遯卦不效，法曰："道人始去，寒，湧水爲災。"至其七月，湧水出。

　　……

　　房至陜，復上封事曰："乃丙戌小雨，丁亥蒙氣去，然少陰並力而乘消息，戊子益甚，到五十分，蒙氣復起。此陛下欲正消息，雜卦之黨並力而爭，消息之氣不勝。彊弱安危之機不可不察。己丑夜，有還風，盡辛卯，太陽復侵色，至癸巳，日月相薄，此邪陰同力而太陽爲之疑也。臣前白九年不改，必有星亡之異。臣願出任良試考功，臣得居內，星亡之異可去。議者知如此於身不利，臣不可蔽，故云使弟子不若試師。臣爲刺史又

當奏事，故復云爲刺史恐太守不與同心，不若以爲太
守，此其所以隔絶臣也。陛下不違其言而遂聽之，此乃
蒙氣所以不解，太陽亡色者也。臣去朝稍遠，太陽侵色
益甚，唯陛下毋難還臣而易逆天意。邪説雖安於人，天
氣必變，故人可欺，天不可欺也。願陛下察焉。"房去
月餘，竟徵下獄。①

從上文看，知京氏用六日七分法，因爲其中有與《稽覽圖》的
六日七分卦序相關者。其一，文中有"六月遯卦"之言，正合
六月"鼎、豐、渙、履、遯"之序。考上文乾宮建候積算表，
遯卦之建始也在六月中，但八宮卦建始六月者，非但遯卦，還有
坎卦、艮宮五世履卦、坤宮一世復卦、兑宮四世萃卦，京氏單舉
遯卦爲六月之代表，似以《稽覽圖》卦序爲説。其二，文中並
有消息、雜卦之詞，與《稽覽圖》的辟卦、雜卦相當。以六月
卦爲例，辟卦爲遯，其餘則爲雜卦，即鼎爲諸侯，豐爲大夫，渙
爲卿，履爲三公。而八宮卦中並無辟卦、雜卦之義。其三，文中
有"辛酉以來"等紀日干支，今考建昭二年二月朔爲甲子日，
辛酉乃正月二十八日，而己卯爲二月十六日，辛巳則爲二月十八
日。據文意，則二月朔當作三月朔，錢大昕之説是也，② 錢氏並

----

① 《漢書》，頁3164—3166。

② 〔清〕錢大昕撰，方詩銘、周殿傑點校：《廿二史考異》，上海古籍出版社，
2004年，上冊，頁161。又今人盧央氏在《京房評傳》中認爲，此辛酉"似應
是建昭元年十一月二十七日的辛酉日。這個辛酉日之後的己卯日當是建昭元年
十二月二十五日"（頁67），非也。因下文"房去月餘，竟徵下獄"，知三上封
事相隔時日不遠。

舉張晏所注爲證（案：張晏《注》引"晉、解"二月卦釋"辛巳、己卯、庚辰"之日，並以太陽謂"大壯"），知張晏據《稽覽圖》卦序。不僅如此，孟康所注消息卦，同樣不依八宮卦而以消息卦爲説。① 其四，"蒙氣、還風"之謂，不見於《京傳》，在《稽覽圖》中却有相關描述。②

據三篇上封事之文，知京氏自拜魏郡太守至赴任，時日間隔不遠，今以其中干支排列，則第三上封事當在五月。建昭二年四月癸亥朔，丙戌爲四月二十四日、則丁亥、戊子、己丑、辛卯分別是二十五日、二十六日、二十七日、二十九日。又，四月爲小月，辛卯之後，便是五月朔壬辰。癸巳則爲五月初二。若據張晏以"解、晉"釋二月己卯、庚辰、辛巳日之例，可知"丙戌、丁亥"等，皆指四月辟卦乾，初爻爲二十四日，至上爻二十九日。文中特言五十分，正直午、未之際，③ 方當陽盛，而蒙氣却起，是陰迫陽也。故京氏云："陛下欲正消息，雜卦之黨並力而爭，消息之氣不勝。"總之，自丙戌至辛卯，蒙氣之甚，太陽無色，謂乾卦爲雜卦所侵。此處更兼五月癸巳日，即大有卦，是强

---

① 孟康曰："房以消息卦爲辟，辟，君也。息卦曰太陰（陰，當爲陽），消卦曰太陽（陽，當爲陰），其餘卦曰少陰、少陽，謂臣下也。並力雜卦氣幹消息也。"《漢書》，頁3164。

② 《稽覽圖》卷上云："侵之比先蒙。"鄭玄《注》云："蒙之比，非一也。先蒙者，臣將欲侵其君，亂氣而起，霧冒之，故先蒙。"（《景印文淵閣四庫全書》，第53冊，頁843下）又云："陽還，其風必暴。"鄭《注》云："君弱臣强，君令不得行，降氣積後一百三十日內，陰（案：陰，當爲陽）得同類並下，故薄，故必暴也。"（同上，頁842下）

③ 一日十二辰共八十分，則每辰得六分七弱，五十分在第七、八辰間，故爲午、未之際。

調"邪陰同力而太陽爲之疑"。京房之意，若元帝繼續"難遷臣、易逆天意"，則五月之蒙氣依然不除。

既知京氏上封事以六日七分説爲本，但《稽覽圖》中的六日七分卦序顯與《京傳》八宮序不同，那麽，究竟該如何解釋二者間的不同？

這一問題的困難在於，《稽覽圖》的卦序迄今未有明確解釋。《乾鑿度》中雖有"升者，十二月之卦；隨者，二月之卦；泰者，正月之卦"之説，[①] 合於六日七分卦序，但其釋在義不在例，無法從中推測六日七分卦序的排列之由。後世學者如清代的莊存與《卦氣解》曾提到《稽覽圖》卦序中的陰陽爻各百八十之數，[②] 並不能解釋卦序之由。俞樾則逕言《稽覽圖》卦序不可解。[③]

六日七分卦序之由不明，則京房八宮説與六日七分説的關聯仍停留在邏輯可能性的層面。不過，《稽覽圖》的某些記載，似乎又暗示了二者關聯性的蛛絲馬跡。

《稽覽圖》曾將六十四卦分成三十二組，每組兩卦，按今本《易》序排列，即乾、坤爲第一組，屯、蒙爲第二組，需、訟第三組，依次最後第三十二組爲既濟、未濟，各組排列中還有策數與軌數的分配。值得注意的是，組卦中還有世爻的安排，乃關鍵

---

① 分見《景印文淵閣四庫全書》，第 53 册，頁 869 下、870 上、872 上。
② 莊氏《卦氣解》云："自中孚迄井，陽爻八十九，陰爻九十一，共一百八十，當半歲實。……自咸迄頤，陽爻九十一，陰爻八十九，共一百八十，當半歲實。"《續修四庫全書·經部·易類》，第 23 册，頁 45 下。
③〔清〕俞樾：《卦氣直日考》，頁 200 上。

所在。茲舉二例，並略作疏通：

第一組、乾（世戌初子），坤（世酉初未）。

二合折：三百六十。分各乾：二百一十六；坤：一百四十四。

二軌合：一千四百四十。分各乾：七百六十八；坤：六百六十二。①

第二組、屯（世寅初寅），蒙（世戌初巳）。

二合折：三百三十六。分各屯：一百六十八；蒙：一百六十八。

二軌合：一千四百八。分各乾：七百四；坤：七百四。②

先説合折。折即策。《稽覽圖》記策術云："陽爻九，以四時乘之，得三十六；陰爻六，以四時乘之，得二十四。"此謂陽爻的策數是 $9 \times 4 = 36$；陰爻的策數是 $6 \times 4 = 24$。據此，乾卦六爻皆陽爻，策數即 $6 \times 36 = 216$。坤卦六爻皆陰爻，策數即 $6 \times 24 =$

---

① 原文爲六百六十二，誤，當爲六百七十二，算見下。其他組卦中也有類似訛誤，皆可據算正之。如第六組泰、否二卦。《稽覽圖》云："二合折：五百六十。分各泰：二百八十；否：二百八十。二軌合：一千四百四十。分各泰：七百二十；否：七百二十。"案：此合折誤。泰、否皆爲三陰三陽爻，則泰之策數當爲：$3 \times 36 + 3 \times 24 = 180$。否之策數同。故二合折當爲 $180 + 180 = 360$。應改爲"二合折：三百六十。分各泰：一百八十；否：一百八十"。文中軌數不誤。
② 《景印文淵閣四庫全書》，第 53 册，頁 853 下。

144。二合折，謂二卦策數之和：216＋144＝360。分各乾、坤，謂乾、坤策數分別是216、144。

再説合軌。《稽覽圖》記軌術云："陽爻九、七，各以四時乘之，而並倍之，得一百二十八；陰爻八、六，各以四時乘之，而並倍之，得一百一十二。"此謂陽爻的軌數是（9＋7）×4×2＝128。陰爻的軌數是（8＋6）×4×2＝112。據此，乾卦六爻皆陽，軌數是128×6＝768；坤卦六爻皆陰，軌數是112×6＝672。二軌合，謂二卦軌數之和：768＋672＝1440。分各乾、坤，謂乾、坤軌數分別是768、672。

屯、蒙二卦策、軌之數例此。屯卦内震外坎，二陽四陰，故策數是2×36＋4×24＝168；蒙卦内坎外震，也是二陽四陰，故策數也是168。二合折，即168＋168＝336。屯卦軌數則是2×128＋4×112＝704；蒙卦軌數也是704。二軌合，即704＋704＝1408。

策數和軌數在《稽覽圖》中，或用於推策當日，或用於推命、推厄法，皆與《京傳》及京房的上封事明顯有異，暫不論。但上引文中，乾卦有"世戌初子"，坤卦有"世酉初未"，屯卦"世寅初寅"，蒙卦"世戌初巳"，等等，可見出於京氏八宫卦，因爲文中的"世戌、世酉、世寅、世戌"等，便是《京傳》的世爻。而《稽覽圖》六十四卦的世爻可謂無一不與《京傳》合。[1]

---

[1] 六十四卦只有四卦不合，乃傳寫之訛。1.《稽覽圖》離卦云"世子"，誤，當云"世巳"，因離卦世爻爲己巳。2. 睽卦云"世丑"，誤，當爲"世酉"，睽在艮宫四世卦（内兑外離），世爻即離之四爻己酉。3. 姤卦云"世酉"，誤，當云"世丑"。姤爲乾宫一世卦（内巽外乾），世爻即巽之初爻爲辛丑。4. 未濟云"世未"，誤，當爲"世午"。未濟爲離宫三世卦（内坎外離），世爻即坎三爻戊午。

　　比如，《稽覽圖》云乾卦“世戌”，《京傳》的乾卦世爻爲壬戌。云坤卦“世酉”，《京傳》的坤卦世爻爲癸酉。屯卦“世寅”，《京傳》屯卦世爻爲庚寅。蒙卦“世戌”，《京傳》蒙卦世爻爲丙戌，皆合。至於“初子、初未、初寅”等等，也與《京傳》的陽左行，陰右行相同。需要提及的是，《稽覽圖》之“初”，非謂初爻，而謂初辰。如乾卦“初子”，坤卦“初未”，謂乾卦起於子，坤卦起於未（即上文間八之例）。雖然“初子、初未”符合乾卦初爻甲子、坤卦初爻乙未之義，但從其他組卦之“初”看，可知“初”指初辰，非初爻。如屯卦，初爻爲庚子，但《稽覽圖》謂“初寅”。蒙卦初爻戊寅，《稽覽圖》謂“初巳”。考察此初辰確定之由，《稽覽圖》首先定乾、坤起於子、未，分別爲陽卦、陰卦之首，然後每組二卦，前卦爲陽，後卦爲陰，陽卦陽辰，陰卦陰辰。其次據“陽左行，陰右行”之例。如乾卦起子，則第二組陽卦屯，起於寅；第三組陽卦需，起於辰；第四組陽卦師，必起於午。此據左行之例。坤卦起於未，則第二組陰卦蒙，起於巳；第三組陰卦訟，即起於卯；第四組陰卦比，必起於丑。此據右行之例。其他可類推。據此，則《稽覽圖》的某些文字訛誤可得以更正。①

　　《京傳》的世爻在《稽覽圖》中出現，説明三十二組卦與《京傳》八宮卦之間或有聯繫，如果説《稽覽圖》中並列六日七分卦序與三十二組卦序，或許暗示了二者之間的關聯性，那麼，

---

① 如《稽覽圖》云革卦“世亥初未”，此“初未”誤，當作“初子”。漸卦“初午”亦誤，當作“初辰”。鼎卦云“初寅”，誤，當作“初未”。

三十二組卦序中的"世爻"説又與《京傳》相合，則《京傳》八宮卦序與六日七分説之間的聯繫就不再停留在邏輯可能性上，而有實證。當然，這一假設得以成立需要兩個前提，一是《稽覽圖》中的世爻非後來者竄入。二是六日七分卦序與三十二組卦序確有聯繫。可惜這兩個前提至今都無法確證。

六、小結

綜上所論，《京傳》在二十八宿入卦上，宿位干支即是世爻之干支，而世爻的干支與飛爻干支相同，故欲理解二十八宿入卦，須先瞭解《京傳》的飛伏説、世爻説。在二十四氣與月日入卦上，《京傳》以建候積算爲説。建謂起，候謂氣、月，建候即起氣或起月，積算則爲起日，建候之末即爲積算之初。在起氣上，《京傳》有起節氣、中氣之別：若純卦起節氣，則節氣候數36，中氣候數28；若純卦起中氣，則中氣候數36，節氣候數28。另外，坎卦當建起癸未至戊子，原文建起戊寅至癸未，蓋誤。至於五行入卦，《京傳》除八卦本象外，更應考慮分象問題。而分象之例，主要由建候、積算、世應、互體所決定。最後，《京傳》的五行入卦與吉凶判斷，還包含了其他因素，如在爻類上，除飛爻、世爻外，還有建爻、主爻等。知曉其中的異同，則《京傳》之例即可大致把握。

學者素稱兩漢《易》學爲象數之學，無論象、數，皆有例可求。然求例之難，有時甚於小學，若不知象數之例，則文字、聲韻等常常無所著力。晁説之自言"以象數辨正文字之舛謬"，然徐昂却譏其"錯亂譌誤，猶層見而疊出"。① 觀上文所析，知晁氏之於《京傳》象數，多有未解。② 所以，探求象數之例，應是理解《京傳》的第一步。筆者研讀時下學者有關《京傳》的諸多論著，喜於大處立論而其例不明，故不免憑虚蹈空之弊。論《京傳》，於今天的《易》學，仍具啓示意義。

———————

① 《京氏易傳箋‧自序》。

② 近人沈延國有《京氏易傳證僞》一文，以爲三卷本《京傳》乃後人僞託，然無鐵證，恐有可疑。其文共四節，不長，今約略如下：第一節，沈氏認爲，《漢志》《隋志》不載《京氏易傳》，至宋，"晁公武（案：當爲晁説之）始論之，以《京氏易傳》强與《隋、唐志》合，臆斷無據"。又云："景迂所著，未免誇矣。既好託古，安知《京氏易傳》非景迂僞作？"案：此説非也，若是晁氏僞作，則其論《京傳》豈有不合本文之理（見上文論證）？沈氏還提出唐宋間術士僞作的猜測，却無論證。第二節，沈氏以《漢書》本傳之六日七分説爲證，而《京傳》與此説不合。其文曰："宮次，及二十四氣配卦，爲治《易》之本，惟世應飛伏，父母兄弟等，皆術士之説。雖有法可推，然悉出術家。其法淺陋，何能與京房占驗之法相較哉！而《京氏易傳》有運五行，位五星，降二十八宿等訣，其訣如'五星從位起鎮星，參宿從位起壬戌。'又'五星從位起太白，井宿從位入辛丑'等，每卦如斯，其非京氏學，蓋可斷言。爲後世術家著述，託詞京氏以自重者也。"案：此説僅及占法不同，若六日七分説與世應説有相通處（如上文所論），則沈説不免臆斷。第三節，沈氏引《漢書‧五行志》所載京房《易傳》文，與三卷本《易傳》異，證後者僞。案：此説理據不足。《五行志》所載《易傳》，固與三卷本異，但觀《漢志》所引，頗類《妖占》，沈氏以《開元占經》所引《飛候》爲例，以爲京房《易傳》即《飛候》，而非三卷本《京傳》。由此可知，《易傳》或有通稱之義，京氏《妖占》既可稱爲京傳，則《飛候》《積演算法》《錯卦》等也可稱之爲"京傳"。第四節，沈氏駁宋人如朱熹、項安世等説，宋人以納甲等源自京氏，並以《火珠林》爲京氏遺法。沈氏則認爲，《火珠林》似唐人之作，與三卷本《京傳》之占法類似，故納甲等源自京房之論，實誤。此節所論，乃承前三節，無關真僞之辨。由此四節可知，沈氏的論證只是根據《漢書‧五行志》所引京房《易傳》與三卷本異，且《漢書》本傳所載六日七分法與三卷本之法異，故斷此書僞僞作，恐不足徵信。江弘遠《京房易學流變考》承沈氏之説，以爲《京傳》成書於隋唐以後（頁 231—236），亦無文獻學的堅强證據。

第二章

"五際"説的殷曆背景

——兼釋《漢書·翼奉傳》中的六情占

研討前漢三家《詩》，齊《詩》之學最難，因其中内容有非文字、聲韻可以訓釋者。如齊《詩》有"五際"説，其涵義究竟何謂？迄今並無定論。《漢書·翼奉傳》師古《注》引應劭"五際"説："君臣、父子、兄弟、夫婦、朋友也"，又引孟康説："《詩内傳》曰：'五際，卯、酉、午、戌、亥也。陰陽終始際會之歲，於此有變改之政也。'"① 兩説迥然有異。清代學者迮鶴壽、陳喬樅均認同孟康之説，其主要證據，便是緯書的"四始、五際"説與《詩内傳》相通，據此，則應劭之説不得齊《詩》本旨。

然而，即如孟康所言，五際爲陰陽終始際會之歲，五際的確切涵義却並不明晰。《詩緯汎歷樞》云："《大明》在亥，水始也。《四牡》在寅，木始也。《嘉魚》在巳，火始也。《鴻雁》

---

① 《漢書》，頁3173。

在申，金始也。”“卯，《天保》也。酉，《祈父》也。午，《采
芑》也。亥，《大明》也。”① 知“四始、五際”，是以《詩》篇
分繫於十二辰。

　　問題是，此種分繫的依據究竟何在？對此，歷代學者的解
釋並不多見。以清代《詩經》學之盛，詳論“五際”説者，
除迮鶴壽《齊詩翼氏學》外，陳喬樅有《齊詩翼氏學疏證》
《詩緯集證》，如果再加上明末黃道周《三易洞璣》所論“五
際”之文，就筆者所見，更無詳細的討論。觀此四種著作，黃
説過於簡略，不明其立論所據。迮氏以數釋《詩》，無文獻學
之證，難免牽强。陳著爲疏證體，但列各家之説，也少創見。
至於其他學者，自清初顧炎武下至魏源，學者們論“四始、五
際”，多附帶而過，對於“五際”説的分繫緣由，幾不涉及。
筆者近年留心古曆，以爲“五際”説當與殷曆相關，雖然缺乏
嚴格的文獻學證據，但較諸黃、迮諸家，在邏輯的自洽與文獻
的引證上，自謂略有可取之處。故不揣淺疏，申説如下，謹就
正於博雅君子。

一、論迮鶴壽《齊詩翼氏學》

　　《齊詩翼氏學》論及四始、五際，多有創見，迮氏分大、小
雅爲八部，並根據陰陽進退之例，以釋八部之終始，如“詩篇

---

① 《十三經注疏》，中華書局，1980 年，上册，頁 272 下。

專用二雅解"①"《文王》《鹿鳴》不爲始解"② 等，頗發前人所
未發。然其間亦有可商之處。由於连著以"數"爲據，較爲隱
晦，兹先疏通之。

先説八部詩篇循環圖。

所謂八部，即合四始、五際爲八部，此八部乃亥、寅、卯、
巳、午、申、酉、戌，因"《大明》在亥"爲四始、五際所共
有。又由於四始、五際中的詩篇皆在大、小雅，故连氏以爲八部
專指大、小雅，與風、頌無涉，连氏列出八部循環之序，如
下圖：

圖一 八部詩篇循環圖

大雅	0. 文王。【亥部起】1. 大明。2. 緜。3. 棫樸。4. 旱麓。5. 思齊。6. 皇矣。7. 靈臺。8. 下武。9. 文王有聲。10. 生民。11. 行葦。12. 既醉。13. 鳧鷖。14. 假樂。15. 公劉。16. 泂酌。17. 卷阿。18. 民勞。19. 板。20. 蕩。21. 抑。22. 桑柔。23. 云漢。24. 崧高。25. 烝民。26. 韓奕。27. 江漢。28. 常武。29. 瞻卬。30. 召旻。
小雅	31. 鹿鳴。【寅部起】32. 四牡。33. 皇皇者華。34. 常棣。35. 伐木。【卯部起】36. 天保。37. 采薇。38. 出車。39. 杕杜。40. 南陔。41. 白華。42. 華黍。43. 魚麗。44. 由庚。【巳部起】45. 南有嘉魚。46. 崇邱。47. 南山有臺。48. 由儀。49. 蓼蕭。50. 湛露。51. 彤弓。52. 菁菁者莪。53. 六月。【午部起】54. 采芑。55. 車攻。56. 吉日。

---

① 连氏云："十五國風，諸侯之風也。三頌，宗廟之樂也。唯二雅皆述王者之
命運政教。四始、五際專以陰陽之終始際會，推度國家之吉凶休咎，故止用二
雅。"《齊詩翼氏學・詩篇專用二雅解》，《續修四庫全書・經部・詩類》，第 75
册，頁 10 上。

② 连氏云："大雅始於《文王》，小雅始於《鹿鳴》，猶《易》之有乾坤也。
乾爲君道而《文王》一篇述周家受命之由，坤爲臣道而《鹿鳴》一篇叙賓
式燕之事。四始不以此爲始者，文王未嘗履帝位，至武王始有革命之事。"《齊
詩翼氏學》，頁 10 下。

續　圖

小雅	【申部起】57. 鴻雁。58. 庭燎。59. 沔水。60. 鶴鳴。【酉部起】61. 祈父。62. 白駒。63. 黃鳥。64. 我行其野。65. 斯干。66. 無羊。67. 節南山。68. 正月。【戌部起】69. 十月之交。70. 雨無正。71. 小旻。72. 小宛。73. 小弁。74. 巧言。75. 何人斯。76. 巷伯。77. 谷風。78. 蓼莪。79. 大東。80. 四月。81. 北山。82. 無將大車。83. 小明。84. 鼓鐘。85. 楚茨。86. 信南山。87. 甫田。88. 大田。89. 瞻彼洛矣。90. 裳裳者華。91. 桑扈。92. 鴛鴦。93. 頍弁。94. 車舝。95. 青蠅。96. 賓之初筵。97. 魚藻。98. 采菽。99. 角弓。100. 菀柳。101. 都人士。102. 采綠。103. 黍苗。104. 隰桑。105. 白華。106. 緜蠻。107. 瓠葉。108. 漸漸之石。109. 苕之華。110. 何草不黃。

《齊詩翼氏學》原圖分三層，① 爲清眉目，今依《毛詩》重加排列，並加序號，其循環之序與迮氏一致，故上圖只列各部之起，省各部之終。八部循環，是迮氏對四始、五際起迄的解釋，其主要內容有：

1. 亥部、戌部不循環，即亥部起於《大明》，終於《鹿鳴》，共三十一篇。戌部起於《十月之交》，終於《何草不黃》，共四十二篇。

2. 其他六部循環，即每部所終，必爲下部所起前一篇。如寅部起於《四牡》，下部爲卯，起於《天保》，則寅部終於《天保》前一篇，即《伐木》，自《四牡》循環而至《伐木》，共百一十五篇。同樣，卯部起於《天保》，因下部巳起於《南有嘉魚》，則卯部終於《嘉魚》前一篇，即《由庚》。自《天保》循環至《由庚》，共百二十篇。以此類推，巳部起於《南有嘉魚》，當終於午部《采芑》前一篇《六月》，共百二十篇。午部起於

————————
① 《齊詩翼氏學》，頁 14 下—15 下。

《采芑》，當終於申部《鴻雁》前一篇《吉日》，共百一十四篇。申部起於《鴻雁》，終於酉部《祈父》前一篇《鶴鳴》，共百一十五篇。酉部起於《祈父》，終於戌部《十月之交》前一篇《正月》，共百一十九篇。①

3. 迮氏云："八部陰陽相乘，前部陽、後部陽，則進一數。前部陽、後部陰，則如本數。前部陰、後部陽，則退一數。故各部詩篇多寡不同，唯戌部以數窮而止。"② 首先是八部陰陽的確定，即亥爲陽水，寅陽木，卯陰木，巳陽火，午陰火，申陽金，酉陰金，戌陽土。③ 其次是詩篇大、小數的編排。詩篇大數，謂百一十，乃天地之數的倍數。迮氏云："天數二十五，地數三十，凡天地之數五十有五，倍之，得百有十。大雅三十一篇，小雅八十篇，四始、五際從《大明》起，除《文王》一篇，自《大明》至《何草不黃》，凡百有十篇。此詩篇一大終之數，合天地之倍數者也。"④ 此詩篇大數百一十，詩篇小數則謂五、十，即土之生數五、成數十。迮氏云："四始、五際配五行，五行以土爲君，土之生數五，成數十。"⑤ 迮氏定大、小數，乃專解各部篇數，其法，滿大數者，除去之；滿小數者，亦除去之；不盡者，則據陰陽相乘法進退。

---

① 《齊詩翼氏學》云："亥部得三十一篇，寅、申二部得百十五篇，卯、巳二部得百二十篇，午部得百十四篇，酉部得百十九篇，戌部得四十二篇。"頁15下。

② 《齊詩翼氏學》，頁9下。

③ 《齊詩翼氏學》，頁9上—9下。

④ 《齊詩翼氏學》，頁12下。

⑤ 《齊詩翼氏學》，頁12下。

如亥部凡三十一篇，滿小數十，除去之，餘一。以亥陽水，寅陽木，據上所言"前部陽，後部陽，則進一數"之法，故進一而爲三十一篇。同樣，寅部百十五篇，以大、小數除去之，適盡，因寅陽木，卯陰木，前陽後陰，詩篇如本數。午部百一十四篇，滿大數，除去之，餘四，視小數五則少一，因午爲陰火，申陽金，前陰後陽，故退一而爲百一十四篇。它皆類此。

4. 亥、戌二部何以不循環，或此二部詩篇何以不滿大數？逄氏云："亥部三十一篇，不滿大數者，天德不可爲首也。戌部四十二篇，不滿大數者，地道無成也。"[1]

以上是《齊詩翼氏學》較爲費解的内容，理解其間曲折，便知逄氏推排詩篇之法。至於爲何"《大明》在亥，《四牡》在寅"，則語焉不詳。今觀其論八部循環，頗有可疑之處：

其一，八部篇數之多寡與各部陰陽相關，但逄氏關於八部陰陽的斷定，却與翼奉不同，請看下表：

表十三　翼奉、逄氏十二辰陰陽異同表

十二支	亥	子	丑	寅	卯	辰	巳	午	未	申	酉	戌
翼奉説	**陰**	陰	陽	陽	陰	陰	陽	**陽**	陰	**陰**	**陽**	陽
逄鶴壽説	**陽**	陰	陽	陽	陰	陰	陽	**陰**	陰	**陽**	**陰**	陽

《齊詩翼氏學》既專釋翼奉《齊詩》學，定十二辰之陰陽，不應

---

① 《齊詩翼氏學》，頁20上。

與翼奉有異。迮氏既與翼奉有異，又不言其依據，不足徵信。

其二，迮氏以大、小雅專述王者革政或革命之事，以百一十篇當天地合數之倍數，但大、小雅共百一十一篇，非百一十篇。因亥部起於《大明》，不起於《文王》，故迮氏云"自《大明》至《何草不黃》凡百有十篇，……合天地之倍數者也"。但據六部詩篇數，知迮氏並計《文王》，除亥、戌二部外，六部之數其實以百一十一篇爲算，並非百一十篇。故天地合數之倍數，既無與於計算，則其涵義不能彰顯。

以上兩點，是迮氏論八部詩篇循環的主要問題。其他方面也有可議之處。

其一，在八部詩篇值歲例中，迮氏云"積年滿一紀爲小周，積年滿五紀爲大周"。[①] 此小周、大周，謂積年。小周所積年數，據迮氏云："一紀八部也。從《大明》起，周行八部至《何草不黃》止，凡七百七十六篇，值八百十六歲，是爲一小周"。小周積年816，是以776篇當816歲。據迮氏八部值歲數，即亥部31篇，值39歲；寅部115篇，值121歲；卯部120篇，值122歲；巳部120篇，值121歲；午部114篇，值122歲；申部115篇，值121歲；酉部119篇，值121歲；戌部42篇，值49歲，[②] 八部值歲數相加，可得"七百七十六篇，值八百十六歲"。關於大周，迮氏云："五紀四十部也。從唐虞以前乙亥歲起，周行四十部，至明季甲戌歲止，凡三千八百八十篇，值四千有八十歲，是

----

① 《齊詩翼氏學》，頁24上。
② 《齊詩翼氏學》，頁24上—24下。

爲一大周"①，大周五倍於小周。小周一紀八部值詩篇776，則大周五紀四十部值詩篇776×5＝3880。小周一紀八部當歲816，則大周五紀四十部當歲816×5＝4080，故云"凡三千八百八十篇，值四千有八十歲"。又迮氏云詩篇值歲"從甲乙之遠近"者，② 此謂值歲之干支據先後順序。六十干支始於甲子，終於癸亥。八部既以亥部爲首，十甲與亥相配者，有乙亥、丁亥、己亥、辛亥、癸亥。乙亥最前，故迮氏認爲詩篇值歲紀年皆以乙亥始。迮氏又云："唐虞以前無年可紀，魯曆所載魯君年數甚詳，煬公二十四年上距周公攝政五年七十六歲，據此推之，知辛亥紀丙申部首，值周成王十一年，故紀年自此始。"③ 由此可知迮氏於曆術並不精審。此説出自劉歆《世經》："周公攝政五年，正月丁巳朔旦冬至，殷曆以爲六年戊午，距煬公七十六歲，入孟統二十九章首也。"④ 此爲劉歆心目中的"殷曆"，非魯曆。劉歆據三統推排魯公在位年數，與《史記》所載並不吻合⑤，迮氏略乎此，既將劉歆之殷曆誤爲魯曆，又以劉歆之魯公年數爲據，失之於考。

其二，迮氏云周成王十一年爲辛亥紀丙申部首。此中推算過程還原如下：

（1）前云值歲、紀年皆以乙亥始，迮氏又定各部所值年數，

---

① 《齊詩翼氏學》，頁24上。
② 《齊詩翼氏學》，頁24上。
③ 《齊詩翼氏學》，頁24上。
④ 《漢書》，頁1016。
⑤ 如《史記·魯世家》謂魯獻公在位32年，《世經》則以爲50年。

即亥部值 39 歲；寅部值 121 歲；卯部值 122 歲；巳部值 121 歲；午部值 122 歲；申部值 121 歲；酉部值 121 歲；戌部值 49 歲。據此，定亥部年名起於乙亥，歷 39 年算外，得甲寅，即是下部部首年名。寅部值 121 歲，自甲寅起算，歷 121 年算外，得乙卯，即是卯部部首年名。卯部值 122 歲，自乙卯起算，歷 122 年算外，得丁巳，即是巳部部首年名。巳部值 121 歲，自丁巳起算，歷 121 年算外，得戊午，即是午部部首年名。午部值 122 歲，自戊午起算，歷 122 年算外，得庚申，即是申部部首年名。申部值 121 歲，自辛酉起算，歷 121 年算外，得壬戌，即是戌部部首年名。戌部值 49 歲，自壬戌起算，歷 49 年算外，得辛亥，入第二紀辛亥，紀、部首年名同。自第一部辛亥部起算，歷 39 年算外，得辛亥紀第二部部首年名庚寅，如上類推，可得第三部辛卯，第四部癸巳，第五部甲午，第六部丙申，第七部丁酉，第八部戊戌，見下表。

（2）上算得第二紀紀部首年名辛亥，則第一紀終歲之年名自是庚戌。連氏云："始乙亥，終庚戌，積八百一十六年，滿一紀。始乙亥，終甲戌，積四千有八十年，滿五紀。"[1] 此以小、大周爲算，即一紀八部值八百一十六歲，則 $816 \div 60 = 13 + 36/60$。命起乙亥，算上三十六，爲庚戌。五紀四十部值四千八十歲，則 $4\,080 \div 60 = 68$，適盡，知是庚戌。與上算同。

（3）據詩篇所值年數，可推第五紀第八部部首年名丙戌，自丙戌起算，算上 49 年，得甲戌年，連氏以爲當崇禎七年

①《齊詩翼氏學》，頁 25 上。

（1634），此爲五紀八部之終。

表十四　逯氏五紀八部值歲表①

紀	一部	二部	三部	四部	五部	六部	七部	八部
乙亥紀	乙亥（亥部值 39 歲）	甲寅（寅部值 121 歲）	乙卯（卯部值 122 歲）	丁巳（巳部值 121 歲）	戊午（午部值 122 歲）	庚申（申部值 121 歲）	辛酉（酉部值 121 歲）	壬戌（戌部值 49 歲）
辛亥紀	辛亥	庚寅	辛卯	癸巳	甲午	丙申（周成王十一年）	丁酉（周穆王十八年）	戊戌（周厲王十六年）
丁亥紀	丁亥（周宣王十四年）	丙寅（周幽王七年）	丁卯（周惠王二十三年）	己巳（周景王十三年）	庚午（周威烈王十五年）	壬申（周赧王二十六年）	癸酉（漢文帝十二年）	甲戌（漢元帝二年）
癸亥紀	癸亥（漢平帝三年）	壬寅（後漢光武十八年）	癸卯（後漢桓帝十七年）	乙巳（晉武帝二十一年）	丙午（晉安帝十二年）	戊申（梁武帝二十七年）	己酉（唐太宗二十三年）	庚戌（唐代宗八年）
己亥紀	己亥（唐憲宗十四年）	戊寅（唐宣宗十二年）	己卯（宋太祖二十年）	辛巳（宋哲宗十六年）	壬午（宋寧宗二十八年）	甲申（元順帝十二年）	乙酉（明憲宗元年）	丙戌（明神宗十四年）

　　上表丁亥紀起於周宣王十四年，則辛亥紀戊戌部訖於周宣王十三年，如此，知逯氏計厲王在位、共和年數凡 51 年。自周穆王十八年起，訖於厲王十五年，積 121 年，據《史記‧周本紀》所載，穆王在位 55 年，後有共王、懿王、孝王、夷王，此四王在位年數史無明文，據酉部值 121 歲可知，此四王在位年數凡積 68 年。又周宣王十四年當公元前 814 年，則辛亥紀戊戌部首當

公元前 863 年（814＋49＝863，即周厲王十六年）。同樣可上推丁酉部首爲公元前 984 年（863＋121＝984，即周穆王十八年），丙申部首爲公元前 1105 年（984＋121＝1 105，即周成王十一年），然此周王年數與《世經》不合。①

其三，《詩緯》云"辰在天門，出入候聽"，迮氏謂《詩緯》改戌爲辰，② 恐有可商。此處"辰"，乃通稱，非實指。《漢書·律曆志》云："辰者，日月之會而建所指也。"③ 是十二支皆可通稱辰，非獨卯、巳之間謂辰。如《禮記·月令》云"季春之月，日在胃"，鄭《注》云："季春者，日月會於大梁，而斗建辰之辰。"④ 前"辰"字，謂辰巳之辰，後"辰"字則是通稱。《史記·天官書》云："角、天門，十月爲四月，十一月爲五月，十二月爲六月。"《索隱》云："謂月行入角與天門，若十月犯之，當爲

---

① 據劉歆《世經》所出魯公年數，46（伯禽）＋4（考公）＋60（煬公）＋14（幽公）＋50（魏公）＋37（厲公）＋50（獻公）＋30（真公）＋2（武公）＋9（懿公）＋11（柏禦）＋27（孝公）＋46（惠公）＝386。《世經》亦云"凡伯禽至春秋，三百八十六歲"（《漢書》，頁 1018）。由於《世經》提到成王在位之年，即伯禽封魯之歲，據此，可推周成王即位在公元前 1108 年，則成王十一年當爲公元前 1098 年。

② 《齊詩翼氏學》云："其所以得改者，亥爲陽水，卯爲陰木，午爲陰火，酉爲陰金，衆論所同，不能改易。獨土行，翼氏以丑爲陽，辰爲陰，《詩緯》以丑爲陰，辰爲陽，土不得爲際，辰爲陽土，處於戌前，於是改戌際爲辰際，以自異於《齊詩》焉。"（頁 35 上）又云："《詩緯》改戌際爲辰際，而不云巳辰爲某篇，此必傳寫者失之。今以《齊詩》分部之法求之，知爲《南陔》也。《齊詩》寅部小數加五篇，卯部加十篇，卯部之下爲巳部，今於卯、巳二部之間增出辰部。自《天保》至《常棣》，除大數百有十篇，若小數仍加十篇，自《伐木》至《由庚》，則以下即爲《嘉魚》，勢必改巳部爲辰部矣。"（頁 37 上）

③ 《漢書》，頁 1005。

④ 《十三經注疏》，上冊，頁 1363 上。

來年四月成災，十一月，則主五月也。"① 據此可知，若十二月犯
之，則來年六月成災。此處但舉十月、十一月、十二月，知天門
當在壽星、大火、析木之次，且在角宿之後，故天門包含在戌
（即大火）之義。與鄭玄約同時的服虔逕云"天門在戌"，② 知
《詩緯》"辰在天門"，其實正是辰在戌、戌在天門之義。迮氏改
《詩緯》之辰爲戌，一間未達。且迮氏據大、小數而算出辰部起
於《南陔》，則卯部必終於《杕杜》，而《由庚》則變爲辰部之
終。既與《詩緯》八部之義不合，又有自破其例之嫌。

　　總之，迮氏所論雖獨出機杼，然其例不合曆數，對"五際"
說的解釋，也於文獻無徵。至於黃道周《三易洞璣》論五際之
文，亦有可議。如下文：

　　　　《雜圖經下》云："蓋緯書之於經，猶《公》《穀》
　　　之解義，有口授而無筆證，略開緒論，沿積叢訛，其實
　　　聖言有線未絕。今攷其法，二雅大小百一十一篇，亡篇
　　　者六，爲百有五。上自文武，至於幽平，三百八十年。
　　　《文王》至《思齊》六篇，在文王庚寅火始之歲，日在
　　　癸亥，《鹿鳴》至《湛露》十四篇應之。癸亥，甲木之
　　　始，紫宮爲至（案：至，或當作治），天廏應之，是爲
　　　一際。《皇矣》至《行葦》六篇，在成王丙午火盛之
　　　歲，日在辛丑，《彤弓》至《行野》十四篇應之。辛

―――――――――

① 《史記》，頁 1332。
② 《十三經注疏》，上冊，頁 819 下。

丑，水德之宅，太微爲治，天市應之，是爲二際。《既醉》至《卷阿》六篇，在穆王壬戌内火之歲，日在己卯，《斯干》至《蓼莪》十四篇應之。己卯，木德之榮，天廢爲治，太微應之，（案：此處似脫"是爲三際"四字）。《民勞》至《云漢》六篇，在懿王戊寅火始之歲，日在丁巳，《大東》至《鴛鴦》十四篇應之。丁巳，木之再榮，紫宫爲治，太微應之，是爲四際。《崧高》至《召旻》七篇，在宣王甲午火盛之歲，日在乙未，《頍弁》至《何草》十八篇應之。乙未，木德之宅，太微爲治，五車應之，是爲五際。五際不當其世，而意義可通。述事之作，或有因時而道古之篇。"[1]

此段文字釋五際，頗爲費解。暫且不論其附繫天官的理據，即以歷史年代學而言，亦多可疑：其一，黄氏以文、武至幽、平爲380年，其據不明。其二，成王、懿王的在位年數並無明文，黄氏如何繫諸干支，亦不明其理。其三，緯書中"五際"所繫之詩，皆爲單篇，而黄氏各以大、小雅諸篇繫之，且前四際皆爲大雅6篇，小雅14篇，第五際却是大雅7篇、小雅18篇，前後篇數不一。由此觀之，黄氏不僅未能揭示《大明》何以在亥，而且與《詩緯》不合。

　　總之，黄、迮對於詩篇"五際"説的解釋，文獻學的證據

---

[1] 〔明〕黄道周：《三易洞璣》，《景印文淵閣四庫全書·子部·術數類》，第806册，頁613上—下。

並不充分。要理解"五際"説，須另求他塗。

二、緯書的曆術背景

筆者在學習漢代曆法的過程中，深覺"五際"説與殷曆相關。以"五際"説所見有二，一爲《詩緯汎歷樞》，一爲《漢書·翼奉傳》，二者的曆術最有可能是殷曆，試論證如下。

（一）論蔡邕曆議及殷曆上元至獲麟年數

文獻中有關《殷曆》的記載，略有歧異。劉歆《世經》提及殷曆，司馬彪《續漢書·律曆志》所載後漢"曆議"也提到殷曆，鄭玄注《易緯·乾鑿度》文王受命入戊午蔀二十九年，即用殷曆，並據以編排周初年代。後世文獻中也有殷曆的記載，如杜預《春秋長曆》及《開元占經》等。諸説相對比，可以歸納出漢人心目中的"殷曆"。

《續漢志》載蔡邕論曆云："今光、晃各以庚申爲非，甲寅爲是。案：曆法，黃帝、顓頊、夏、殷、周、魯，凡六家，各自有元。光、晃所據，則殷曆元也。"蔡氏又云："《元命苞》《乾鑿度》皆以爲開闢至獲麟二百七十六萬歲。及《命曆序》積獲麟至漢，起庚午蔀之二十三歲，竟己酉、戊子及丁卯蔀六十九歲，合爲二百七十五歲。漢元年歲在乙未，上至獲麟則歲在庚申。推此以上，上極開闢，則元在庚申。讖雖無文，其數見存。而光、晃以爲開闢至獲麟二百七十五萬九千八百八十六歲，獲麟

至漢百六十一歲，轉差少一百一十四歲。云當滿足，則上違
《乾鑿度》《元命苞》，中使獲麟不得在哀公十四年，下不及《命
曆序》獲麟至漢相去四蔀年數，與奏記譜注不相應。"①

據蔡氏所言，其意有三：（1）馮光、陳晃主殷曆，殷曆以甲寅
爲曆元。（2）殷曆開闢上元至獲麟爲 2759886 年，與《乾鑿度》
《元命苞》所載 2760000 年不同。二者相較，則獲麟至漢 161 年，
非 275 年，且不在哀公十四年。（3）開闢上元至獲麟既是 2760000
年，已知獲麟是庚申歲，則上元必是庚申，即 2760000÷60＝46000，
適盡，故元在庚申。光、晃以甲寅爲曆元，非。

蔡氏主據《乾鑿度》《元命苞》，謂開闢上元至獲麟積
2760000 歲，但細考相關文獻，却與光、晃之説合，與蔡邕之説
多違。

其一，《乾鑿度》云："元曆無名，推先紀曰甲寅。""今入
天元二百七十五萬九千二百八十歲，昌以西伯受命，入戊午部二
十九年，伐崇侯，作靈臺，改正朔，布王號於天下，受錄應河
圖。"② 據此，則《乾鑿度》所載當是殷曆，曆元正是甲寅，而
非庚申。又據"今入天元二百七十五萬九千二百八十歲，昌以
西伯受命，入戊午部二十九年"之文，亦可推殷曆上元距獲麟
之歲是 2759886。

其二，蔡邕引《命曆序》云："積獲麟至漢，起庚午蔀之二
十三歲，竟己酉、戊子，及丁卯蔀六十九歲，合爲二百七十五

---

① 《後漢書》，頁 3038—3039。
② 《乾鑿度》，《景印文淵閣四庫全書·經部·易類》，第 53 册，頁 876 下、
877 上。

歲”，此正是開闢至獲麟 2759886 之證，算如下：1. 求入紀：
2759886÷4560＝605＋1086/4560，知入天紀 1086 算外。2. 求入
部：1086÷76＝14＋22/76，命起甲子，算外 14，得庚午部，① 知
此年入庚午部 22 年算外，或云庚午部 23 年算上。“起庚午蔀之
二十三歲”，謂哀公十四年當入庚午部 23 年。自此年起算，至漢
高祖元年，歷庚午部 54 年、己酉部 76 年、戊子部 76 年，丁卯
部 69 年，即（76−22）＋76＋76＋69＝275。又據殷曆2759886年推
算，漢高祖元年正在丁卯部 69 年。② 換言之，《命曆序》之文，
正與光、晃之説殷曆合。且《隋書·律曆志》引《命曆序》云
“魯僖公五年正月壬子朔旦冬至”，③ 也可證上元開闢至獲麟是
2759886 年。

其三，光、晃議曆，豈不知自獲麟至漢初元年積 275 年，今
蔡邕竟謂光、晃言“獲麟至漢百六十一歲”，是誤解光、晃之
意。蔡氏既謂開闢至獲麟積 2760000，而光、晃則是 2759886，
少 114 年，遂以爲光、晃之算“獲麟至漢百六十一歲”，即 275−
114＝161。顯然，此非光、晃本意，乃蔡邕誤解誤算。

由此觀之，蔡邕引《乾鑿度》《元命苞》言開闢至獲麟
2760000年，蓋是緯書或説，又或“二百七十六萬歲”乃舉成數

① 殷曆二十部部名：1. 甲子，2. 癸卯，3. 壬午，4. 辛酉，5. 庚子，6. 己卯，
7. 戊午，8. 丁酉，9. 丙子，10. 乙卯，11. 甲午，12. 癸酉，13. 壬子，14. 辛
卯，15. 庚午，16. 己酉，17. 戊子，18. 丁卯，19. 丙午，20. 乙酉。
② 既知殷曆開闢上元至獲麟之年積 2759886，則開闢至漢高祖元年積 2760161 算
外。算如下：（1）求入紀：2760161÷4560＝605＋1361/4560，知入天紀 1361 年
算外。（2）求入部：1361÷76＝17＋69/76，命起甲子，算外 17，得丁卯部，知
漢高元年入殷曆丁卯部 69 年算外。
③《隋書·律曆志》，頁 426。

言，其實就是2759886。今蔡氏以2760000立論，故與相關文獻多不合。從漢唐間有關殷曆的記載看，殷曆以甲寅爲曆元，以開闢至獲麟爲2759886年，可謂學者的共識：

證一，劉歆《世經》云殷曆以爲定公七年庚午朔旦冬至，正以2759886爲算。①

證二，杜預《春秋長曆》引漢末宋仲子"集《七曆》以攷《春秋》"，殷曆得日食十三，失日食二十四，② 今以2759886爲算，其數正合。③

---

① 算如下：以僖公五年爲例，殷曆上元至獲麟2759886年，則至僖公五年爲2759712年。（1）2759712÷4560 = 605+912/4560，知入天紀912年。（2）912÷76 = 12。適盡，數起甲子蔀，算外十二，爲壬子蔀。蔀日同於朔旦日，同於冬至日。故僖公五年爲壬子朔旦冬至。

② 〔晉〕杜預：《春秋釋例》，《景印文淵閣四庫全書·經部·春秋類》，第146冊，頁267上、266下。

③ 張培瑜《中國先秦史曆表》之附表四《春秋日食合古六曆考》已算出得日食者爲十三，與杜預説合（見《中國先秦史曆表》，齊魯書社，1987年，頁248）。此十三日食爲：1. 僖公五年九月戊申朔日食。2. 僖公十二年三月庚午朔日食。3. 襄公二十年十月丙辰朔日食。4. 襄公二十一年九月庚戌朔日食。5. 襄公二十一年十月庚辰朔日食。6. 襄公二十四年七月甲子朔日食。7. 襄公二十四年八月癸巳朔日食。8. 昭公七年四月甲辰朔日食。9. 昭公二十二年十二月癸酉朔日食。10. 昭公二十四年五月乙未朔日食。11. 昭公三十一年十二月辛亥朔日食。12. 定公十五年八月庚辰朔日食。13. 哀公十四年五月庚申朔日食。張氏並未列出推算過程，今以上元至獲麟2759886驗之，正合。以僖公十二年爲例，殷曆上元至獲麟2759886年，則上元至僖公十二年爲2759719，此爲算外之年，（1）求入紀：2759719÷4560 = 605+919/4560。知入天紀919年。（2）求入蔀年：919÷76 = 12+7/76。數起甲子蔀，算外十二，知入壬子蔀第8年。（3）求積月：7×235÷19 = 86+11/19。（4）求積日：86×27759÷940 = 2539+614/940。（5）求大餘：2539−60×42 = 19。數起壬子，算外十九，爲辛未。知天正月正月辛未朔。以下大餘加29，小餘加499，可得二月辛丑朔，三月庚午朔，四月庚子朔，五月己巳朔，六月己亥朔，七月戊辰朔，八月戊戌朔，九月丁卯朔，十月丁酉朔，十一月丙寅朔，十二月丙申朔。僖公十二年三月庚午朔日食，與推算結果合。其他各例演算法仿此。

證三，《開元占經》云："殷曆上元甲寅至今二百七十六萬一千八十算外。"[1] 案：獲麟在公元前 481 年，"至今"者，至唐開元二年。用公式表示，即 2759886 +（713 + 481）= 2761080。可知《開元占經》也以爲殷曆上元至獲麟爲 2759886 歲。

有此三證，則殷曆甲寅元、及上元至獲麟積 2759886 年，並非虛造。尤其是劉歆《世經》，在光、晃之前，故光、晃之説，既有《命曆序》《乾鑿度》所本，又有劉歆説可證。而蔡邕以開闢至獲麟 2760000 年，若以此數計算，知獲麟之年不在庚午蔀，即 2760000 ÷ 4560 = 605 + 1200/4560，由 1200 知入天紀己酉蔀 61 年算上（即 1200 ÷ 76 = 15 + 60/76。命起甲子，算外 15，爲己酉），與上文《命曆序》云"庚午蔀二十三年"不合。

（二）緯書的曆術背景

上云《乾鑿度》以文王受命入戊午部 29 年，以甲寅爲曆元之名，即用殷曆。《命曆序》云魯僖公五年正月壬子朔旦冬至，上元至獲麟 2759886 年，也是殷曆。下文《稽覽圖》之文，亦最近殷曆，故可推知緯書的曆術背景即是殷曆。《稽覽圖》云：

> 甲寅伏羲氏至無懷氏五萬七千八百八十二年，神農五百四十年，黃帝一千五百二十年，少昊四百年，顓頊五百年，帝嚳三百五十年，堯一百年，舜五十年，禹四百三十

---

① 〔唐〕瞿曇悉達：《唐開元占經》，《景印文淵閣四庫全書・子部・術數類》，第 807 册，頁 944 上。

一年，殷四百九十六年，周八百六十七年，秦五十年。已
上六萬三千六百一十二年。庚戌年，四百九十一年算上。
右總六萬四千一百三年，相基（案：基當作期）加二年。①

此以甲寅爲開闢之始，與殷曆上元同。不過，文中提到
"殷四百九十六年"，而劉歆《世經》殷曆則謂商四百五十八年；
又"周八百六十七年"，不但與《世經》殷曆不同，反而與三統
術推排的周代年數相同。今一一疏通之。

先説"周八百六十七年"。據獲麟之年推算，《乾鑿度》文王
受命入戊午蔀29年，當爲公元前1082年，② 而周朝滅於前256年，
積827年，較867年少40年。這40年的差數，可能是治殷曆者以
文王在位年起算，不從受命年算起。《史記·周本紀》提及文王
"即位五十年"，又提及受命"後十年而崩"，③ 如果加上文王在位
40年，正好867年。此其一。《逸周書·小開解》云："惟三十五
祀"，即以文王在位紀年，故於史籍有徵。此其二。鄭玄注《書
序》"惟十有一年"云："十有一年，本文王受命而數之，是年入

① 《易緯·稽覽圖》，《景印文淵閣四庫全書·經部·易類》，第53冊，頁851
下—852上。案：此段文字有後人僞竄。因爲據上文各代年數相加，僅63186
年（57882+540+1520+400+500+350+100+50+431+496+867+50＝63186），與
"已上六萬三千六百一十二年（63612）"相較，少426年。很顯然，此426年
乃承接"秦五十年"之後，自漢高祖元年至魏文帝曹丕黃初元年，正好四百二
十六年。下文"庚戌，四百九十一年算上"，謂黃初元年再加490年（算外
490，即算上491），爲公元710年（乃唐睿宗景云元年），此年歲名正是庚戌。
② 即2759886-2759285＝601。由獲麟在公元前481年推算，知文王受命在公
元前1082年（481+601＝1082）。
③ 《史記》，頁119。

戊午蔀四十歲矣。"① 不以文王在位年算,而自受命之年算起。可見,關於周朝年數的推算,或據在位年,或據受命年。此其三。無論以文王在位年或受命年起算,皆不以武王克殷爲算,而劉歆《世經》謂周爲 867 年,恰恰是從武王克殷之年算起。所以,周代年數雖同是 867 年,但涵義有異。

次説"商四百九十六年"。劉歆《世經》載殷曆以商爲 458 年,有兩個前提,一是魯公年數以《世經》而非《魯世家》爲準;二是成湯十三年甲子朔旦冬至。據第一前提,即以《世經》的魯公年數爲準,自開闢至獲麟 2 759 886 逆推,可推出周公攝政五年入戊午蔀首,且武王克殷後七年崩,周公即攝政。又據第二前提,即成湯十三年甲子朔旦冬至,可推出商 458 年。兩種推算結果皆與《乾鑿度》的文王受命入戊午蔀 29 年不合。不僅《世經》與《乾鑿度》不同,鄭玄據殷術推排周初年數,也與《世經》《稽覽圖》有異。易言之,同用殷曆,各人在推排周初年代時,並不一致。此據《世經》殷曆編排周初年代表,下文又據《稽覽圖》編排周初年代表,可相互對照。

表十五　據劉歆《世經》殷曆所排周初年曆表

周初史實	入蔀之年	説　　明
文王受命元年	公元前 1134,入己卯蔀 54 年	
文王受命二年	公元前 1133,入己卯蔀 55 年	

①《大雅·文王·序·疏》引,《十三經注疏》,上册,頁 503 上。

續 表

周初史實	入蔀之年	說 明
文王受命三年	公元前 1132，入己卯蔀 56 年	
文王受命四年	公元前 1131，入己卯蔀 57 年	
文王受命五年	公元前 1130，入己卯蔀 58 年	
文王受命六年	公元前 1129，入己卯蔀 59 年	
文王受命七年	公元前 1128，入己卯蔀 60 年	
文王受命八年	公元前 1127，入己卯蔀 61 年	
文王受命九年	公元前 1126，入己卯蔀 62 年	文王崩。《世經》："（文王）受命九年而崩。"
文王崩後一年	公元前 1125，入己卯蔀 63 年	武王即位，83 歲
崩後二年	公元前 1124，入己卯蔀 64 年	武王即位二年，84 歲
崩後三年	公元前 1123，入己卯蔀 65 年	武王即位三年，85 歲
崩後四年，武王克殷	公元前 1122，入己卯蔀 66 年	《世經》：崩後四年而武王克殷，武王 86 歲
克殷後一年	公元前 1121，入己卯蔀 67 年	武王即位五年，87 歲
克殷後二年	公元前 1120，入己卯蔀 68 年	武王即位六年，88 歲
克殷後三年	公元前 1119，入己卯蔀 69 年	武王即位七年，89 歲
克殷後四年	公元前 1118，入己卯蔀 70 年	武王即位八年，90 歲
克殷後五年	公元前 1117，入己卯蔀 71 年	武王即位九年，91 歲
克殷後六年	公元前 1116，入己卯蔀 72 年	武王即位十年，92 歲
克殷後七年，亦周公攝政元年	公元前 1115，入己卯蔀 73 年	《世經》：（武王）克殷後七歲崩，武王 93 歲。凡武王即位十一年

續　表

周初史實	入蔀之年	説　　明
攝政二年	公元前 1114，入己卯蔀 74 年	
攝政三年	公元前 1113，入己卯蔀 75 年	
攝政四年	公元前 1112，入己卯蔀 76 年	
攝政五年	公元前 1111，入戊午蔀	
攝政六年	公元前 1110，入戊午蔀 1 年	《世經》："殷曆以爲六年戊午。"案：此六年當是衍文，應上移至攝政五年。

　　要之，《乾鑿度》《命曆序》《稽覽圖》的曆術最近殷曆，故筆者推測《氾歷樞》的曆術背景也是殷曆。另外，翼奉主《詩》有五際説，其曆術背景可能也是殷曆。

三、翼奉的曆術背景

　　翼奉的時代，值漢元帝之世，正是前漢施行太初曆之時。太初之術雖不傳，然後世許多學者皆認爲《漢書·律曆志》的三統術即太初術，如錢大昕、成蓉鏡、新城新藏、陳遵嬀等。不過，前漢雖用太初，學者中仍有治殷曆者，如《漢志》載元鳳三年張壽王非議太初曆即是例證。《漢志》云"自漢曆初起，盡元鳳六年（案：六，當作三），三十六歲，而是非堅定"。[1]

―――――――――

[1]《漢書》，頁 978。

關於翼奉的曆術背景，本傳雖無詳述，但其中仍有蛛絲馬跡可以追尋。

（一）初元三年四月乙未，月宿亢①

本傳提到初元三年四月乙未，武帝廟白鶴館火災，翼奉云"月宿亢"。據三統術，初元三年四月乙未日，當三統周正六月十一日。② 以三統之日月合辰法推之，六月朔日月合辰在井宿十四度，以月速每日十三度又十九分度之七計，則四月十一日，月在尾宿三度，不在亢宿，③ 知翼奉不用"太初"日月合辰法。

翼奉不用太初法，未必即用殷曆。據月宿亢，僅知翼奉不用"太初"日月合辰法。

---

① 中華書局點校本爲"月宿亢災，與前地震同法"（頁3175），似宜讀亢爲句，"災"屬下讀。

② 算如下：初元三年去太初元年共58年，（1）求積月：$58 \times 235 \div 19 = 13630 \div 19 = 717 + 7/19$。（2）求積日：$717 \times 2392 \div 81 = 1715064 \div 81 = 21173 + 51/81$。（3）求大餘：$21173 - 60 \times 352 = 53$。數起甲子，算外五十三，得天正月丁巳朔。以下每月加大餘二十九，小餘四十三，得二月丁亥朔，三月丙辰朔，四月丙戌朔，五月乙卯朔，六月乙酉朔，小餘二十三。案：此六月乃天正六月，當夏正四月。由於太初改曆後行用建寅，太初三年四月即天正六月，此月乙酉朔，知翼奉所言乙未爲四月十一日。《漢書·元帝紀》亦載白鶴館災，然云"乙未晦"，當衍"晦"字，錢大昕《廿二史考異》已揭其誤。（見《廿二史考異》，上海古籍出版社，2004年，頁97、162）

③ 由上算知，初元三年天正月之積月共717月，則至三年四月，積月共723月，（1）求積日：$723 \times 2392 \div 81 = 1729416 \div 81 = 21350 + 66/81$。（2）求日月合晨度：$(21350 \times 1539 + 66 \times 19 - 58 \times 562120) \div 1539 = 255944 \div 1539 = 166 + 470/1539$。數起牽牛初度，知六月合朔在井宿十四度。（3）求十一日之月離：$166 + 470/1539 + 11 \times (13 + 7/19) = 313 + 551/1539$。數起牽牛初度，入尾宿三度。

（二）初元二年太陰建於甲戌

據《漢書·元帝紀》載，初元二年二月戊午地震，下詔"舉茂材異等直言極諫之士"。[1] 翼奉本傳亦載此年上封事，提及"今年太陰建於甲戌"。[2] 此太陰，應是殷曆的太陰，而非"太初"的太歲，試辨如下：

其一，據《漢志》載三統"歲術"云："推歲所在，置上元以來，外所求年，盈歲數，除去之，不盈者以百四十五乘之，以百四十四爲法，如法得一，名曰積次，不盈者名曰次餘。積次盈十二，除去之，不盈者名曰定次。數從星紀起，算盡之外，則所在次也。欲知太歲，以六十除積次，餘不盈者，數從丙子起，算盡之外，則太歲日也。"[3] 此歲術所求有二，一求歲次，一求太歲。歲次所在，謂歲星此年行於何次；太歲所在，謂此年之年名。求太歲所在，須據積次，而積次，又與三統歲星超辰法相關，即一百四十五年歲星超辰一次。因此，太歲年名，在三統術中，是建立在歲星超辰的基礎上。這一點與翼奉的太陰不同。

其二，翼奉的太陰，之所以不同於太初的太歲，是因爲翼氏提到太陰東行之例。初元三年四月白鶴館火災，翼奉上疏云，"如因丙子之孟夏，順太陰以東行，到後七年之明歲，必有五年之餘蓄"。[4] 此處太陰東行（即左行），與歲星西行（即右行）

---

① 《漢書》，頁 282。
② 《漢書》，頁 3173。
③ 《漢書》，頁 1004—1005。
④ 《漢書》，頁 3177。

相對,《淮南子·天文》和《史記·曆書》中均有相關描述。此
類左、右行之例,其表徵是,太陰與十二支辰相配而無間斷,如
太陰左行在寅,歲星右行在丑,太陰左行在卯,歲星右行在子
等。無論歲星是否超辰,太陰皆依寅、卯、辰、巳之序,不可能
今年太陰在寅,明年越卯而在辰。但若據三統太歲有超辰法,太
歲所在支辰有時不相連。如秦王政七年,據三統,太歲己
未,① 即太歲在未;而秦王政八年,太歲辛酉,② 即太歲在酉,
其間越過庚申。又如後漢光武帝建武二十五年,據三統,此年太
歲年名己酉,即太歲在酉;③ 而建武二十六年,太歲年名辛亥,
即太歲在亥,④ 其間越過庚戌。由於三統太歲東行有超辰現象,
在現實中難以施行。事實上也是如此。光武帝建武二十六年,據
三統,太歲年名辛亥,則建武三十年,太歲年名當爲乙卯,然而
《後漢書·張純傳》載此年張純上奏云"今攝提之歲,蒼龍甲
寅,德在東宮",⑤ 仍以甲寅爲此年年名。由於光武之世仍行用

① 算如下:此年距三統上元 142991 年,(1) 求歲次:142991÷1728=82+1295/
1728。(2) 求積次:1295×145÷144=1303+143/144。(3) 求太歲所在:1303-
60×21=43。數自丙子起,算外 43,爲己未。知此年太歲在未。
② 算如下:此年距三統上元 142992 年。(1) 求歲次:142992÷1728=82+1296/
1728。(2) 求積次:1296×145÷144=1305。(3) 求太歲所在:1305-60×21=45。
數自丙子起,算外 45,爲辛酉。知此年太歲在酉。
③ 演算法同上。此年距三統上元 143279 年。(1) 求歲次:143279÷1728=82+
1583/1728。(2) 求積次:1583×145÷144=1593+143/144。(3) 求太歲所在:
1593-60×76=33。數起丙子,算外 33,得己酉。知此年太歲在酉。
④ 此年距三統上元 143280 年,(1) 求歲次:143280÷1728=82+1584/1728。
(2) 求積次:1584×145÷144=1595。(3) 求太歲所在:1595-60×26=35。數起
丙子,算外 35,得辛亥。知此年太歲在亥。
⑤《後漢書》,頁 1197。

太初，說明三統太歲超辰法，並未在現實中施行。理解這點，則翼奉"順太陰以東行"的太陰紀年，顯然與三統之太歲有別。

或有質者，三統"歲術"乃劉歆所加，如章鴻釗《中國古曆析疑》承新城氏之説，詳證劉歆創百四十五年超辰法，[①] 故三統的太歲年名，非必爲太初紀年法。竊以爲，太初雖用八十一分曆，且歲星行速爲"日行千七百二十八分度之百四十五"，[②] 但在年名上，很可能仍沿用古法，此古法，或是殷曆。雖然文獻中無直接證據，但諸多跡象與此推測，並不矛盾。

首先，殷曆紀年與今干支紀年一致。如獲麟之年，據殷曆，此年年名庚申，[③] 而今干支紀年也是庚申。太初元年，據殷曆，此年年名丁卯，[④] 而今干支紀年也是丁卯。初元二年，據殷曆，年名甲戌，[⑤] 今干支紀年也是甲戌。

其次，今干支紀年究竟始於何時？文獻雖無確切記載，但太初改曆後的干支紀年與今干支紀年一致。漢武帝太初四年獲大宛馬，《漢書·禮樂志》載《郊祀歌》第十章"天馬歌"云"天

---

① 章鴻釗:《中國古曆析疑》，科學出版社，1958 年，頁 83—84。

②《漢書》，頁 998。

③ 案：殷曆云開闢至獲麟 2759886 年，此爲算外年，古曆記上元積年皆爲算外。由於四分曆求年名法是以"算上"計（此與三統異），故應再加一年。算如下：(1)(2759886+1)÷4560＝605+1087/4560。(2)1087−60×18＝7。數起甲寅，算上 7，得庚申。即此歲爲庚申年。

④ 太初元年距獲麟三百七十七年，則上元至此年爲 2759886+377+1＝2760264。1. 2760264÷4560＝605+1464/4560。2. 1464−60×24＝24。數起甲寅一，算上 24，得丁卯。知此年爲丁卯年。

⑤ 初元二年距獲麟 434 年，則殷曆上元至初元二年共 2760320 年，此爲算外之年，據古四分曆年名以算上計，則 2760321÷60＝46005+21/60，數起甲寅，算上 21，即爲甲戌。

馬徠，執徐時"，末云"太初四年誅宛王獲宛馬作"，師古《注》引應劭云："太歲在辰曰執徐，言得天馬時歲在辰也。"① 執徐即庚辰。考《漢書·武帝紀》云："（太初）四年春，貳師將軍廣利斬大宛王首，獲汗血馬來。作西極《天馬之歌》。"② 可知太初四年即是庚辰歲。由太初四年庚辰前推，知太初元年年名丁丑。故太初改曆，年名干支與今干支紀年已經一致。

再次，三統術年名與今干支紀年相差一年。如三統以太初元年爲丙子，但殷曆或今干支紀年却是丁丑。翼奉既云："今年太陰建於甲戌"，又云："順太陰以東行"，皆以太陰紀年，且干支紀年與今一致，則翼奉曆術有可能屬殷曆。

（三）與《淮南子》《史記》的太陰、歲陰相對照

翼奉所言太陰，用作年名。翼奉之前，以太陰爲年名，已見於《淮南子》。《天文》云："太陰在寅，歲名曰攝提格，其雄爲歲星，舍斗、牽牛，以十一月與之晨出東方"，同書並云："太陰在四仲，則歲星行三宿；太陰在四鉤，則歲星行二宿。"③ 由此觀之，《淮南》太陰亦用於紀年，其義雖與歲星相關，④ 但並無超辰之義。

與《淮南》太陰之意相近，《史記·天官書》稱爲"歲陰"："以攝提格歲：歲陰左行在寅，歲星右轉居丑。正月，與斗、牽

① 《漢書》，頁 1060、1061。

② 《漢書》，頁 202。

③ 分見何寧：《淮南子集釋》，上册，頁 262—263、188。

④ 《淮南》中的太陰，也不全用作紀年，如《道應》云："經乎太陰，入乎玄闕"，高《注》："太陰，北方也；玄闕，北方之山也。"見《淮南子集釋》，中册，頁 881。此爲另義，因與年名無關，暫略之。

牛晨出東方，名曰監德。"① 歲陰與太陰，用法一致，又二書的歲星行率也相同。《天官書》云："歲星出，東行十二度，百日而止，反逆行；逆行八度，百日，復東行。歲行三十度十六分度之七，率日行十二分度之一，十二歲而周天。"②《天文》亦云："日行十二分度之一，歲行三十度十六分度之七，十二歲而周。"③ 據此可以說，《淮南》的太陰，同於《史記》的歲陰。④ 問題是，二書的曆術究竟屬於何種曆法？

答案或有兩種，一是顓頊曆，因漢初施行顓頊曆；二是殷曆，因太初改曆後，張壽王仍主殷曆，說明太初改曆之前，已有習殷曆者。

今據馬王堆出土的《五星占》，其填星數值如下：

秦始皇帝元年正月，填星在營室，日行八分，卅日而行一度，終〔歲〕行〔十二度四十二分。見三百四十五〕日，伏卅二日，凡見三百七日而復出東方。卅歲一周於天，廿歲與歲星合為大陰之紀。⑤

此填星行度，與《天官書》《淮南子·天文》有異。《天官

---

① 《史記》，頁 1313。
② 《史記》，頁 1313。
③ 《淮南子集釋》，頁 191。
④ 《天官書》和《淮南子·天文》的填星行度也相同。
⑤ 《馬王堆漢墓帛書〈五星占〉釋文》，《中國天文學史文集》，第一集，科學出版社，1978 年，頁 11。

書》云：

> 歲行十三度百十二分度之五，日行二十八分度之
> 一，二十八歲周天。①

《天官書》每日填星行度：$(13+5/112) \div (365+1/4) = 1/28$，故云"日行二十八分度之一"（《天文》同於《天官書》）。② 顯然，此行度與帛書《五星占》的行度（即三十日而行一度）不同。再對照帛書的金星行度，也與《天官書》《天文》有異。③ 所以，帛書《五星占》與《天官書》《天文》應屬不同的曆法。根據現代天文學者的研究成果，帛書《五星占》的曆法可能是顓頊曆。④ 據此，《史記・天官書》《淮南子・天文》的曆術可能是殷曆。

《史記》《淮南子》的曆術既可歸諸殷曆，由於二書的太陰

----

① 《史記》，頁 1320。

② 《淮南子集釋》，頁 192。

③ 帛書《五星占》云："秦始皇帝元年正月，太白出東方，〔日〕行百廿分，百日上極〔而反，日行一度，天〕十日行有〔益〕疾，日行一度百八十七分以從日，六十四日而復逮日，晨出東方，凡二百廿日。"（《中國天文學史文集》，第一集，頁 13）《天官書》云："其始出東方，行遲，率日半度，一百二十，必逆行一二舍，上極而反，東行，行日一度半，一百二十日入。……其始出西方，行疾，率日一度半，百二十日；上極而行遲，日半度，百二十日，旦入，必逆行一二舍而入。"（頁 1313）《天文訓》論太白云："二百四十日而入，入百二十日而夕出西方。二百四十日而入，入三十五日而復出東方。"（《淮南子集釋》，頁 193）

④ 如席澤宗《中國天文學史的一個重要發現——馬王堆漢墓帛書中的〈五星占〉》提到，"帛書中木星、土星和金星的七十年位置表是根據秦始皇元年的實測記錄，利用秦漢之際的已知週期排列出來的，可能就是顓頊曆的行星資料。"（《中國天文學史文集》，第一集，頁 32）

或歲陰，有紀年之義，今翼奉云："今天太陰建於甲戌"，符合殷曆太陰紀年之義，故或可歸諸殷曆。

（四）附論：錢大昕、孫星衍、王引之的太陰、太歲說

據上文太陰、歲陰、太歲的簡要描述，對清代學者關於太陰、太歲的分歧，就可獲得相對簡明的判斷標準。先論錢大昕說。

《廿二史考異》論《翼奉傳》"今年太陰建於甲戌"云："古法太陰與太歲不同。奉上封事，在初元二年，以今法推之，太歲正在甲戌。蓋以太歲爲太陰，實自奉始矣。漢初言太歲者，皆用超辰之法，故太初之元歲在丙子。依此下推，初元二年歲當在癸酉，而云甲戌者，以三統歲術計之，太初元年歲星在婺女六度，已是星紀之末，則太歲亦在丙子之末。太歲與歲星每年多行一分，至太始二年，歲星已度壽星而入大火，太歲亦超乙酉而在丙戌矣。故算至初元二年，太歲得在甲戌也。"①

錢氏云"以今法推之"的"今法"，指三統。云："漢初言太歲者，皆用超辰之法"，不確，如《淮南子》言"太歲"，是否具超辰之法，史無明文。錢氏云："太始二年，歲星已度壽星而入大火，太歲亦超乙酉而在丙戌"，此說是，② 然由此正可見

①《廿二史考異》，頁 162。
② 算如下：三統上元距太始元年爲 143135 年，（1）求歲次：143135÷1728＝82+1439/1728。（2）求積次：1439×145÷144＝1448+143/144。（3）求定次：1448÷12＝120+8/12。數自星紀起，算外 8，爲鶉尾。知此年歲星在鶉尾之次。（4）求太歲所在：1448÷60＝24+8/60。數自丙子起，算外 8，爲甲申。知此年太歲在甲申。三統上元據太始二年爲 143136 年，算同上，積次 1450，則定次 1450−12×120＝10，數自星紀起，算外 10，爲大火。知此年歲星在大火之次。此年太歲所在：1450−60×24＝10。數自丙子起，算外 10，爲丙戌。知此年太歲在丙戌。元年歲星在鶉尾，二年歲星在大火，是越過壽星之次。元年太歲在甲申，二年太歲在丙戌，是太歲越過乙酉。錢說是。

太初之後的紀年不用三統超辰法。太初四年爲庚辰，則太始元年
當爲乙酉，不應爲甲申。若以前年十一月、十二月算，爲甲申；
則太始二年當爲乙酉，不應爲丙戌。總之，錢氏云"蓋以太歲
爲太陰，實自奉始"，不敢必是。①

　　雖然錢氏"以太歲爲太陰，實自奉始"或有可商，但較諸
孫星衍的《太陰考》、王引之的《太歲考》，仍有勝義。孫、王
二氏主太陰即太歲，其説過於含混，缺乏分疏。

　　孫星衍《太陰考》收入《問字堂集》中。他認爲，太陰有
二，一爲歲星之陰，一爲酉辰從魁，蓋陰氣之始。②《太陰考》
主要討論前義。歲星之陰，"亦名歲陰，亦名太歲，亦曰青龍，
曰天一"，③知孫氏以爲太陰、歲陰、太歲三者實一。其依據是：

　　　　張揖《廣雅》云"青龍、天乙、太陰，太歲也"，
　　此即歲星之陰。考《淮南・天文訓》云："太陰在寅，
　　歲名曰攝提格。其雄爲歲星，舍斗、牽牛。"《史記・
　　天官書》用其文，作"歲陰"，《漢書・天文志》作
　　"太歲"，是知太歲與歲陰、太陰爲一。④

　　孫氏於下文並引漢碑及鄭玄説等，以明太陰即太歲。觀其立

① 錢氏《潛研堂文集・太陰太歲辨》一文，持論與《廿二史考異》稍異。見
錢大昕撰，呂友仁標校：《潛研堂集》，上海古籍出版社，1989 年，頁 251—
253。

② 孫星衍：《問字堂集》，中華書局，1996 年，頁 20。

③《問字堂集》，中華書局，1996 年，頁 20。

④《問字堂集》，頁 20。

論，但有文獻，而無曆數。孫星衍引《漢書·天文志》作"太歲"，却忽略班固的曆學背景已是太初，而非《史記》或《淮南》的太初前曆。錢大昕謂孫星衍以《廣雅》立論，即指出孫氏致誤之由。《廣雅》云："太陰即太歲"，此說於東漢或是，於太初改曆之前，則非。孫氏疏於曆算，觀《問字堂集》中的《漢書翼奉傳注考誤》，駁張晏《注》，言之鑿鑿，雖有文意支持，但對傳文"正月癸未日"，竟不置一辭。據太初術，初元元年正月戊戌朔，則傳文"正月癸未日"，月、日必有一誤。張注不改月日，以爲是初元二年事，考初元二年正月壬戌朔，則癸未正是二十二日。孫星衍雖據文意駁張《注》，總嫌未安。其引《元帝紀》"三年四月乙未晦"，引《翼奉傳》"七月己酉"，皆不能揭其誤，[1] 知孫氏或未見錢大昕《廿二史考異》。又如《尚書今古文注疏》謂劉歆三統術同於鄭玄之說，[2] 不知鄭氏所據者殷曆，並非三統。要之，孫星衍疏於曆算，其有關太歲與太陰的討論，精審不及錢大昕。

　　王引之《太歲考》論述廣博，引證詳贍。其中多精闢之見，如論劉歆殷曆說異於《易緯》之殷曆等。但王氏以太陰即太歲，"太歲之名有六，名異而實同"，並引《淮南》《史記》《爾雅》《開元占經》以明之，[3] 其誤與孫星衍同。王氏引《大衍曆議》，

---

① 《問字堂集》，頁 23。案：乙未非四月晦日，七月無己酉日。

② 〔清〕孫星衍撰，陳抗、盛冬鈴點校：《尚書今古文注疏》，中華書局，1986 年，下册，頁 340。

③ 《經義述聞·太歲考·第一論》，頁 683 下—684 下，江蘇古籍出版社，2000 年。

以爲三統太歲亦是歲陰，尤爲無據，其文曰：

《大衍曆議》曰："昔僖公六年歲陰在卯，星在析
木（王氏自注：《大雅·文王·正義》引三統之術，魯
隱公元年，歲在己未。則六十八年而至僖公六年，太歲
在丁卯矣。杜預《春秋長曆》同）。昭公三十二年，亦
歲陰在卯（自注：是年辛卯），而星在星紀，故三統曆
因以爲超次之率。"是三統曆亦謂太歲爲歲陰也。①

案：一行《大衍曆議》的歲陰紀年與今干支紀年一致，是否
爲殷曆的太陰，暫且不論。上文《大衍曆議》所論，是說明三
統的歲星超辰之率，即145年超辰一次，並非如王氏所云"三統
謂太歲即太陰"。若以三統求太歲法衡之，僖公六年，太歲在
亥，②非卯；昭公三十二年，太歲在辰，③亦不在卯。故王氏云：
"三統曆亦謂太歲爲歲陰"，顯與三統求太歲法乖迕。王氏又以
孔穎達《毛詩正義》論三統之術爲證，却不知孔氏之論曆實誤。
孔氏《文王疏》云："三統七十六歲爲一蔀，二十蔀爲一紀，積
一千五百二十歲"，是孔氏以四分當三統。又云："案：三統之

---

① 《經義述聞·太歲考·第三論》，頁 695 下—696 上。
② 算如下：三統上元至僖公六年共 142577 年，（1）142577÷1728＝82+881/
1728。（2）881×145÷144＝887+17/144。（3）887-60×14＝47。數起丙子，算外
47，得癸亥。知此年太歲在亥。
③ 算如下：三統上元至昭公三十二年共 142475 年，（1）142475÷1728＝82+
779/1728。（2）779×145÷144＝784+59/144。（3）784-60×13＝4。數起丙子，
算外 4，爲庚辰。知此年太歲在辰。

術，魯隱公元年歲在己未"，然據三統術，魯隱公元年歲在甲寅，① 不在己未。是孔説誤，王氏以之爲證，並誤。其論太歲即太陰，雖繁引文獻，然文獻愈多，其説愈亂。故錢大昕之説，勝於孫、王二氏。

綜上所述，翼奉所言太陰，並非太初的太歲，因太歲有超辰，而太陰無超辰。此其一。"今年太陰建於甲戌"，雖然在太初改曆後，年名與今干支紀年可以統一，但三統太歲紀年並未施行。此其二。翼奉云初元三年四月乙未，月宿亢，與"太初"的日月合辰法不合。此其三。在翼奉之前，太陰見於《淮南·天文》，義與《史記·天官書》之歲陰同，並用於紀年，且二書的曆術最近殷曆。此其四。故將翼奉之曆術歸爲殷曆。

翼奉的曆術背景近殷曆，緯書的曆術背景近殷曆，故"五際"説與殷曆的關聯最有可能。

四、試以殷曆説"五際"，兼釋《翼奉傳》中的六情占

以上關於緯書與翼奉曆術的討論，是爲了説明"五際"説與殷術相關，惟因文獻殘缺，無法進一步確證，下面據零星綫索，對"五際"與詩篇的分繫緣由略作探討。

---

① 算如下：三統上元至隱公元年共 142509 年，（1）142509÷1728＝82＋813/1728。（2）813×145÷144＝818＋93/144。（3）818−60×13＝38。數起丙子，算外38，爲甲寅。知此年太歲在寅。

　　開篇提及孟康引《詩内傳》云："五際，卯、酉、午、戌、亥也，陰陽終始際會之歲，於此有變改之政也"。首先，五際用於年名，即所謂"陰陽終始際會之歲"。其次，《詩内傳》云此年乃非常之歲，有變改之政。據此，結合詩篇的歷史背景，或許對五際分繫詩篇的緣由有所啓發。

　　以《大雅・大明》爲例，《毛序》云："文王有明德，故天復命武王也"，繫此詩於文、武之世。觀《大明》叙文、武克殷之事，則《毛序》或有據。若此詩述文、武時事，該如何解釋"《大明》在亥"呢？下面即據殷術試釋之。

　　《乾鑿度》提到，"今入天元二百七十五萬九千二百八十歲，昌以西伯受命，入戊午部二十九年。"案：據 2759280 年，算得入戊午蔀 24 年，非 29 年。故孔穎達《大雅・文王・疏》認爲此處"略其殘數"，[1] 其説可從。今依 2759285 爲算，得入戊午蔀 29 年，[2] 並據此編排下表：

表十六　據緯書殷曆推排周初年代表

周初史實	入戊午蔀之年及歲名	引證或説明
文王受命元年	二十九年，戊午歲	見於《易緯・乾鑿度》。
文王改元元年	三十年，己未歲	
受命二年	三十一年，庚申歲	

---

① 《十三經注疏》，上册，頁 503 上。
② 算如下：（1）2759285÷4560＝605+485/4560。（2）485÷76＝6+29/76。數起甲子，算外 6，爲戊午蔀，知入戊午蔀 29 年。

周初史實	入戊午蔀之年及歲名	引證或說明
受命三年	三十二年，辛酉歲	
受命四年	三十三年，壬戌歲	
受命五年	三十四年，癸亥歲	
受命六年	三十五年，甲子歲	
受命七年	三十六年，乙丑歲	
受命八年	三十七年，丙寅歲	
受命九年	三十八年，丁卯歲	文王崩。《周本紀》：文王受命後十年崩。《正義》：十，當爲九。又，劉歆《世經》：文王受命九年而崩。
受命十年	三十九年，戊辰歲	武王即位，84歲。
	四十年，己巳歲	武王伐殷，《書序》云："惟十有一年，武王伐殷。"
	四十一年，庚午歲	武王86歲。
	四十二年，辛未歲	箕子作《洪範》。《周本紀》："武王已克殷，後二年，問箕子殷所以亡。"又，《洪範》曰："惟十有三祀。"
	四十三年，壬申歲	武王88歲。
	四十四年，癸酉歲	武王89歲。
	四十五年，甲戌歲	武王90歲。
	四十六年，乙亥歲	武王91歲。
	四十七年，丙子歲	武王92歲。

續　表

周初史實	入戊午蔀之年及歲名	引證或説明
	四十八年，丁丑歲	武王93歲，崩。張守節《周本紀正義》："《大戴禮》云：'文王十五而生武王。'則武王少文王十四歲矣。《禮記·文王世子》云：'文王九十七而終，武王九十三而終。'按：文王崩時武王已八十三矣，八十四即位，至九十三崩，武王即位適滿十年。"
	四十九年，戊寅歲	周公欲攝政，因流言居東。
	五十年，己卯歲	周公居東二年。
周公攝政元年	五十一年，庚辰歲	啓金縢之書，成王迎周公，爲攝政元年。
攝政二年	五十二年，辛巳歲	
攝政三年	五十三年，壬午歲	
攝政四年	五十四年，癸未歲	
攝政五年	五十五年，甲申歲	
攝政六年	五十六年，乙酉歲	
攝政七年	五十七年，丙戌歲	周公攝政七年。
成王元年	五十八年，丁亥歲	周公還政，成王踐阼。

案：《尚書大傳》有"文王受命一年，斷虞芮之訟，二年伐邘，三年伐密須，四年伐犬夷，五年伐耆，六年伐崇，七年而崩"語。此表以文王受命九年而崩者，乃據《周本紀》"後十年而崩"及《世經》文王受命九年而崩之説，故於文獻非爲無據，一也。此年爲入蔀38年丁卯歲，則與周朝867年的年數若合符

契，二也。以此爲準，則所謂"《大明》在亥"者，當指丁亥歲成王正式踐阼即位之年，意謂周朝的江山經過文、武、周公的苦心經營，終於穩固，也與"際會之歲，有變改之政"合。

"《大明》在亥"既可理解爲歲名，若有其他相關例證，説服力自會增強。但由於詩篇的年代背景模糊，無法進一步推測。《毛詩》雖以《十月之交》繫於幽王世，鄭玄却以爲《毛傳》誤，應繫諸厲王。以文獻考之，《國語·周語》及《史記·周本紀》皆以爲幽王二年山川震，似與幽王世合。但據《十二諸侯年表》，幽王二年乃辛酉年，幽王三年方是壬戌年，幽王二年、三年的朔閏表如下：

表十七　據殷曆推排幽王二年、三年朔閏表①

幽王二年，辛酉歲	正月丁亥朔，二月丁巳朔，閏二月丙戌朔，三月丙辰朔，四月乙酉朔，五月乙卯朔，六月甲申朔，七月甲寅朔，八月甲申朔，九月癸丑朔，十月癸未朔，十一月壬子朔，十二月壬午朔。
幽王三年，壬戌歲	正月辛亥朔，二月辛巳朔，三月庚戌朔，四月庚辰朔，五月己酉朔，六月己卯朔，七月戊申朔，八月戊寅朔，九月丁未朔，十月丁丑朔，十一月丙午朔，十二月丙子朔。

---

① 算如下：殷曆上元至幽王二年共 2759587 年。（1）求入紀：2759587÷4560＝605+787/4560。知入天紀七百八十七年。（2）求入蔀年：787÷76＝10+27/76。數起甲子蔀，算外 10，知入甲午蔀第 28 年。（3）求積月：27×235÷19＝333+18/19。閏餘爲 18，知閏二月。（4）求積日：333×27759÷940＝9833+727/940。（5）求大餘：9833−60×163＝53。數起甲午，算外 53，爲丁亥。知天正月丁亥朔。以下大餘加 29，小餘加 499，可得各月朔。此年正月丁亥朔，二月丁巳朔，閏二月丙戌朔，三月丙辰朔，四月乙酉朔，五月乙卯朔，六月甲申朔，七月甲寅朔，八月甲申朔，九月癸丑朔，十月癸未朔，十一月壬子朔，十二月壬午朔。

《小雅·十月之交》云：“十月之交，朔月辛卯。日有食之，亦孔之醜。”故十月辛卯朔作爲標誌之一，筆者前推後移，欲合戌年且十月辛卯朔者，幾不可能。雖然如此，翼奉以《十月之交》爲證，時在初元二年甲戌年，與“戌，《十月之交》”暗合，且“亥，《大明》也”可爲旁證。故“五際”爲年名，不妨聊備一説。

上文關於翼奉殷術背景的討論，細心的讀者或有疑問，《翼奉傳》中的“正月癸未日”“四月乙未”等，乃本太初曆。如果説翼奉用殷曆，爲何此處沿用太初術紀日？要回答這一問題，可從翼奉的六情占説起。

六情占主要根據時、辰起占，即辰定時不定，時爲主、辰爲客。既然以辰爲據，須用通行之紀日干支，不可據他曆另起別名，且翼奉是應詔承問。此其一。考《漢書·京房傳》也有同例。《京房傳》云：“其説長於災變，分六十四卦，更直日用事，以風雨寒温爲候，各有占驗。房用之尤精。”[1] 師古《注》引孟康云：“分卦直日之法，一爻主一日，六十四卦爲三百六十日。餘四卦，震、離、兑、坎，爲方伯監司之官。所以用震、離、兑、坎者，是二至二分用事之日，又是四時各專王之氣。”[2] 知京房之《易》筮用六日七分法。以京氏上封事證之，如“丙戌小雨、丁亥蒙氣去”等，皆是一爻主一日之義，孟説不誤。而六日七分的曆術背景，是一日爲八十分，歲實爲三百六十五日又

---

[1] 《漢書》，頁3160。
[2] 《漢書》，頁3160。

四分日之一，六十卦均分，得每卦六日七分。故京房曆術，並非太初的日分八十一、歲實三百六十五又千五百三十九分日之三百八十五，而是古四分曆之別種。本傳云"丙戌、丁亥"者，即據太初曆，可見京氏曆術不合太初，但仍借太初曆日爲占。同理，翼奉雖用殷曆，時辰占亦借太初曆日，此其二。漢武帝立五經博士在建元年間，至元帝世，經學師、家法已大備，六情占或承早期齊《詩》學。故太初雖然改曆，但博士傳授猶重師、家法，不與時俱變。此其三。明於此，就不難理解翼奉爲何據殷曆又用太初曆日。

以上是對"五際"說之殷曆背景的假設性論證。因涉及翼奉的六情占，且《漢書》本傳的記載也不易理解，故試爲疏解如下：

　　知下之術，在於六情十二律而已。北方之情，好也；好行貪狼，申子主之。東方之情，怒也；怒行陰賊，亥卯主之。貪狼必待陰賊而後動，陰賊必待貪狼而後用，二陰並行，是以王者忌子卯也。《禮經》避之，《春秋》諱焉。南方之情，惡也；惡行廉貞，寅午主之。西方之情，喜也；喜行寬大，巳酉主之。二陽並行，是以王者吉午酉也。《詩》曰："吉日庚午。"上方之情，樂也；樂行奸邪，辰未主之。下方之情，哀也；哀行公正，戌丑主之。辰未屬陰，戌丑屬陽，萬物各以其類應。①

①《漢書》，頁3168。

此釋六情之名及吉凶屬性。大體而言，六情以陽爲吉，以陰爲凶。陰陽之分，又與方位相關，見下表：

表十八　翼奉六情表

六情方位	名稱	屬性	支辰	陰陽
北方之情	好	貪狼	申、子	陰
東方之情	怒	陰賊	亥、卯	陰
南方之情	惡	廉貞	寅、午	陽
西方之情	喜	寬大	巳、酉	陽
上方之情	樂	奸邪	辰、未	陰
下方之情	哀	公正	戌、丑	陽

文中提到六情十二律。此十二律，或專稱黃鐘、大呂等，或泛稱十二辰等義。下文師古《注》引孟康云："十一月庚寅日，黃鐘律初起用事也"，僅以黃鐘釋十二律，恐未必。此庚寅日，更似與十二中氣相關（説詳下）。《翼奉傳》又云：

> 乃正月癸未日加申，有暴風從西南來，未主奸邪，申主貪狼，風以大陰下抵建前，是人主左右邪臣之氣也。平昌侯比三來見臣，皆以正辰加邪時。辰爲客，時爲主人。以律知人情，王者之秘道也，愚臣誠不敢以語邪人。[1]

---

[1]《漢書》，頁 3168。

　　此段文字正式涉及時、辰占。首先，正月癸未日，①　用"未"辰。每日皆含干、支，翼氏之學，是用支不用干，即下云"師法用辰不用日"，辰爲支，日爲干。癸未日，即用未不用癸。據上表，未爲上方之情，主奸邪，故云"未主奸邪"。其次，癸未日加申，此爲加時占。因每日干支（即辰）已定，須加"時"相配。時，謂子、丑等十二支辰。究竟如何加時，大致據所占當下之時。如此例，蓋大風起於申時，故加申。下文"加卯"，義亦同。再次，"有暴風從西南來""風以大陰下抵建前"，是據暴風之象起占。大陰即太陰，此年太陰在戌，爲陽；建，指月建，正月建寅，亦爲陽。"太陰下抵建前"，謂二陽並行，當吉，何以翼氏此處以凶事視之？這是因爲暴風爲凶象，有陰壓陽之勢，故翼氏以爲"人主左右邪臣之氣"。最後，"皆以正辰加邪時"，此處正辰誤，當作邪辰，張晏《注》是，②　未爲邪辰故也。意謂平昌侯見翼奉之辰、時皆不正，故翼氏拒教其術。至於"辰爲客，時爲主人"，又見下例：

　　　　上以奉爲中郎，召問奉："來者以善日邪時，孰與邪日善時？"奉對曰："師法用辰不用日。辰爲客，時爲主人。見於明主，侍者爲主人。辰正時邪，見者正，侍者邪；辰邪時正，見者邪，侍者正。忠正之見，侍者雖邪，辰時俱正；大邪之見，侍者雖正，辰時俱邪。即以

---

①　據文意，此段當謂初元元年事。然據太初，元年正月戊戌朔，則正月必無癸未日，故月、日必有一誤。若據張晏《注》，此爲初元二年事，此年正月壬戌朔，故癸未爲正月二十二日。張《注》或是。

②　《漢書》，頁3169。

自知侍者之邪，而時邪辰正，見者反邪；即以自知侍者
之正，而時正辰邪，見者反正。辰屬常事，時爲一行。
辰疏而時精，其效同功，必參五觀之，然後可知。故
曰：察其所繇，省其進退，參之六合五行，則可以見人
性，知人情。難用外察，從中甚明。故詩之爲學，情性
而已。五性不相害，六情更興廢。觀性以曆，觀情以
律，明主所宜獨用，難與二人共也。"①

元帝以日、時相問，翼奉答之以"師法用辰不用日"。此又
提及"辰爲客，時爲主人"，並有實例，可據以細察其義。

首先，"見於明主，侍者爲主人"，張晏注以燕禮之"使臣"
釋侍者，②可從。侍者既爲主人，即以時見；見者爲客，則以辰
見。據此，則可得：

表十九　翼奉時辰主客對應表

辰　正	時　邪	辰　邪	時　正
見者（客）正	侍者（主人）邪	見者（客）邪	侍者（主人）正

這就是文中所言"辰正時邪，見者正，侍者邪；辰邪時正，見
者邪，侍者正"之義。

其次，下文"忠正之見，侍者雖邪，辰時俱正；大邪之見，
侍者雖正，辰時俱邪"，可知時、辰重於見者、侍者。只要時、

辰俱正，侍者雖邪，猶是忠正之見。又下云"即以自知侍者之
邪，而時邪辰正，見者反邪；即以自知侍者之正，而時正辰邪，
見者反正"，可知侍者（主人）重於見者（客）。侍者和"時"
相結合，即可推斷見者的邪、正。

最後，"詩之爲學，情性而已"，此情性，非後世詩家所言
内中性情，乃謂十甲十二辰。

這段文字的内涵並不複雜，主要是加時，及如何在主客、時辰
間判斷邪、正。清代學者張爾岐在所輯録的《風角書》中提到這方
面的内容，但其中與翼氏之説有所差異，比如，在邪、正的判斷上，
《風角書》云："納音爲客，時爲主人。假令甲子日納音商金，時加
丑未寅申，徵火爲主人勝。風又從徵方來，即是兩火攻一金，主人
大勝；若時加角，則爲客勝。他仿此。"[1] 此"納音爲客，時爲主
人"與翼奉的"辰爲客時爲主人"相當，但《風角書》的吉凶
判斷最終歸結到五行的生克上，而翼奉則以邪、正（即陰、陽）
爲説，仍有細微差別。

不過，張氏《風角書》對於理解翼奉之説還是有所啓發。
如判斷納音時的十二支歸屬（如"子午屬庚，丑未屬辛"
等），[2] 爲理解翼奉之説提供了綫索，《翼奉傳》云：

> 今年太陰建於甲戌，律以庚寅初用事，曆以甲午從
> 春。曆中甲庚，律得参陽，性中仁義，情得公正貞廉，

---

[1]〔清〕張爾岐輯：《風角書》，《續修四庫全書·子部·術數類》，第1052册，
頁320上。

[2]《風角書》，頁313下。

百年之精歲也。正以精歲，本首王位，日臨中時接律而
地大震，其後連月久陰，雖有大令，猶不能復。①

"今年太陰建於甲戌"，上文已釋。"律以庚寅初用事，曆以甲午
從春"，錢大昕據三統此年春分甲午日，以釋"甲午從春"。錢
氏又云："冬至與朔同日，庚寅則月之二十八日也。冬至日黃鐘
律始用事，孟云庚寅日黃鐘律初起事，其法未詳也。"② 案：師
古《注》引孟康云："十一月庚寅日，黃鐘律初起用事也。"錢
氏之說，實緣於此。但翼奉言"律以庚寅初用事"，或有別義，
非如孟康、錢氏之說。試解如下：

其一，"今年太陰建於甲戌，律以庚寅初用事，曆以甲午從
春"，審繹文意，是翼奉總論元帝初元二年。初元二年，太陰建
於甲戌，自太初改曆而行建寅，則初元二年正月即爲寅月，核諸
上文"風以大陰下抵建前"，亦是歲、月連用，則"律以庚寅初
用事"，似據正月而發。具體而言，庚寅之"寅"，當出自寅月。

問題是，寅何以與"庚"相配？因正月建寅，故冬至、小
寒、大寒、立春皆在前年，不在此年，惟驚蟄自正月始，③ 故此

────────────

① 《漢書》，頁 3173。
② 《廿二史考異》，頁 162。
③ 算如下：初元二年去太初改元年共五十七年，（1）求積月：57×235÷19＝705。
（2）求積日：705×2392÷81＝20819＋21/81。（3）求大餘：20819－60×346＝59。
數起甲子，算外 59，爲癸亥。則此年天正月癸亥朔。以下分別加大餘 29、小
餘 43，可得此年天正二月壬辰朔，三月壬戌朔，四月辛卯朔。又求冬至日：
（1）57×8080÷1539＝299＋399/1539。（2）299－60×4＝59。數起甲子，算外 59，
爲癸亥。則冬至日亦爲癸亥。以下分別加氣大餘 15、小餘 1010，則得小寒戊
寅，爲天正月十六日；大寒癸巳，爲二月二日；立春戊申，爲二　　（轉下頁）

年第一中氣始自驚蟄。如果説"律以庚寅初用事"，謂寅月爲一年之始月，故以"寅"當之，那麽，此月中氣爲一年之始氣，就與"庚"相關了。據太初術，驚蟄乃正月三日甲子，甲子，據上揭納音五行之法，子屬庚，故以寅配庚。所以，"庚寅"有二義，一謂正月在寅，二謂中氣屬庚，這或是翼奉"律以庚寅初用事"之義。若依孟康、錢大昕所言，以冬至黃鐘起事之法，則庚寅爲天正月二十八日，毫無著落。至於"曆以甲午從春"，因春分在甲午日（即寅正二月四日），其義謂春分乃二分、二至之始，與正月始於驚蟄同例。以此觀之，翼奉解釋的重點在正月及驚蟄、春分日。

　　其二，前既云"律以庚寅初用事，曆以甲午從春"，下句爲何是"曆中甲庚、律得參陽"？案：前句分論年、正月及驚蟄、春分的干支陰陽，此句則爲合論。"曆中甲庚"，取"庚寅"之庚及"甲午"之甲，合春分、驚蟄二氣之天干，因甲、庚屬陽。"律得參陽"，取（甲）戌年、（庚）寅月，（甲）午日之地支，因戌、午、寅亦屬陽，故云"律得參陽"，[1] 因觀性以曆，曆既在甲庚，甲爲仁，庚爲義，[2] 故云"性中仁義"。因觀情以律，

（接上頁）　月十七日。案：以上四氣，皆屬前年，自驚蟄甲子（爲天正三月三日）始，則屬初元二年。故此年第一中氣即自驚蟄始。又，立春之後爲驚蟄，而非雨水者（雨水在己卯，天正三月十八日），因三統置驚蟄於雨水前。

[1] 師古《注》引張晏云："甲庚皆參陽"，不及"參"字。師古又引晉灼云："木數三，寅在東方，木位之始，故曰參陽也"，此釋可備一説，然不合翼奉之義。

[2] 師古《注》引晉灼云："翼氏《五性》：肝性靜，靜行仁，甲己主之；心性躁，躁行禮，丙辛主之；脾性力，力行信，戊癸主之；肺性堅，堅行義，乙庚主之；腎性智，智行敬，丁壬主之也。"《漢書》，頁3171。

律既在戌、午、寅，此三者屬公正廉貞（參六情表），故云"情得公正貞廉"。據此，則"百年之精歲"，謂此歲大吉，乃百年不遇也。

其三，"正以精歲，本首王位，日臨中，時接律而地大震"。張晏注"本首王位"云"春也"，是也。"日臨中"，因地震在戌午日，[1] 午居十二辰之中，故云"日臨中"。"時接律"，上云律以庚寅用事，"接律"，謂接寅爲卯，即時加卯之義。辰午爲正，時卯爲邪，是年雖吉，因地震而見邪勝正之義。

又，下文初元三年四月乙未日武帝廟白鶴館火災，翼奉上疏云："今白鶴館以四月乙未，時加於卯，月宿亢，災與前地震同法"。[2] 此指辰未、時卯。知時、辰俱邪，翼氏於此加月宿，並云與地震同法。然觀地震之災，既無月宿，又屬辰正時邪之例，與時、辰俱邪微異，不知是否另具別義，抑或但指"時加卯"，故二者同法？

五、小結

以上分析，重在揭示"五際"説的殷曆背景。雖然尚屬假設，但並非妄臆。茲歸納全文要點如下：其一，五際説所見《漢

---

[1] 據《翼奉傳》，二月戌午地震，七月己酉地復震，元帝下詔，舉直言極諫之士。但據《元帝紀》，舉直言極諫之事，在二月，不在七月。《翼奉傳》合二事爲一。知翼奉之上疏，乃爲二月戌午地震而發。參錢大昕《廿二史考異》，頁162。

[2]《漢書》，頁3175。

書·翼奉傳》與《汜歷樞》，其曆術背景最近殷曆。其二，師古《漢書注》引孟康釋"五際"云："陰陽終始際會之歲"，知亥、寅等爲年名。其三，據緯書之殷術所排周初年代表，知成王即位在丁亥歲，與"亥，《大明》也"合。其四，《漢書·翼奉傳》引《十月之交》篇，時在初元二年，此歲年名甲戌，與"五際"中的"戌，《十月之交》也"合。故"五際"說或與殷曆相關，而迮鶴壽《齊詩翼氏學》於此並未論及。

行文至此，以下對"五際"說相關的"四始"說略作交代。《汜歷樞》有"建四始五際而八節通"語，是"四始"與"五際"連用。如果說"五際"的卯、午等爲年名，那麽"四始"的寅，巳等是否同爲年名？

首先，"亥爲水始，寅爲木始，巳爲火始，申爲金始"，已見於《淮南子》等書中，知十二支辰與五行相配，漢初已定型。問題仍是，《大明》爲何在亥，《四牡》爲何在寅？

其次，從順序看，水始爲"四始"第一，爲何繫諸《大明》呢？此似與篇名取象相關。《大明》在亥，因《乾卦·彖辭》有"大明終始，六位時成"之語，而大雅有《大明》篇，合於此義，故借爲四始之首。《南有嘉魚》，是因爲篇名之"南"，於五行屬火，故以之爲巳始。《鴻雁》，乃秋之物候，故爲申始。從詩篇與四始干支的分配看，相同的特徵是，篇名取象與干支有直接聯繫。但《四牡》爲何在寅，却無合理解釋。從兩漢有關五行之數的編排看，均爲水一、火二、木三、金四、土五。四爲金數，不爲木數。不過，據張爾岐《風角書》所載，在數與五行、五聲的搭配上却有差異，其論"五音所主"云："宫數一，徵數三，羽數五，商數七，角數九"，① 又云"商金""宫土羽水"
"宫爲土，角爲木"② 等，則是木數爲四，金數爲二。如果説五
行、五聲之數的編排另有異説，那麼，據木數四之例，《四牡》
在寅即可解，"四始"詩篇與干支的配合可以得到恰當的解釋。
當然，這仍屬推測。

　　無論如何，"《大明》在亥爲水始，《四牡》在寅爲木始"
等，説明"四始"以五行爲依託。而"五際"則以律曆爲依託。
五行與律曆，正是漢代災祥説的兩大內容。以"四始"言之，
《大明》在亥，表水始之義；以"五際"言之，《大明》在亥，
表此年有改政之事，二者正可相互發明。文獻中的相關記載有如
雪泥鴻爪，追索雖然艱難，却不可輕言放棄。

---

①《風角書》，頁 312 下。此專以奇數論，其實是合生數與成數，角九爲成數，
生數即爲四。據此，則宫數爲一、六，商爲二、七，徵爲三、八，角爲四、
九，羽爲五、十。
② 分見《風角書》，頁 313 下、314 下、315 上。

第三章

《世經》三統術與劉歆《春秋》學

　　劉歆的經學與他的曆學緊密相聯，不瞭解他的曆學，就不能理解他的經學。在《世經》中，劉歆據三統以釋《春秋》經傳，即是曆學與經學相結合的例證。可是，歷代對於劉氏經學與曆學的關聯性研究，並不具系統。清代學者如錢大昕、李鋭、陳澧等精研三統曆，然皆重曆術的還原，並未由此延及劉歆經學的討論。其他學者如陳厚耀、施彥士、王韜等，編排《春秋》曆譜，於三統曆，多因其疏闊而未詳論。日本學者新城新藏對三統曆的研究雖多創獲，但對劉歆以曆釋經的特點，並非論述主旨。當下的經學史研究，多由文史學者充任，因爲學科建制的影響，有關劉歆曆學的討論幾不可見。① 鑒於這一問題不僅關涉劉歆之學及兩漢經學史的全面理解，而且也關涉後世今、古文之爭中某些議題的準確判斷，故有必要重新討論。

---

① 魯實先曾撰有《劉歆〈三統曆〉譜證舛》（臺北"國科會"叢書，第二種，1965 年），指出劉歆《三統曆》譜違背典記之實，然並未涉及三統術與劉歆如何取捨文獻的關係。

一、三統曆與太初曆關係簡述

《三統曆譜》收在今《漢書·律曆志》中，末附《世經》。現代天文史學者大都認爲三統曆的基本數值即前漢太初曆。今梳理各家之説，以示其間的來龍去脈。

其一，以三統曆即劉歆所作者：

如《漢書·律曆志》云：“至孝成世，劉向總六曆，列是非，作《五紀論》。向子歆究其微眇，作三統曆及譜以説《春秋》，推法密要，故述焉。”師古《注》云：“自此以下，皆班氏所述劉歆之説也。”① 據此，則《漢志》之三統曆即劉歆所作。

杜預《長曆》云：“劉子駿造三統曆以修《春秋》。”②

《宋書·律曆志》云：“向子歆作三統曆以説《春秋》，屬辭比事，雖盡精巧，非其實也。班固謂之密要，故漢曆志述之。”③

《晉書·律曆志》云：“爰及武帝，始詔司馬遷等議造漢曆。乃行夏正，其後劉歆更造三統，以説《左傳》，辯而非實，班固惑之，采以爲志。”④

---

① 《漢書》，頁 979。
② 〔晉〕杜預：《春秋釋例》，《景印文淵閣四庫全書·經部·春秋類》，第 146 册，頁 265 上。
③ 《宋書》，頁 228。
④ 《晉書》，頁 498。

　　以上皆謂劉歆作三統曆，班氏《律曆志》首倡之，諸家説法大同小異。

　　其二，以三統曆即太初曆者：

　　如司馬彪《續漢書・律曆志》云："自太初元年始用三統曆，施行百有餘年"，[1] 意謂三統曆即太初曆。

　　《元史》載郭守敬語："西漢造三統曆，百三十年而後，是非始定。"[2] 沿襲《續漢志》之語，知郭守敬也以爲三統即太初。

　　三統曆即太初曆，與班固的説法有異，故有學者批駁此説。如何承天"曆議"云："劉歆三統法尤復疏闊，方於四分，六千餘年又益一日。揚雄心惑其説，采爲《太玄》，班固謂之最密，著於《漢志》，司馬彪因曰'自太初元年始用三統曆，施行百有餘年。'曾不憶劉歆之生不逮太初，二三君子言曆，幾乎不知而妄言歟。"[3]

　　但後世學者對何承天之論也有異議，如錢大昕云："何承天謂劉歆之生不逮太初，訾譏司馬氏，以爲不知而妄言，其實非也。太初造術，以前四千六百一十七歲爲上元，一元之中，即有三統，三統與太初異名而同實。劉子駿用太初法推之，以説《尚書》《春秋》，又追日月五星同起牽牛之始，以爲太極上元，初非別立一術，則三統之名，不自歆始也。承天號稱知曆，何未悟及此?"[4]

---

① 見《後漢書》，頁 3025。

② 《元史》，頁 3848。

③ 《宋書》，頁 231。

④ 《廿二史考異》，上册，頁 238。

又阮元《疇人傳》亦云："《漢書》載三統術而不著太初本法，或疑太初與三統不同，非也。閎、平之法，一月之日二十九日八十一分日之四十三，是明日法、月法與三統同矣。賈逵稱太初術斗二十六度三百八十五分，是明統法與周天與三統同矣。蓋太初術有三統，即得謂之三統術，以三統術説《春秋》，亦得謂之《春秋》術。稱名或異，其實則一而已矣。至於運算推步，造立法數，則閎、平之功居多焉。"①

成蓉鏡《漢太初曆考》承錢、阮二説，論證更爲詳備。篇首云：

> 議者以《律曆志》不紀太初曆，疑其術失傳。余曰：太初曆自元封七年演謨以來，至元和二年始廢不行。《漢書》成於建初，其時所注之曆猶是元封舊憲，棄此不録，而旁徵三統，恐無是理。劉歆三統作於王莽居攝時，班孟堅纂《漢書》，舍西京一代之曆而下録三統，亦非史例。竊疑三統即太初，志三統即志太初也。得八證焉。

此八證即，1. "三統" 之名已見於太初曆。2. 三統曆之日法、月法與太初曆之日法、月法同。3. 三統曆之統法、周天斗分與太初曆之統法、周天斗分同。4. 三統曆之元法、曆元與太初曆之

---

① 〔清〕阮元撰，羅士琳續補：《疇人傳》，《續修四庫全書·史部·傳記類》，第516册，頁75下。

元法、曆元同。5. 三統曆之求冬至術，同於太初曆之求冬至術。6. 三統曆之求朔望弦術，同於太初曆之求朔望弦術。7. 三統曆之太歲超辰，亦本於太初曆。8. 據後漢賈逵、張衡、周興等論曆，知其所言三統曆即太初曆。① 故成氏云："子駿依據太初以參驗經義，故孟堅錄之。"②

要言之，《漢書‧律曆志》所載三統曆，即太初曆，但並非太初曆原貌，其中或有劉歆所增者，如甲申統二十八章首丁丑，《漢志》云："文王四十二年"，三十七章首乙亥，《漢志》云："微二十六年"，③ 此繫年乃劉歆推算而得。又如"今日"之文，④ 亦非太初曆原文。明瞭三統與太初的關聯，即可進一步討

───────────

① 〔清〕成蓉鏡：《漢太初曆考》，《續修四庫全書‧子部‧天文曆算類》，第1036 冊，頁 112 上—113 上。

② 《漢太初曆考》，頁 113 上。案：成氏所論，較以前諸家更爲詳備，故現代天文史學者多從之，如新城新藏云："成蓉鏡於其《漢太初曆考》內，據八點而論證《三統曆》之即爲《太初曆》，就中，雖稍有言之不足，以及須修改之點，然大概似得當者焉。"（新城新藏著，沈璿譯：《東洋天文學史研究》，中華學藝社，1933 年，頁 470）又如陳遵嬀《中國天文學史》（上海人民出版社，1984 年，第三冊，頁 1429 注 3）也提到，"三統曆即太初曆，不過劉歆曾加以補充。"曲安京《中國曆法與數學》（科學出版社，2005 年，頁 59）云："《太初曆》即《三統曆》"。

③ 《漢書‧律曆志》，頁 1008。

④ 三統曆置驚蟄於雨水前，《漢志》中皆有自注，如三統曆諏訾"中營室十四度，驚蟄"，自注云："今日雨水。"降婁"初奎五度"，自注云："今日驚蟄。"（《漢書》，頁 1005）穀雨、清明亦如是互易，第不知"今日"的確切時代。鄭玄注《月令》云："漢始亦以驚蟄爲正月中。"（《十三經注疏》，上冊，頁 1355 上）據文意，似指太初。但孔穎達《正義》云："前漢之末，劉歆作三統曆，改驚蟄爲二月節。"（同上）案：孔說誤。劉歆並未改驚蟄爲二月節，據《世經》，知劉歆依然置驚蟄於雨水前。《世經》云："至庚申，二月朔日也。四日癸亥，至牧壄，夜陳，甲子昧爽而合矣。故《外傳》曰：'王以二月癸亥夜陳。'《武成篇》曰：'粵若來三月，既死霸，粵五日甲子，咸劉商王紂。'是歲也，閏數餘十八，正大寒中。在周二月己丑晦。明日閏月庚寅　（轉下頁）

論劉歆的曆學與經學。

二、劉歆確定商、周年數的可能性還原

　　兩漢學者在處理共和之前的上古史時，已注意到歷史繫年的難題。司馬遷《史記·三代世表》云："余讀諜記，黃帝以來皆有年數。稽其曆譜諜終始五德之傳，古文咸不同，乖異。夫子之弗論次其年月，豈虛哉！"[1] 鄭玄《詩譜序》云："夷、厲以上，歲數不明；太史《年表》，自共和始。"[2] 可見，對於共和之前的上古史，因史料記載互歧，學者難以繫年，是以疑則傳疑。

　　雖然文獻不足徵，但兩漢學者還是試圖給出繫年框架，如劉歆據三統術定武王克殷入甲申統 521 年、商湯伐桀在甲辰統 1431 年，鄭玄據殷術定文王受命入戊午蔀二十九年等。對於後世而言，兩漢學者們如何確定這些年數的過程，是值得追究的問題。下面即以劉歆確定商、周年數爲例，對此詳加説明。

（接上頁）　朔。三月二日庚申驚蟄。四月己丑朔死霸。死霸，朔也。生霸，望也。是月甲辰望。"（《漢書》，頁 1015）據此可排出曆日表：周之二月三十日己丑晦爲大寒，則閏二月之十五日甲辰爲立春，劉歆既以三月二日庚申爲驚蟄，知驚蟄緊接立春，雨水即在驚蟄後。李鋭《漢三統術》引錢大昕説，以爲東漢改雨水爲正月中，驚蟄爲二月節，且置清明於穀雨之前，故班固紀於史（《續修四庫全書·子部·天文曆算類》，第 1045 册，頁 561 上），此説可從。

[1]《史記》，頁 488。

[2]《十三經注疏》，上册，頁 263。

首先是三統上元的確定。新城新藏據三統上元之歲，日月歲星齊會，及"三統上元與太初元年之歲名，俱爲丙子"，而列出不定式：$N = 4617 \times p = 1728 \times q + \frac{144}{145} \times (60n+x)$。其中，p、q、n爲整數，x爲小於1之數，則$N < 295488$，$p < 64$，$q < 171$，$n < 29$，求得一組解：$p = 31$，$q = 82$，$n = 24$，$x = \frac{135}{144}$。由此可得三統上元之數爲143127。[①]

其次，三統上元確定後，再據歲星超辰法確定具體年數，因爲典籍中有伐桀、伐紂年的歲次記載。歲星超辰法見於《三統曆譜·歲術》，以公式表示：

1. $X \div 1728 = 82\frac{y}{1728}$，X代表距三統上元之年，y爲小於1728的正整數。

2. $y \times \frac{145}{144} = N\frac{M}{144}$，其中N爲積次，M爲次餘。

3. $N \div 12 = k\frac{g}{12}$，其中k、g爲正整數，$1 \leqslant g < 12$。判斷歲星所次，據g之值，即可得出。若g爲1，則歲次爲玄枵；若g爲

11，則歲次爲析木；若 N 可被 12 整除，則歲次爲星紀。

知曉三統上元的確定及歲星超辰法的運算，就可還原出劉歆確定伐桀、伐紂年的過程。從演算法上考慮，應是先定伐紂之年，後定伐桀之年，因前者的已知條件比後者多，伐紂年一定，則伐桀年也就可以確定了。

《世經》論伐紂之歲云：

> 上元至伐紂之歲，十四萬二千一百九歲。歲在鶉火張十三度。文王受命九年而崩，再期，在大祥而伐紂。故《書序》曰："惟十有一年，武王伐紂，作《太誓》。"八百諸侯會。還歸二年，乃遂伐紂克殷，以箕子歸，十三年也。故《書序》曰："武王克殷，以箕子歸，作《洪範》。"《洪範》篇曰："惟十有三祀，王訪於箕子。"自文王受命而至此十三年，歲亦在鶉火，故《傳》曰："歲在鶉火，則我有周之分野也。"師初發，以殷十一月戊子，日在析木箕七度，故《傳》曰："日在析木。"是夕也，月在房五度，房爲天駟。故《傳》曰："月在天駟。"後三日得周正月辛卯朔，合辰在斗前一度，斗柄也，故《傳》曰："辰在斗柄。"明日壬辰，晨星始見。①

文中之"傳"，謂《春秋外傳》，即今《國語》。如《周語》云："昔武王伐殷，歲在鶉火"，又云："歲之所在，則

---

① 《漢書》，頁 1015。

我有周之分野也"。文中多用"故",就文法言,"故"表示劉歆先確定伐紂之年,然後引經傳相證,但從劉歆確定伐紂之年的過程看,經傳記載,或是確定伐紂之年的必要條件。茲説明如下:

條件一:已定三統上元至太初元年爲 143127 年。

條件二:據《十二諸侯年表》《魯世家》,可得周代年數的最小值爲 758 年,由於劉歆認爲魯公伯禽在位年即成王在位年,故最大值姑取 899 年,即 759≤周代年數≤899。① 秦 50 年,漢至太初 102 年(據《六國年表》)。

條件三:武王伐紂,歲在鶉火(據《傳》)。

條件四:日在析木,月在天駟,辰在斗柄,星在天黿(據《傳》)。

以上四條件對劉歆而言都是已知的,據此,即可推出上元至伐紂之歲。

假設上元至伐紂之歲爲 X 年,據條件一、二,則 142076≤X≤142216。② 又據歲星超辰法,與條件三相印證,可得:

---

① 據《十二諸侯年表》,共和元年庚申,在前 841 年,秦滅周在前 255 年,則周共和以後凡 586 年。又據《魯世家》,共和元年相當於魯真公十五年(或云十四年),此前,考公 4 年,煬公 6 年,幽公 14 年,魏公 50 年,厲公 37 年,獻公 32 年,共 158 年。加共和以後 586 年,得 744 年。加武王在位年(自伐紂年算起),及周公攝政年,共 14 年,則已知的周代年數爲 758 年。其中缺伯禽在位年數。此《魯世家》年數只是約數,因爲同書《十二諸侯年表》所列的魯公年數與《世家》不同。所以,此處以所見的最少年數作爲最小值的取值依據。至於最大數 899 所取,是考慮到劉歆以伯禽在位年等於成王在位年,故擴大至 899 年。用式表示:759≤周代年數≤899。

② 即 X+周代年數+50+102=143127。由 759≤周代年數≤899,可得 142077≤X≤142217。

1. $X \div 1728 = 82\frac{y}{1728}$，則 $380 \leqslant y \leqslant 520$。

2. $y \times \frac{145}{144} = N\frac{M}{144}$，其中 N 爲積次，M 爲次餘，可得 $382 \leqslant$ N $\leqslant 523$。

3. $N \div 12 = k\frac{7}{12}$，k 爲正整數，爲符合鶉火之次，分子（定次）須爲 7。數起星紀，算外 7，爲鶉火。

　　故上述 N 的取值範圍，當爲：391、403、415、427、439、451、463、475、487、499、511、523。爲滿足這一條件，則 X 的取值範圍是：142085、142097、142109、142121、142132、142144、142156、142168、142180、142192、142204、142216。又據合晨法，將以上諸數代入，以條件四驗之，符合"辰在斗柄"者，惟142109、142204 而已。① 此年，合晨度在箕宿十度，距斗一度，正在斗柄。而 142144 年，合晨在斗初度；142168，合晨在斗六度；142097、142192，合晨皆在斗十度。諸數雖在析木之次，然俱入斗，不在斗柄。至於142085、142121、142132、142156、142180、142216 諸

----

① 以 142109 年爲例：（1）求入統年數：$142109 \div 4617 = 30\frac{3599}{4617}$，由 3599 年知入甲申統第 522 年。（2）求積月：$521 \times 235 \div 19 = 6443\frac{18}{19}$。（3）求積日：$6443 \times 2392 \div 81 = 190267\frac{29}{81}$。（4）求合晨度：（$190267 \times 1539 + 29 \times 19 - 520 \times 562120$）$\div 1539 = 337\frac{421}{1539}$。數起牽牛初度，經 337 度有餘，入箕宿十度，在析木之次。其他年數計算之例仿此。

數，合晨皆在星紀，不在析木。① 又據"星在天黿"，只有 142109
適合②，故劉歆選取 142109 作爲伐紂至上元的唯一年數。

----

① 以上元至伐紂 142085 年爲例：（1）求入統年數：$142085 \div 4617 = 30\frac{3575}{4617}$。由

3575，知入甲申統第 498 年。（2）求積月：$497 \times 235 \div 19 = 6147\frac{2}{19}$。（3）求積日：

$6147 \times 2392 \div 81 = 181526\frac{18}{81}$。（4）求合晨度：（$181526 \times 1539 + 18 \times 19 - 496 \times$

562120）$\div 1539 = 362\frac{218}{1539}$。數起牽牛初度，入斗宿二十三度，在星紀，
不在析木。

② 晨星的推算較爲複雜，爲避煩瑣，僅以 142109 年爲例，可參看《漢書·律
曆志》紀術及錢大昕《三統術衍》、李鋭《漢三統術》、劉洪濤《古代曆法計
算法》：

（1）求定復數：$142109 \times 29041 \div 9216 = 447806\frac{7373}{9216}$。

（2）求晨星所見中氣與星次：（a）$447806 \times 110592 \div 29041 = 1705304\frac{27688}{29041}$。

（b）$1705304 \div 55404 = 30\frac{43184}{55404}$。（c）$43184 - 12 \times 3598 = 8$。中氣自冬至起算，算
外 8，得伐紂前年處暑中；又自星紀算起，算外 8，得在鶉尾之次。

（3）求晨星見月：（a）（$64512 \times 447806 + 19 \times 27688$）$\div 551779 = 28889386744 \div$
$551779 = 52356\frac{445420}{551779}$。（b）$52356\frac{445420}{551779} + 1705304 = 1757660\frac{445420}{551779}$。

（c）$1757660 \div 57105 = 30\frac{44510}{57105}$。（d）$44510 \div 235 = 189\frac{95}{235}$。餘 95 月，不滿 9
年，故知 2 閏月。（e）〔95-2〕$-12 \times 7 = 9$。算外 9，得知晨星末見在十月。

（4）求晨見所在至日名：（a）$140530 \times 43184 \div 4617 = 1314413 + 2699/4617$。
（b）$1314413 - 60 \times 21906 = 53$。自甲子起算，算外 53，得丁巳日處暑。

（5）求晨星末見之朔日名：（a）$44510 \times 2392 \div 81 = 106467920 \div 81 = 1314418\frac{62}{81}$。

（b）$1314418 - 60 \times 21906 = 58$。自甲子算起，算外 58，得壬戌朔。

（6）求晨星入中次日度數：（$140530 \times 27688 + 29041 \times 2699$）$\div 134082297 =$
$29\frac{80989686}{134082297}$。由丁巳起算，算外 29，則星見在處暑中三十日丙戌。由鶉尾張
十八度起算，算外 29，知入軫十一度。

（7）求星見入月之日：（$2392 \times 445420 + 551779 \times 62$）$\div 44694099 =$　（轉下頁）

上述四個條件，除條件二外，其餘皆有明文可證，假若條件二周代年數的取值範圍不確定，即使有其他三個條件，也無法推出伐紂年。

因伐紂年的確定，伐桀之歲也可確定。《世經》云：

> 三統上元至伐桀之歲十四萬一千四百八十歲，歲在大火房五度，故傳曰："大火，閼伯之星也。實紀商人。"後為成湯，方即世崩沒之時，為天子用事十三年矣。商十二月乙丑朔旦冬至。故《書序》曰："成湯既沒，太甲元年，使伊尹作《伊訓》。"《伊訓》篇曰："惟太甲元年十有二月乙丑朔，伊尹祀於先王，誕資有牧方明。"言雖有成湯、太丁、外丙之服，以冬至越茀祀先王於方明以配上帝，是朔旦冬至之歲也。後九十五歲，商十二月甲申朔旦冬至，亡餘分，是為孟統。自伐桀至武王伐紂，六百二十九歲，故《傳》曰殷"載祀六百"。

如前例，已知條件有：

條件一：已推知三統上元距伐紂之歲 142109 年。

條件二：《左傳》：殷六百載。則 600 ≤ 商代年數 ≤ 699。

（接上頁）$24\frac{26996562}{44694099}$。數起壬戌，算外 24，得星見在十月二十五日丙戌。

（8）求後見之入月日：（a）$53 + 29\frac{80989686}{134082297} + 65\frac{122029605}{134082297} = 148\frac{68936994}{134082297}$。（b）$148-2\times60=28$。數起甲子，算外 28，得正月壬辰日。

條件三:《國語》云:"大火,閼伯之星也,實紀商人。"

條件四:《書序》云:"成湯既沒,太甲元年,使伊尹作《伊訓》。"《伊訓》篇曰:"惟太甲元年十有二月乙丑朔,伊尹祀於先王,誕資有牧方明。"

以上四條件對劉歆而言都是已知或推定的,據此即可推出上元至伐桀之年。

假設三統上元至伐桀之歲爲 X 年,據條件一、二,則 $141410 \leqslant X \leqslant 141509$($600 \leqslant$ 商代年數 $\leqslant 699$,以伐紂年 142109 相減)。又據歲星超辰法,與條件三相印證,可得:

1. $X \div 1728 = 81\dfrac{y}{1728}$,則 $1442 \leqslant y \leqslant 1541$。

2. $y \times \dfrac{145}{144} = N\dfrac{M}{144}$,其中,N 爲積次,M 爲次餘,且 $1452 \leqslant N \leqslant 1551$。

3. $N \div 12 = k\dfrac{10}{12}$,k 爲正整數,爲符合大火之次,分子(定次)須爲 10。數起星紀,算外 10,即大火。

故上述 N 所取值,當爲:1462、1474、1486、1498、1510、1522、1534、1546。爲滿足上述條件,則 X 取值當爲:141420、141432、141444、141456、141468、141480、141492、141504。又據條件四,太甲元年爲商十二月乙丑朔,則上述各數能夠符合這一條件的惟有 141480。[①] 其餘各數之朔日依次爲癸未、癸卯、甲午、

---

① 今以 141480 年爲例,算如下:(1)湯伐桀至太甲元年,共 13 年,故三統上元至太甲元年爲 141480＋13 ＝141493。此年之入統歲數爲:141493÷4617＝　(轉下頁)

甲寅、庚戌、乙卯、丙午，俱非乙丑。①

同樣，上述四個條件，除條件二外，其餘皆有明文可證，假若條件二商朝的取值範圍不能定，則不能推出 629 年的確數。故《左傳》云載祀六百，在劉歆的心目中，即是商朝年數之義。上文據"載祀六百"而給出的最小值是 600，即使最小值降至 550，則 N 取值當加上 1558、1570、1582、1594，X 的取值應是141516、141528、141540（141552 不符條件，因爲歲星超辰，越過大火），據此三數推算，朔日分別是丙寅、丁巳、丁丑，② 也非乙丑。可見，只要認爲"載祀六百"與商朝年數相關，據三統術，629 年必是唯一的結果。

由上推算，可知劉歆確定商、周年數，與三統術密切相關。

（接上頁） $30\frac{2983}{4617}$，由 2983 知入甲辰統第 1445 年（2983–1539＝1444）。（2）求積月：1444×235÷19＝17860。（3）求積日：17860×2392÷81＝$527421\frac{19}{81}$。（4）求大餘：527421–60×8790＝21。數起甲辰，算外 21，則乙丑爲天正月朔日，可知商 12 月乙丑朔。而此日也是冬至，並算如下：（1）$1444×8080÷1539＝7581\frac{361}{1539}$。（2）7581–60×126＝21。數起甲辰，算外 21，即乙丑日冬至。

① 以 141420 年爲例，算如下：（1）〔141420＋13〕÷4617＝$30\frac{2923}{4617}$，由 2923，知入甲辰統第 1385 年。（2）求積月：1384×235÷19＝$17117\frac{17}{19}$。（3）求積日：17117×2392÷81＝$505479\frac{65}{81}$。（4）求大餘：505479–60×8424＝39。數起甲辰，算外 39，爲癸未，即天正月朔日。其餘算例仿此。

② 以 141516 爲例，算如下：1.（141516＋13）÷4617＝30＋3019/4617。由 3019 知入甲辰統第 1481 年。2. 求積月：1480×235÷19＝18305＋5/19。3. 求積日：18305×2392÷81＝540562＋38/81。4. 求大餘：540562–60×9009＝22。數起甲辰，算外 22，得天正月丙寅朔。

有的學者因不明三統算法，論斷或有誤差，如勞榦先生在《殷
周年代的問題——長期求證的結果及其處理的方法》中提到，
"劉歆對於古代年曆就有重重可議之處。首先一個問題，就是前
1122 年這個年代，究竟是怎樣求出來的？他既未根據舊籍，也
未說明是完全由於三統術所推算（當然如其由推算，也要説出
算的方法），只因舊籍無徵，爲了需要，才'憑空'的'創'出
這個定點，在邏輯上是站不住腳的。當然，這個定點，也不是任
意的（random）指定一年，而是經過了主觀的考慮，認爲這一
年最爲合適。"① 案：此說恐失考，雖然上述推算過程，是否符
合劉歆本意，尚存疑問，但劉歆據三統術及相關典籍，顯然可以
推算出伐桀、伐紂年的確數。② 退一步說，假設舊譜牒記載商、
周年數互有參差，而劉歆取 629、867 之數，此必據三統術推算，

───────────

① 《"中研院"歷史語言研究所集刊》，第 67 本 2 分，1996 年 6 月，頁 245。
② 陳夢家在《西周年代考》中認爲，劉歆伐桀之年的確定是以 "《殷曆》天
元減去三統會元及《世經》所引古四分上元至伐桀之年所得之餘數"，即
2760320（《殷曆》天元）－2626560（三統會元）－132113（古四分上元至伐
桀）= 1647。《世經》云伐桀至太初元年也是 1647 年。所以他認爲，"1647 年
之積年既定，然後由超辰法求得鶉火所在之年而可適合其所選用之周初五十六
年史料者，遂選定爲紀元前 1122 年，以爲周元"（《西周年代考》，中華書局，
2005 年，頁 17—18）。案：此說非也。以 2760320 爲《殷曆》天元，乃陳氏據
《續漢書·律曆志》所載順帝時虞恭、宗訢之議（見《後漢書》，頁 3036），
虞、宗之議以文帝後元三年爲近曆元，故上推 320 年至庚申年獲麟，再上推
2760000 年，復得庚申年，據此，則開闢之年（或云上元）距文帝後元三年即
2760320，陳氏以此數減三統會元，頗不類，因三統會元，乃五星周期
（138240），乘以章歲 19，得 2626560，意謂一會之後，日月五星俱齊同。然
2760320 是否包含五星周期，不得而知，陳氏以兩數相減，曆義不明。此其一。
即使定伐桀去三統上元 141480 年，若周代年數不定，據歲星超辰法，欲符合
鶉火之次及周初五十六年史料，當不止前 1122 年之數。此其二。在伐桀與伐
紂年的確定中，若基於推算原理，應是先定伐紂年，然後定伐桀年，只有這
樣，上元 143127，作爲推算的基本參數，其意義才得以彰顯。此其三。

並非劉歆主觀創出。無論何種情形，只要劉歆定下商 629、周
867 之年數，就可以通過三統術還原驗證，問題是，伐桀、伐紂
年的確定，是否與文獻相合？

三、劉歆徵引文獻的問題

　　劉歆定下伐桀、伐紂年之後，首先須解決文獻中商、周年數
的差異。《世經》提到的古曆有殷曆、四分曆等，如論殷曆云：

> 當成湯方即世用事十三年，十一月甲子朔旦冬至，
> 終六府首，當周公五年，則爲距伐桀四百五十八歲，少
> 百七十一歲，不盈六百二十九。又以夏時乙丑爲甲子，
> 計其年乃孟統後五章，癸亥朔旦冬至也。以爲甲子府
> 首，皆非是。①

此處殷曆商年 458，與《世經》商年 629 相較，少 171 年。

　　又引四分曆云：

> 上元至伐桀十三萬二千一百一十三歲，其八十八
> 紀，甲子府首，入伐桀後百二十七歲。②

---

① 《漢書》，頁 1014。
② 《漢書》，頁 1014。

因爲給出了"四分"上元，故以此數加上 127，得 132240，以紀法 1520 除之，得 87，故云"八十八紀，甲子蔀首"。李鋭引李淳風之説，以爲周術與此四分曆之參數皆同，① 是。

又引《春秋曆》云：

> 周文王四十二年十二月丁丑朔旦冬至，孟統之二會首也。後八歲而武王伐紂。②

春秋曆以上元至文王四十二年爲十二月丁丑朔。據三統，上元至文王四十二年積 142101 年，此年入孟統第 514 年，算得此年正月丁丑朔。③ 與三統曆相較，春秋曆建正在十二月。文中"孟統之二會首"，謂三統曆以 513 爲"會歲"，第 514 年即爲二會之首。錢大昕謂此春秋曆即三統曆，④ 若據錢説，則文王在位 42 年時改正朔，即由建丑改爲建子。

《世經》雖引殷曆、四分曆等，但後文叙述，劉歆的引證僅限於殷曆，而不及四分曆，故以下也以殷曆爲證。

殷曆上元至"獲麟"2759886 年，則上元至魯僖公五年爲

---

① 《漢三統術》，《續修四庫全書·子部·天文曆算類》，第 1045 册，卷下，頁 565 下—566 上。

② 《漢書》，頁 1014。

③ 算如下：（1）求入統年數：142101÷4617＝30+3591/4617。由 3591 知入甲申統第 514 年。（2）求積月：513×235÷19＝6345。（3）求積日：6345×2392÷81＝187373+27/81。（4）求大餘：187373−60×3122＝53。數起甲申，算外 53，得正月丁丑朔。

④ 〔清〕錢大昕，《三統術衍》，收入陳文和編：《嘉定錢大昕全集》，江蘇古籍出版社，1997 年，第八册，頁 111。

2759712 年。依此計算，魯僖公五年正月壬子朔旦冬至。① 若依三統術，則此年正月辛亥朔旦冬至，② 是三統正月朔旦前於殷曆一日。又如定公七年，據殷曆推算，此年正月庚午朔旦冬至，三統則爲己巳朔旦冬至，③ 也相差一日。

　　這兩個年份均在共和之後，即它們距"獲麟"的年數是確定的，然而，若在共和之前，即在周王或魯公年數不確定的情形下，二者的朔旦冬至是否也差一日呢？《世經》提到，"惠公三十八年正月壬申朔旦冬至，殷曆以爲癸酉""懿公九年正月癸巳朔旦冬至，殷曆以爲甲午""獻公十五年正月甲寅朔旦冬至，殷曆以爲乙卯""微公二十六年正月乙亥朔旦冬至，殷曆以爲丙子""煬公二十四年正月丙申朔旦冬至，殷曆以爲丁酉"，④ 皆三統在前一日。⑤ 又殷曆以爲成湯十三年十一月乃甲子朔旦冬至，三統卻是乙丑朔旦冬至，⑥ 反後一日，與上例三統前於殷曆

①（1）求入紀：2759712 ÷ 4560 = 605 + 912/4560。由 912 知入天紀 912 年。（2）求入蔀：912 ÷ 76 = 12。適盡，則蔀日同於朔至日。數起甲子，算外 12，爲壬子蔀，知此年正月壬子朔旦冬至。

②《漢書》，頁 1019。算如下：（1）求入統：142576 ÷ 4617 = 30 + 4066/4617。由 4066 知入甲申統第 989 年。（2）求積月：988 × 235 ÷ 19 = 12220。（3）求積日：12220 × 2393 ÷ 81 = 360867 + 13/81。（4）求大餘：360867 − 60 × 6014 = 27。數起甲申，算外 27，得天正月辛亥朔。又求冬至日：988 × 8080 ÷ 1539 = 5187 + 247/1539。5187 − 60 × 86 = 27。數起甲申，算外 27，得辛亥冬至日。以下諸例仿此，因《漢書》所載不誤，故逕引《漢書》，不復列驗算過程。

③《漢書》，頁 1021。

④《漢書》，頁 1017—1018。

⑤《漢書》，頁 1016。案：《世經》又提到，周公攝政五年，"正月丁巳朔旦冬至，殷曆以爲（六年）戊午"，此"六年"乃衍文，說詳"附錄"章。

⑥《漢書》，頁 1014。

一日相背。這該如何解釋?

先釋三統曆朔旦冬至前殷曆一日。

前已提到僖公五年殷曆正月壬子朔旦冬至,據 76 年一蔀上推,至惠公三十八年,此年入殷曆癸酉蔀,故云正月癸酉朔旦冬至。再由惠公三十八年上推 76 年,至懿公九年共 76 年,則此年入甲午蔀,故云正月甲午朔旦冬至。同理,可得獻公十五年殷曆正月乙卯朔旦冬至,微公二十六年殷曆正月丙子朔旦冬至,煬公二十四年殷曆正月丁酉朔旦冬至。

很顯然,此 76 年一蔀上溯魯公之年,是建立在《世經》魯公年數的基礎上,假設魯公年數有異,則朔旦冬至的結果就不同。如《史記·魯世家》的魯公年數與《世經》異,見下表:

表二十　《世經》《史記》魯公在位年數之異同表

魯公	《世經》	《魯世家》	《十二諸侯年表》
伯禽	46	缺	
考公	4	4	
煬公	*60*	*6*	
幽公	14	14	
微公	50	50	
厲公	37	37	
獻公	*50*	*32*	
慎公	30	30	
武公	*2*	*9*	*10*

續　表

魯公	《世經》	《魯世家》	《十二諸侯年表》
懿公	9	9	
柏禦	11	11	
孝公	27	27	*38*
惠公	46	46	

今據《魯世家》的魯公年數推算，惠公三十八年入癸酉蔀，上推 76 年，至懿公九年入甲午蔀，則獻公四年入乙卯蔀，與《世經》獻公十五年入乙卯蔀不同。再往上推，則丙子蔀、丁酉蔀所對應的魯公年數皆與《世經》異。如果根據《年表》的年數，惠公三十八年上推 76 年，則柏禦十一年入甲午蔀，也與《世經》懿公九年入甲午蔀異。由此可見，三統術朔旦冬至前殷曆一日的結果，是建立在劉歆所列魯公在位年數的基礎上。

次釋成湯十三年朔旦冬至與三統之異，及商年 458 是如何得出的。

據周公攝政五年戊午蔀上推，有己卯蔀、庚子蔀、辛酉蔀、壬午蔀、癸卯蔀、甲子蔀、乙酉蔀、丙午蔀等，劉歆爲何獨選甲子蔀呢？一種可能是，劉歆所見《伊訓篇》有“惟太甲元年十有二月乙丑朔”之語可參照，與甲子僅相差一日，故選取甲子蔀。總之，一旦定成湯十三年爲甲子蔀首，則殷曆朔旦冬至即反後三統一日，且商朝 458 年的年數也隨之確定。因爲自周公攝政第五年戊午蔀上推 6 蔀至甲子蔀共 456 年，除去武王伐紂後在位 7 年及周公攝政 5 年共 12 年，再加上成湯爲天子用事 13 年，共

457 年，劉歆云商朝 458 年，乃算上而言。可見，商年 458 的前提之一，仍是武王伐紂後至周公攝政第五年積 12 年之數。假設武王伐紂至周公攝政第五年非 12 年，即使定成湯十三年爲甲子朔旦冬至，也不能推出商年 458 之數。如鄭玄在周初年代的編排中，就認爲武王在位 10 年，自武王克殷至周公攝政第五年共 13 年，其推算結果與劉歆有異。

可見，劉歆推定殷曆商年 458，也是以魯公年數與周初年數爲前提。

但《世經》所言魯公在位年數，依據不明。劉歆有時遵從《魯世家》，有時又另立一説，其間取捨，不明緣由。如《魯世家》中的獻公在位 32 年，《世經》何以改爲 50 年？典籍無徵。不過，只要劉歆定下周年 867 之數，其論魯公年數，必與《魯世家》異。若據《魯世家》魯公年數，加上共和後的年數及攝政年數等，總共 758 年，其中惟缺伯禽在位年，與 867 年相較，相差 109 年。倘若劉歆用《魯世家》之説，則伯禽須在位 109 年，方合 867 總數。這顯然不合情理。事實也是如此，上表已經顯示《世經》與《魯世家》的魯公年數之異。

以此而言，劉歆既定商年 629、周年 867，則其取捨文獻，當與三統推算相關，或不用《魯世家》魯公年數，或信從《周書·武成》，皆是其證。《世經》云：

> 《周書·武成》篇："惟一月壬辰，旁死霸，若翌日癸巳，武王乃朝步自周，於征伐紂。"序曰："一月戊午，師度於孟津。"至庚申，二月朔日也。四日癸亥，至牧野，夜

陳，甲子昧爽而合矣。故《外傳》曰："王以二月癸亥夜
陳。"《武成》篇曰："粵若來三月（案：三月，當作二月），
既死霸，粵五日甲子，咸劉商王紂。"是歲也，閏數餘十
八，正大寒中，在周二月己丑晦。明日閏月庚寅朔。三月
二日庚申驚蟄。四月己丑朔死霸。死霸，朔也。生霸，望
也。是月甲辰望，乙巳，旁之。故《武成》篇曰："惟四
月既旁生霸，粵六日庚戌，武王燎於周廟。翌日辛亥，祀
於天位。粵五日乙卯，乃以庶國祀馘於周廟。"①

　　據三統術，伐紂年正月辛卯朔，壬辰爲一月二日，則"旁死霸"
之"死霸"爲朔，故劉歆釋"死霸，朔也"。又，此年四月己丑
朔，望在十六日甲辰，②故《武成》四月"甲辰望，乙巳，旁
之"，也合三統術。《武成》篇又云"惟四月既旁生霸，粵六日
庚戌"，因四月己丑朔，庚戌在二十二日，則旁生霸當爲十七日
乙巳，閱六日算上，正好庚戌。故劉歆釋"生霸，望也"。據此
可知劉歆信從《武成》。

　　但《世經》又引《周書・顧命》云：

　　　　惟四月哉生魄，王不懌。甲子，王乃洮頮水。……

<hr />

①《漢書》，頁 1015—1016。文中"三月，既死霸"，誤，當作"二月，既死
霸"。參見〔清〕王引之《經義述聞》，江蘇古籍出版社，2000 年，頁 96 下。
② 武王克殷入甲申統第 522 年，積月：521×235÷19 = 6443+18/19。閏餘 18，
知閏二月。積日：6443×2392÷81 = 190267+19/81。大餘：190267−60×3171 = 7。
數起甲申，算外 7，得天正正月辛卯朔，以下各加大、小餘，得四月己丑朔，
大餘 5，小餘 39。大餘加 14，小餘加 62，得四月望在甲辰。

王曰：'嗚呼！疾大漸，惟幾，病日臻，既彌留，恐不
獲誓言嗣，茲予審訓命汝。

劉歆謂《顧命》作於成王三十年。據三統術，成王三十年四月庚戌
朔，十六日乙丑望。[①] 乙丑既是十六日望，則甲子爲十五日，在望
前。但劉歆釋云"甲子哉生霸"，[②] 既不合甲子在望前之實，也不合
此前"生霸，望也"之論。對此，後世學者已有譏彈。[③] 可見，當
三統推算與文獻記載不同時，劉歆未必改動文獻以就曆術。如果説
《世經》改動魯公在位年，是爲了配合三統周年867之數，那麼，爲
弭合《武成》與《顧命》的曆日差異，只要改動《武成》中四月的
月相或干支即可，不必硬釋生霸爲望，以致《武成》與《顧命》相
衝突。所以，當文獻和三統推算不合，劉歆猶引證而不改文獻。明
乎此，即可進一步考察《世經》引證《左傳》的特點。

四、《世經》引《左傳》疏解

　　《世經》自魯僖公五年始，大量引證《左傳》。今一一爲之

---

① 算如下：（1）求成王30年所入統：（142109＋14＋29）÷4617＝30＋3642/
4617，由3642知入甲申統第565年。（2）求積月：564×235÷19＝6975＋15/19。
閏餘15，此年閏七月。（3）求積日：6975×2392÷81＝205977＋63/81。（4）求大
餘：205977－60×3432＝57。數起甲申，算外57，得天正月辛巳朔。又各加大、
小餘，可得四月庚戌朔，四月十六日乙丑望。
②《漢書》，頁1016—1017。
③ 如錢大昕《三統術衍》云："四月望應在十六日乙丑，今云'甲子哉生
霸'，豈望以前已可生霸耶？"頁128。

疏通，揭示《左傳》歷數與三統術的合與不合。

例一：

> （僖公五年）距上元十四萬二千五百七十七歲，得
> 孟統五十三章首。故傳曰："五年春王正月辛亥朔，日
> 南至。""八月甲午，晉侯圍上陽。"童謠云："丙子之
> 辰，龍尾伏辰，袀服振振，取虢之旂。鶉之賁賁，天策
> 焞焞，火中成軍，虢公其奔。"卜偃曰："其九月十月之
> 交乎？丙子旦，日在尾，月在策，鶉火中，必是時
> 也。"冬十二月丙子滅虢。言歷者以夏時，故周十二
> 月，夏十月也。①

《世經》所引《左傳》文，均見於僖公五年，中有省減。晉
侯問卜偃何時滅虢，卜偃答以童謠云云。其中涉及日月合晨度的
推算，其詳如下：

其一，據卜偃之釋，童謠"丙子之辰"，謂九月、十月之
交。"龍尾伏辰"，謂日躔尾宿。"天策焞焞"，謂月在策。"火中
成軍"，謂鶉火之正中。此缺"鶉之賁賁"。杜預《注》、孔穎達
《正義》及楊伯峻先生皆釋爲鶉火，② 可從。

其二，據"三統"，僖公五年十二月丙子朔，此十二月乃周
正，當夏正十月，與卜偃云"九月、十月之交"合。此日合晨

---

① 《漢書》，頁 1019。
② 《春秋左傳注》，中華書局，1990 年，第一冊，頁 311。

度三百二十四度，度餘千二百九十二分，[①] 入尾宿十五度，與
"日在尾"或"龍尾伏辰"合。

其三，據三統，至十二月朔，積日無小餘，則月小餘盡夜
半，合晨度也是夜半日所在星度數。卜偃云"丙子旦"，是從夜
半至平旦，此時，日行四分之一度，月行三度又七十六分度之二
十六，[②] 知月入箕宿初度。

其四，"天策"，杜預《注》謂傅説星，楊伯峻先生承其
説，[③] 然未作疏解。《正義》云："天策，傅説星。《史記·天官
書》之文。《莊子》云：傅説得之，以騎箕尾。傅説，殷高宗之
相，死而託神於此星，故名爲傅説星也。傅説之星在尾之末，合
朔在尾，故其星近日，星微煜煜然無光耀也。"[④] 考《大宗師》
云："傅説得之，以相武丁，奄有天下，乘東維，騎箕尾，而比
於列星"，[⑤] 則傅説星當屬箕、尾。今據三統，天策在箕宿，與
《莊子》合。

其五，"火中成軍"，據卜偃之言，爲鶉火。楊伯峻先生釋

---

① 僖公五年，爲甲申統第 989 年，53 章首，積月：988×235÷19 = 12220，此爲
天正月前之積月。自天正月至此年十二月，積月共 12220+11 = 12231。則積日：
12231×2392÷81 = 361192。求合晨度：（361192×1539 − 988×562120）÷1539 =
324+1292/1539。數起牽牛初度，入尾宿十五度。

② 用式表示：$\frac{1}{4} \times 13\frac{7}{19} = 3\frac{26}{76}$。前合晨度 $324\frac{1292}{1539}$，至平旦，則月所在星度
爲 $324\frac{1292}{1539} + 3\frac{26}{76} = 328\frac{1118}{6156}$。自牽牛初度算起，入箕宿初度。

③《春秋左傳注》，第一冊，頁 311。

④《十三經注疏》，下冊，頁 1796 上。

⑤ 見〔清〕王先謙：《莊子集解》，《諸子集成》（上海書店影印，1986 年），
第三冊，頁 41。

“中”云：“中即《禮記・月令》‘昏參中，旦尾中’之‘中’，皆謂某星宿出現南方。火中即鶉火出現南方。”① 此説是。今參考《禮記・月令》孟冬之月“日在尾，昏危中，旦七星中”，則丙子旦之“鶉火中”與“七星中”正合，知卜偃之説是。

由此例可見，劉歆所引傳文與三統推算結果合。

例二：

> 文公元年，距辛亥朔旦冬至二十九歲。是歲閏餘十三，正小雪，閏當在十一月後，而在三月，故傳曰“非禮也”。後五年，閏餘十，是歲亡閏，而置閏。閏，所以正中朔也。亡閏而置閏，又不告朔，故經曰“閏月不告朔”，言亡此月也。傳曰：“不告朔，非禮也。”②

此段文字涉及閏月：

其一，“文公元年，距辛亥朔旦冬至二十九歲”，辛亥朔旦冬至，謂僖公五年。文公元年距僖公五年爲二十九年，入甲申統第 1018 年，積月：$1017 \times 235 \div 19 = 12578 + 13/19$，閏餘 13，則閏十一月，即“閏當在十一月後”之意。“正小雪”，謂以小雪正閏月。寒露在十一月十五日壬申，霜降在十一月三十日丁亥，而立冬在下月十六日癸卯，此月無中氣，故須置閏，則中氣小雪在

①《春秋左傳注》，第一册，頁 311。
②《漢書》，頁 1020。

十二月二日戊午。①

　　其二，文公元年《左傳》云："於是閏三月，非禮也。先王之正時也，履端於始，舉正於中，歸餘於終。"案：經無"閏三月"文，傳發之者，蓋因經有"二月癸亥日有食之""四月丁巳"之文。以二月癸亥朔衡之，則四月無丁巳，故傳以爲必閏三月。②傳以"歸餘於終"譏閏三月爲"非禮"，是以古法論之，以《春秋》經、傳日月推排，閏不必在歲終。③而劉歆引傳文"非禮"，實謂置閏不得其所，即當閏十一月，不當閏三月。若據傳文"歸餘於終"之意，則三統之閏十一月亦是"非禮"。

　　其三，"後五年，閏餘十，是歲亡閏，而置閏"，後五年，謂文公六年。此年閏餘十，不及十二，故無閏。然經云"閏月不告月，猶朝於廟"，傳云"閏月不告朔，非禮也"，知傳以"告月"同於"告廟"。細味經傳之意，乃譏不告廟，非如劉歆所言"亡此月"也。觀東漢許慎與鄭玄的分歧，乃告朔禮與朝廟禮是否有別，亦與劉歆異。④

---

① 由入統數 1017 乘策餘 8080，除以統法 1539，得積日 5339、小餘 639。積日滿 60，除去之，得大餘 59，數起甲申，算外 59，得冬至日爲癸未。又各加大、小餘，可得立冬癸卯，小雪戊午。

② 江永《群經補義》云："是年本無閏三月，《左氏》以爲月（案：月當作日）食必在朔，二月爲癸亥朔，則四月無丁巳，意其間必有閏月，故憑空發傳云'於是閏三月，非禮也。'"收入《景印文淵閣四庫全書·經部·五經總義類》，第 194 册，頁 29 上。

③〔清〕王韜撰，曾次亮點校，《春秋朔閏日至考》，下卷《春秋曆雜考·春秋閏月不必定在歲終説》，《春秋曆學三種》，中華書局，1959 年，頁 107—108。

④〔清〕陳壽祺：《五經異義疏證》，《續修四庫全書·經部·群經總義類》，第 171 册，頁 50 下。

由此例第二、三點可見，是經傳閏月與三統術並不合，但劉歆仍加引證。

例三：

鰲之十六歲，歲在壽星。故傳曰：重耳處狄十二年而行，過衛五鹿，乞食於墅人，墅人舉土而與之。子犯曰：“天賜也，後十二年，必獲此土。歲復於壽星，必獲諸侯。”後八歲，鰲之二十四年也，歲在實沈，秦伯納之。故傳曰董因云：“君以辰出，而以參入，必獲諸侯。”

（襄公）二十八年距辛亥百一十歲，歲在星紀，故經曰：“春，無冰。”傳曰：“歲在星紀而淫於玄枵。”

（昭公）三十二年，歲在星紀，距辛亥百四十五歲，盈一次矣。故傳曰：“越得歲，吳伐之，必受其咎。”①

此文涉及歲星紀年計算。《世經》還有其他歲星紀年之例，如僖公五年歲在大火、昭公八年歲在析木等，爲免重複，若僅及歲星紀年的推算，因演算法同，類似例子不一一列舉。文中子犯、董因之語，出《國語》。

其一，僖公十六年，據三統歲術，歲在壽星；② 同理，僖公二十四年，歲在實沈。襄公二十八年，歲在星紀。

---

① 《漢書》，頁 1021。

② 算如下：（1）142587÷1728＝82＋891/1728。（2）891×145÷144＝897＋27/144。（3）897−12×74＝9。數起星紀，算外 9，爲壽星之次。

其二，以僖公五年甲申統五十三章首起算，至僖公十六年，歷 11 年，若以歲星 12 年一周天計，僖公五年既爲大火，則僖十六年當爲壽星，與三統術合。同理，至僖公二十四年，閱 19 年，歲在實沈，也與三統術合。至襄公二十八年，歷 110 年，歲星在星紀，皆與三統術合。

其三，自僖公五年至昭公三十二年，歷 145 年，據三統術，歲當在星紀，若據歲星 12 年一周天計算，則歲在析木。因三統歲術以 145 年歲星超辰一次。

其四，襄公二十八年，依三統術，歲在星紀，然《左傳》云"歲在星紀而淫於玄枵"，顯與三統術不合。雖然昭公三十二年《左傳》也引錄超辰，但襄公二十八年至昭公三十二年僅 35 年，《左傳》竟有兩次超辰的引錄，説明《左傳》的歲星超辰記錄相當凌亂，不屬於《世經》系統。

由此例看，《左傳》與三統歲術明顯不合，劉歆仍引以爲證。

例四：

（襄公）三十年歲在娵訾，三十一年歲在降婁，距辛亥百一十三年。二月有癸未，上距文公十一年會於承匡之歲夏正月甲子朔，凡四百四十有五甲子奇二十日，爲日二萬六千六百有六旬。故傳曰絳縣老人曰："臣生之歲，正月甲子朔，四百四十有五甲子矣。其季於今，三之一也。"師曠曰："邾成子會於承匡之歲也，七十三年矣。"史趙曰："亥有二首六身，下二如身，則其日數也。"士文伯曰："然則二萬六千六百有六旬也。"①

此爲積日統計之例。

其一，云"二月有癸未"，乃襄公三十年傳文，非謂三十一年。據三統術，襄公三十年正月辛卯朔，二月庚申朔，則二月癸未即二月二十四日。

其二，文公十一年，據三統術，正月乙丑朔，二月甲午朔，三月甲子朔。此爲周正，絳縣老人云正月甲子朔，以夏正言之，因晉用夏正。②

其三，"四百四十有五甲子矣。其季於今，三之一也"，謂四百四十四甲子又二十日。楊伯峻先生云："其季猶其末、其餘，四百四十五甲子，其最後之甲子到今日爲三分之一周甲，自甲子至癸未，適二十日。"③ 此釋甚確。則老人所言，總共 444×60＋20＝26660（日），即士文伯所言。史趙云："亥有二首六身，下二如身，則其日數也"，亦謂積日 26660，此以字形代數，楊伯峻先生已有疏釋，④ 可參證。

其四，據三統，襄公三十年距文公十一年，積月共 902 又 19 分之 17，除去文公十一年之正、二月共 59 日，加襄公三十年之正月及二月二十四日（共 53 日），則積日 29958，其數未合。

① 分見《漢書》，頁 1019、1021。
② 關於晉用夏正，可參王韜《春秋朔閏日至考》，卷下《春秋曆雜考·晉用夏正考》，《春秋曆學三種》，頁 102—104。
③ 《春秋左傳注》，第三冊，頁 1171。
④ 《春秋左傳注》，第三冊，頁 1171—1172。

是三統之術與老人之説有異。

由此例可見，傳文與三統術不密合，劉歆仍引以爲證。

以上表明，三統術與《左傳》曆數有合有不合。以曆釋經，或爲表明曆術之精粗，或爲驗證經傳之正誤，今曆術與文獻雖有不合，劉歆仍加引證。然則，當曆術與文獻互異時，假令必要取捨其一，劉歆究竟是從曆術呢？還是從文獻？

五、析《五行志》中的劉歆日食、分野説

要回答這一問題，僅據以上例證，還不能直接推斷。不過，《漢書·五行志》所載劉歆日食分野説，却爲此提供了參考答案。兹將《漢志》所載劉歆日食説列表如下：

表二十一　劉歆釋《春秋》日食表

《春秋》經傳日食	劉歆之釋	《漢書》
1. 隱公三年二月己巳，日有食之	正月二日，燕、越之分野	頁1479
2. 桓公三年七月壬辰朔，日有食之，既	六月，趙與晉分	頁1482
3. 桓公十七年十月朔，日有食之	楚、鄭分	頁1483
4. 莊公十八年三月，日有食之	晦，魯、衛分	頁1483
5. 莊公二十五年六月辛未朔，日有食之	五月二日魯、趙分	頁1484
6. 莊公二十六年十二月癸亥朔，日有食之	十月二日楚、鄭分	頁1484

續 表

《春秋》經傳日食	劉歆之釋	《漢書》
7. 莊公三十年九月庚午朔，日有食之	八月秦、周分	頁 1484
8. 僖公五年九月戊申朔，日有食之	七月秦、晉分	頁 1485
9. 僖公十二年三月庚午，日有食之	三月齊、衛分	頁 1486
10. 僖公十五年五月，日有食之	二月朔齊、越分	頁 1486
11. 文公元年二月癸亥，日有食之	正月朔，燕、越分	頁 1487
12. 文公十五年六月辛丑朔，日有食之	四月二日魯、衛分	頁 1487
13. 宣公八年七月甲子，日有食之，既	十月二日楚、鄭分	頁 1488
14. 宣公十年四月丙辰，日有食之	二月魯、衛分	頁 1488
15. 宣公十七年六月癸卯，日有食之	三月晦朓魯、衛分	頁 1489
16. 成公十六年六月丙寅朔，日有食之	四月二日魯、衛分	頁 1489
17. 成公十七年十二月丁巳朔，日有食之	九月周、楚分	頁 1489
18. 襄公十四年二月乙未朔，日有食之	前年十二月二日宋、燕分	頁 1490
19. 襄公十五年八月丁巳朔，日有食之	五月二日魯、趙分	頁 1490
20. 襄公二十年十月丙辰朔，日有食之	八月秦、周分	頁 1490
21. 襄公二十一年九月庚戌朔，日有食之	七月秦、晉分	頁 1491
22. 襄公二十一年十月庚辰朔，日有食之	八月秦、周分	頁 1491
23. 襄公二十三年二月癸酉朔，日有食之	前年十二月二日宋、燕分	頁 1491
24. 襄公二十四年七月甲子朔，日有食之，既	五月魯、趙分	頁 1491

《春秋》經傳日食	劉歆之釋	《漢書》
25. 襄公二十四年八月癸巳朔，日有食之	六月晉、趙分	頁1492
26. 襄公二十七年十二月乙亥朔，日有食之	九月周、楚分	頁1492
27. 昭公七年四月甲辰朔，日有食之	二月魯、衛分	頁1493
28. 昭公十五年六月丁巳朔，日有食之	三月魯、衛分	頁1495
29. 昭公十七年六月甲戌朔，日有食之	六月二日魯、趙分	頁1496
30. 昭公二十一年七月壬午朔，日有食之	五月二日魯、趙分	頁1496
31. 昭公二十二年十二月癸酉朔，日有食之	十月楚、鄭分	頁1497
32. 昭公二十四年五月乙未朔，日有食之	二日魯、趙分	頁1497
33. 昭公三十一年十二月辛亥朔，日有食之	二日宋、燕分	頁1498
34. 定公五年三月辛亥朔，日有食之	正月二日燕、趙分	頁1498
35. 定公十二年十一月丙寅朔，日有食之	十二月二日楚、鄭分	頁1499
36. 定公十五年八月庚辰朔，日有食之	六月晉、趙分	頁1499
37. 哀公十四年五月庚申朔，日有食之	三月二日齊、衛分	頁1500

　　上表日食37，劉歆幾乎改動所有的日食之期。其改動的依據何在？學者們語焉不詳。今由三統術得知，劉歆改動的原因，是以推算經傳日食干支爲準。

　　所謂以日食干支爲準，即在推算過程中，不判斷日食有否，但推算此干支日所在。前者包含食限計算，後者只是朔日名推算。如莊公二十五年六月辛未朔日食，劉歆依辛未而改六月爲五月二日，因爲據三統術，此年六月庚子朔，五月庚午朔，辛未，爲五月二日。至於五月、六月是否日食，無關緊要。有時《春秋》言日不言朔，劉歆也以此日爲準而重新推斷，如文公元年二月癸亥日食，據"三統"，此年正月癸亥朔，二月壬辰朔，故劉歆改爲正月朔。至於正月、二月是否在食限之內，也不必計慮。後世學者則基於日食推算原理，以定日食之期，並與經傳相對照，故不以日食干支爲準。① 此方法與劉歆有別。如襄公二十一年九月、十月皆有日食，然據日食原理，無比月而食之理，經文記載必有訛誤，但劉歆僅據三統改動朔日之期，却不論比月而食之不合曆理。

　　劉歆改動經傳日食之期既以干支日爲準，則"據三統術所排《春秋》經傳日食之年朔閏表"（見本章後附表二十三），即可探知劉歆改動經傳日食的特點。

　　如隱公三年二月己巳日食，劉歆改爲正月二日，據三統術，此年正月戊辰朔，己巳在正月二日，而二月則是丁酉朔，與己巳日相間甚遠，故改。文公十五年經"六月辛丑朔，日有食之"，劉歆改爲四月二日，此年據三統術，四月庚子朔，二日則爲辛丑，六月或閏六月的朔日皆遠距辛丑，故改。成公十六年六月丙寅朔日食，據"三統"，此年六月甲子朔，四月乙丑朔，故劉歆改爲四月二日。昭公二十一年七月壬午朔日食，劉歆改爲五月二

———————

① 相關論文可參閱張培瑜《〈春秋〉〈詩經〉日食和有關問題》，《中國天文學史文集》，第三集，科學出版社，1984年，頁1—23。

日，據三統，此年七月庚辰朔，五月辛巳朔，壬午爲五月二日，故改。劉歆之改經傳日食之期，皆是此類。由此可見劉歆改動日食之期的特點：

其一，劉歆認爲經傳日食的記載有一日之差，即或在晦，或在二日，非必朔日。

其二，劉歆認爲經傳日食之干支日不誤，誤在年、月，如宣公八年經"七月甲子，日有食之"，劉歆改爲"十月二日"，據三統術，此年七月甲午朔，八月甲子朔，九月甲午朔，十月癸亥朔，十月二日即爲甲子，此是改月。又如襄公十四年經文"二月乙未朔，日有食之"，劉歆改爲"前年十二月二日"，此年十二個月的朔日皆與乙未日不相鄰，而前年十二月甲午朔，乙未在二日，故劉歆以"前年十二月二日"改之，此是並改年、月。

其三，若有兩種可能，則視具體情形而定。如宣公八年七月甲子日食，據"三統"，既可改爲八月，也可改十月二日，劉歆選擇後者。又如宣公十七年經文"六月癸卯，日有食之"，劉歆改爲"三月晦"，此年據三統術，六月正是癸卯朔，不必改，然四月甲辰朔，三月晦也是癸卯，但劉歆不從六月癸卯日食，而改從三月晦日食。個中原因，可能是劉歆認爲宣公世的日食記載與三統術相較，誤差偏大。不過，誤差之大小並非劉歆改動的定例，如昭十五年六月丁巳朔日食，劉歆改爲三月魯衛分，此年據三統，三月丁巳朔，五月丙辰朔，二日亦是丁巳，知劉歆不從五月二日魯趙分。昭二十四年五月乙未朔日食，劉歆改爲二日魯趙分。此年據三統，三月乙未朔，五月甲午朔，知劉歆不從三月齊衛分。雖然對此兩種可能的選擇，劉歆改動的真正緣由難以斷言，但其改動以經傳日食之干支日爲準，却無疑義。

據此，即可推知班固在《五行志》中的某些記載有誤，如昭公十七年經文"六月甲戌朔，日有食之"，《五行志》載劉歆云"六月二日"。此六月二日誤，應爲五月。據三統術，此年閏四月，五月甲戌朔，六月甲辰朔，六月二日乙巳，經既云"甲戌"，則合者爲五月朔，無緣六月二日，且劉歆認爲此月魯、趙分，更是五月之證。又定公十二年經文"十一月丙寅朔，日有食之"，《五行志》載劉歆云"十二月二日"，亦誤，當爲十月二日。據三統術，此年閏六月，十月乙丑朔，十一月乙未朔，十二月甲子朔，丙寅爲十月二日，不應爲十二月二日，且劉歆認爲此月楚、鄭分，而楚、鄭分野在十月，不在十二月。① 僖公十二年經文"三月庚午，日有食之"，《五行志》載劉歆云"三月齊衛分"，此脱"二日"，當云"三月二日齊衛分"。因此年三月己巳朔，庚午即三月二日。

觀劉歆改經傳日食之期，皆據三統術推朔日干支之法。不過，其中三例須加説明。一是桓公十七年經文"十月朔，日有食之"，劉歆云"秦周分"，未言月日。二是莊公十八年經文"三月，日有食之"，劉歆云"三月晦"，加晦日。三是僖公十五年經文"五月，日有食之"，劉歆云"二月朔"，改月加朔。由

---

① 〔清〕羅士琳《春秋朔閏異同·卷下》云："劉歆以爲十二月二日楚鄭分。今考三統術所推，十月乙丑朔，十一月乙未朔，十二月甲子朔，丙寅爲十月二日、爲十二月三日，似月之三日不應有食。又攷楚隸鶉尾，爲九月分，鄭爲壽星，爲十月分，亦非十二月之分野，似爲十月二日，其十二月之'二'字，乃二日之'二'字涉入，疑衍。"（頁83）案：此説是。

於此三例在經文中並無確定之日（即"三無甲乙"例），所以有必要討論其改動的原因。

　　僖公十五年經文五月日食，雖無確定之日，但經文有九月己卯晦，由此可推出此年五月是壬子朔，① 故經文"五月"，可能是"五月壬子"的脫文。又據三統，壬子乃此年二月朔，故劉歆改爲"二月朔"。是知劉歆先補足經文之干支日，然後據三統選擇日期。但桓公十七年十月日食，由於可以作爲定點推測的日期相距甚遠，不知劉歆是如何給出具體干支日的；同樣，也不知劉歆爲何推莊公十八年三月日食爲庚辰日。② 不過，此二例雖懸而不決，但參照僖公十五年之例，則劉歆改動日食之期，皆依朔日干支重新推算，並無疑問。據此，則王韜、新城新藏關於劉歆

---

① 自五月至九月算上，共 5 個月，以每月 29 日 499 分減之，共減 147 日 615 分，滿 60，除去之，餘 27 日 615 分，從己卯逆數起，算外 27，得壬子。

② 桓公十七年十月日食，劉歆云"秦周分"，考三統術，此年十月己亥朔，則劉歆當認爲經文或脫"戊戌"，或脫"己亥"，或脫"庚子"。莊公十八年三月日食，劉歆云："晦魯衞分"，考三統術，此年三月晦庚辰，則劉歆認爲經文脫"庚辰"。筆者仿照上例，試作推算，不敢確定其結果。據桓公三年經文七月壬辰朔日食爲推算起點，則自桓公三年七月至桓公十七年十月，共 177 月（其中包括 5 個閏月），以每月加 29 日又 499 分（每日 940 分），得 177×（29+499/940）= 5226+903/940，5226−60×87 = 6。數起壬辰，算外 6，得桓公十七年十月戊戌朔，則劉歆云"楚鄭分"前當脫"九月晦"三字。然此結果與《五行志》所概括的三統推算結果（即晦一）有異，因爲宣公十七年六月癸卯日食，劉歆釋爲三月晦魯衞分，已是"晦一"之例，他例不應再有晦日。故此推算應不合劉歆之意。不過，若據戊戌朔爲推算起點，至莊公十八年三月，共 229 月（其中包括 7 個閏月），以每月加 29 日又 499 分，則 229×（29+499/940）= 6762+531/940，6762−60×112 = 42。數自戊戌起，算外 42，可得三月庚辰朔。則此結果與劉歆說相合。但是，此推算是以桓公十七年爲定點，距離較遠，而莊公二十五年經文就有六月辛未朔的定點日，若以此逆推，無論取 90 月或 91 月等數，皆不能推得莊公十八年三月庚辰朔，筆者惑焉。

日食説的論斷即有可商。①

　　據上日食表，知劉歆的日食説與分野説相連。判斷劉歆改動日食之期，除三統推算外，分野説也是重要依據。今據《五行

① 如桓公三年七月日食，既，王韜《春秋日食辨正》云："劉歆以爲'六月，趙與晉分'，此指夏正而言。姜岌謂：'是歲七月癸亥朔，無壬辰，亦失閏。其八月壬辰朔，去交分，入食限。'《大衍》《授時》二曆並與之合。宋慶云以《時憲》法推之，入限亦在六月。夏之六月，即周之八月。"（收入《春秋曆學三種》，曾次亮點校，中華書局，1959 年，頁 158）王韜據食限而推此年日食在八月，則以劉歆云六月爲夏正。然劉歆釋《春秋》日食並不據食限。所謂六月趙晉分，乃指經文七月壬辰日誤，據《三統》，壬辰當在六月朔，且六月爲趙晉之分野，故云六月趙晉分。此六月，正是周正，非夏正。若是夏正六月，當周正八月，應云秦、周分，不可云趙、晉分。又，僖公五年九月戊申朔日食，王韜云："劉歆以爲夏正七月，秦、晉分"（頁 161），其説並誤。據三統，此年戊申朔在七月，不在九月，故劉歆改經文九月爲七月，非以夏正改周正，因夏正七月爲周楚分，不爲秦晉分。在《春秋日食辨正》中，王韜先據食限法推出日食在何月，凡劉歆之説後此二月者，王韜皆以爲劉歆用夏正，然據食限推算結果有與劉歆日食説相差非二月者，則劉歆用夏正説就不免扞格難通，如宣公八年七月甲子日食，劉歆以爲十月二日楚、鄭分，若據王韜食限推算，則此年日食在十月，夏正爲八月（頁 164），是劉歆又以周正爲説。又如，昭公十七年經文六月甲戌朔日食，王韜以爲食當在九月（頁 170），然劉歆云"六月二日魯、趙分"，明與夏正説不合。此例據三統，五月甲戌朔，故劉歆認爲六月二日當是誤文，應改爲五月，且"魯、趙分"，也爲五月分野。凡諸種種，要皆以後世日食法以釋劉歆之説，不合劉歆本旨。又，新城新藏云："《五行志》内，關於《春秋》中各日食之記事，附有'劉歆以爲某月某日'之意見，惟此乃爲占星術上須決定其應受日食之災殃之分野。案：三統曆所推算之日食發生時日也，三統曆以百三十五月爲日蝕周期，惟此繫近似之日蝕周期，蓋如遠溯至春秋時代，已有一、二日之差。即推算《春秋》之日蝕，得其起於朔者十六，起於初二者二十，以及起於晦者一，是亦良有以也。"（《東洋天文學史研究》，頁 317）案：此説似是而非。觀上文所述，知劉歆斷經傳日食，非據交食周期，而據朔日法，故誤差非如新城氏所言，僅一、二日之差，乃有相差數月者。且據三統術推算經傳日食，起於二日者或爲十六，或爲十八，並無二十之數，與新城氏所言不符。同書並云："案《漢書·五行志》所載劉歆之説，《春秋》之三十六日蝕中，十六起於朔，十八起於初二，又一起於晦。"（頁306）其數前後違異，知新城氏論劉歆日食説僅憑《五行志》所載，並未據三統術重新推算，故未察《五行志》之誤。

志》所載劉歆分野説的國名，再結合三統曆二十八宿距度，可推其分野表如下：

表二十二　劉歆十二分野表

周正之月	十二次	分野之國	二十八宿距度
正月	星紀	越	斗十二度至女七度
二月	玄枵	齊	女八度至危十五度
三月	諏訾	衞	危十六度至奎四度
四月	降婁	魯	奎五度至胃六度
五月	大梁	趙	胃七度至畢十一度
六月	實沈	晉	畢十二度至井十五度
七月	鶉首	秦	井十六度至柳八度
八月	鶉火	周	柳九度至張十七度
九月	鶉尾	楚	張十八度至軫十一度
十月	壽星	鄭	軫十二度至氐四度
十一月	大火	宋	氐五度至尾九度
十二月	析木	燕	尾十度至斗十一度

　　對照分野表與上文日食表。分野表是以一國當之，而日食表則提到分野之交，即二國共當之。爲何有此差異？此因三統推算日食時的日躔所在，須據日月合晨法，而日月合晨法必須計算閏月，故日食表以節氣月爲據；至於分野表，則以朔望月爲準。如宣公十七年六月癸卯日食，劉歆云三月晦魯、衞分。據分野表，

三月當云衛分野，何以此云魯、衛分？今據日月合晨法，算得宣公十七年三月晦入奎十度，① 而三統術降婁之次起於奎五度，則三月晦已爲魯分野。所以，據分野表，三月當云衛分野；若據日月合晨法，奎十度當云魯分野。今劉歆云三月晦魯、衛分，正可弭合二者之異。又如襄公十五年八月丁巳朔日食，劉歆云五月二日魯、趙分，據三統合晨法，推得五月朔入婁八度，② 則二日入婁九度，而三統術婁宿九度屬降婁之次，當爲魯分。但若據分野表，五月大梁之次，又爲趙之分野，故劉歆云魯、趙分，也可弭合二者之異。

知曉日食表和分野表的差異所在，就可推出劉歆分野說的二國共當之法：凡日食在晦者，並計來月分野之國；凡日食在朔或二日者，並計前月分野之國。如隱公元年二月日食，劉歆以爲正月二日燕、越分野，正月乃越之分野，今云燕、越之分野，是並計前月分野之國，因燕爲十二月分野。又宣公十七六月日食，劉歆以爲三月晦魯、衛分，三月乃衛之分野，今云魯、衛分，是並計來月分野之國，因四月乃魯分野。

據此，就可以改正《漢書·五行志》所載分野之誤，正如改正日期之誤一樣。定公五年三月辛亥朔日食，《五行志》載劉

---

① 宣公十七年入甲申統第 1052 年，積月 12999，至三月朔，積月共 13002，則積日共 383960，小餘 24，求合晨度：$(383960 \times 1539 + 24 \times 19 - 1051 \times 562120) \div 1539 = 82 + 578/1539$。數起牽牛初度，知入奎十一度；則三月晦，爲奎十度。

② 襄公十五年入甲申統第 1086 年，此年閏九月，至五月，積月共 13423，積日：$13423 \times 2392 \div 81 = 396392 + 64/81$。合晨度：$(396392 \times 1539 + 64 \times 19 - 1085 \times 562120) \div 1539 = 96 + 560/1539$。數起牽牛初度，知入婁八度。則五月二日入婁九度。

歆云正月二日燕、趙分，據三統術，此年正月庚戌朔，二日辛
亥，日期不誤，故燕、趙分，當爲燕、越分，因正月星紀之次，
乃越分野，趙則五月大梁之分。昭公十五年六月丁巳朔日食，
《五行志》載劉歆云三月魯、衛分，據三統術，此年三月丁巳
朔，日期不誤，則魯、衛分當爲齊、衛分。有關《漢志》所載
劉歆日食分野說之勘誤，可見文後附表二十四。

　　劉歆分野說既有三統曆背景，《漢志》所載董仲舒論分野，
明與劉歆不同，如莊公二十六年十二月癸亥朔日食，《五行志》
載董仲舒說“宿在心，心爲明堂，文武之道廢，中國不絕若線
之象也。”[①] 襄公二十一年十月庚辰朔日食，《五行志》載董仲舒
說“宿在軫、角，楚大國象也。後楚屈氏譖殺公子追舒，齊慶
封脅君亂國。”[②] 昭公十七年六月甲戌朔日食，《五行志》載董仲
舒以爲，“時宿在畢，晉國象也。晉屬公誅四大夫，失衆心，以
弒死。後莫敢復責大夫，六卿遂相與比周，專晉國，君還事
之”。[③] 董仲舒以軫、角爲楚分野，劉歆則以爲鄭分野；董仲舒
以爲十二月宿在心，爲中國之分野，而劉歆則認爲十二月爲尾宿
等，乃燕之分野。

　　從劉歆改動經文日食之期而言，若文獻記載與三統推算不
合，且必取捨其一，劉歆無疑傾向於三統。

　　正因如此，劉歆改動文獻有兩種不同類型：一是曆改，二
是臆改。改動《魯世家》中的獻公年數，是以曆術定王公在位

---

①《漢書》，頁 1484。
②《漢書》，頁 1491。
③《漢書》，頁 1495。

年數；改動經傳日食之期，則是以曆術定月日。由於《春秋》
十二公距三統上元的年數已然確定，不須附加任何條件，即可
推出其間任一年的朔閏表；而要推出獻公在位年數，就需要附
加各種條件，即使據三統而定周代 867 年，也無法推出獻公的
在位年數。① 《史記》既云獻公在位 32 年，劉歆改爲 50 年，
若別無文獻佐證，則此數就有可能是爲配合周代 867 年的人爲
修改。故以三統術可否還原推算結果爲準，就可判斷劉歆改動
文獻屬於何種類型：改動獻公在位年數，不可用曆術還原，改
動是隨機的，可稱之爲臆改；改動《春秋》日食之期，可用曆
術還原，改動是唯一的，可稱之爲曆改。曆改和臆改，可爲經
學家如何處理曆術與文獻，提供考察的視角。下節以服虔爲
例，對此略作引申。

六、服虔三統術與劉歆的比較

服虔以曆釋經，也據三統術，但文獻闕略，僅據零星史料排
比分析。

昭公三十二年《左傳》載史墨云："不及四十年，越有吳
乎！越得歲而吳伐之，必受其凶。"劉歆在《世經》歲星超辰法
中也論及此例。賈公彥《周禮》疏引服虔之説云：

---

① 清代學者王鳴盛云："曆法但能推年月日，不能推古帝王在位年數。"見王
鳴盛撰，黃曙輝點校：《十七史商榷》，上海書店，2005 年，頁 22。

　　歲星在星紀，吳越之分野。蔡復之歲，歲在大梁，距此十九年。昭十五年有事於武宮之歲，龍度天門。龍，歲星也，天門在戌，是歲越過，故知今年越得歲。龍，東方宿，天德之貴神，其所在之國，兵必昌，向之以兵則凶。吳越同次，吳先舉兵，故凶也。或歲星在越分中，故云得歲。史墨知不及四十年，越有吳者，以其歲星十二年一周天，存亡之數，不過三紀。①

　　此釋涉及歲星超辰説及歲星災祥説，其災祥説與劉歆説無大差異，即當次者祥，失次者災，惟增加共次者不宜先起兵和"存亡之數不過三紀"之論。至於超辰説，也從三統術。疏通如下。

　　其一，前已提及，僖公五年爲甲申統 53 章首，此年歲在大火，經 145 年，至昭公三十二年，歲星超辰一次，本應在析木，而實次於星紀。歲星超辰不僅發生在昭公三十二年，在昭公十五年已經發生。據三統，上元至昭公十四年共 142703 年，則此年歲在實沈，② 而上元至昭十五年 142704 年，此年歲在鶉火，③ 其間越過鶉首之次。服虔云："昭十五年有事於武宮之歲，龍度天門"，即謂此。

_____

① 《十三經注疏》，上册，頁 819 下。

② 142703÷1728＝82＋1007/1728，1007×145÷144＝1013＋143/144，1013÷12＝84＋5/12。數起星紀，算外 5，得實沈之次。

③ 142704÷1728＝82＋1008/1728，1008×145÷144＝1015，1015÷12＝84＋7/12。數起星紀，算外 7，得鶉火之次。

其二，昭公十四年至十五年，歲星之所以由實沈而至鶉火，越過鶉首，顯然是因爲昭公十四年時，次餘已達143，則明年即越一次。由此可知，在僖公五年至昭公十四年的這段時間内，三統歲術與歲星12年一周天的推算結果是一致的，如昭公十三年，據三統術，歲在大梁，而傳亦云“蔡復之歲，歲在大梁，距此十九年”。又昭公十一年《左傳》載周大夫萇弘云：“歲及大梁，蔡復，楚凶，天之道也。”皆是。但在昭公十五年之後，三統術與歲星12年一周天的計算結果相差一次。

其三，何謂“龍度天門”？“天門”何以“在戌”？服虔云龍即歲星，然未解“天門”之義。賈公彦《疏》云：“以歲星木在東方謂之龍，以辰爲天門，故以歲星跳辰，爲龍度天門也。”[1] 此但解龍度天門，却不解“在戌”之義。《史記·天官書》云：“角、天門，十月爲四月，十一月爲五月，十二月爲六月。”《索隱》云：“謂月行入角與天門，若十月犯之，當爲來年四月成災，十一月，則主五月也。”[2] 據此可知，若十二月犯之，則來年六月成災。據十月、十一月、十二月，知天門當在壽星、大火、析木之次，且在角宿之後。考三統曆十二次及二十八宿距度，壽星含角十二度，則《索隱》所言，與之相符，服虔云天門在戌者，正謂十一月大火之次，在氐、房、心、尾四宿之間。

其四，“是歲越過，故知今年越得歲”。此“越過”，乃謂歲

---

① 《十三經注疏》，上册，頁818下。

② 《史記》，頁1332。

星超辰，非指越國。由昭公十五年歲星已超辰，可知昭三十二年歲星不應在析木，而應在星紀，越國分野在星紀，故云“越得歲”，語甚明白。

由此可知，服虔之釋，乃據三統術。

但是，服虔用三統術釋經傳，在經傳與三統推算結果不合時，並不改經傳之文，這與劉歆有別。

昭公三十一年經文“十有二月辛亥朔，日有食之”，《左傳》云：“十二月辛亥朔，日有食之。是夜也，趙簡子夢童子贏而轉以歌，旦占諸史墨，曰：‘吾夢如是，今而日食，何也？’對曰：‘六年及此月也，吳其入郢乎？終亦弗克。入郢必以庚辰，日月在辰尾。庚午之日，日始有謫。火勝金，故弗克。’”此例劉歆在《春秋》日食說中改爲十二月二日，服虔的解釋更爲詳細：

後六年，定四年十一月。閏餘十七，閏在四月後。其十一月晦晦（案：疑衍一“晦”）庚辰。吳入郢在立冬後，復此月也。十二月辛亥，日月會於龍尾而食。庚午，日初有謫，故曰庚辰。一曰日月在辰尾，尾爲亡臣，是歲吳始用子胥之謀以伐楚，故天垂象。[1]

其中與劉歆說有同有異。清代學者李貽德的《春秋左氏傳賈服注輯述》對此有較詳細的疏解，但李氏因不明三統術，其

---

[1]《十三經注疏》，上冊，頁807下—808上。

説多迂迴寡當。① 疏通如下。

其一，定公四年入甲申統第 1138 年，積月 14062，閏餘 17，知閏四月。此年正月丁亥朔，十一月辛亥朔，十二月辛巳朔，則庚辰爲十一月晦。服氏所言，皆與三統術合。

其二，此年立冬爲十一月二十三日癸酉，因入郢在三十日庚辰晦，故服云"吳入郢在立冬後"。又云"復此月也"，謂庚辰之後，即至十二月辛巳朔，與昭公三十一年十二月相應，故云"復此月"。

其三，傳云"入郢必以庚辰，日月在辰尾"，謂定公四年事；服云"十二月辛亥，日月會於龍尾而食"，謂昭公三十一年日食之事。二事不同時，服虔何以連在一起? 今以三統術證之，無論定公四年十二月，抑昭公三十一年十二月，日月合晨皆在龍尾。②

---

① 如李氏論此例云："杜以庚辰爲十一月二十九日，是月大，故以辛巳日爲晦，以服説相較，差一日。或服以是月爲小耳。知入郢在立冬後者，周之十一月，夏之九月，以夏正言之，其時未得立冬，以前有閏月，則節氣當超前，且晦爲月盡，知庚辰在立冬後矣。服以此十二月日食，彼十一月入郢，則是未復其月，與史墨曰'及此月'之言不應，惟並閏數之，且月盡，則雖是十一月節氣，實在十二月矣，乃與史墨之言相合，故曰'復此月'，明此年十二月至後六年十二月而復也。"（〔清〕李貽德《春秋左氏傳賈服注輯述》，《續修四庫全書·經部·春秋類》，第 125 冊，頁 605 上）案：此説非也。其一，"或服以爲是月小耳"，據三統，大、小月一定，不容假設，此年十一月乃大月。其二，以夏正言之云云，誤。確定立冬之日，乃據統年、策餘等，與周正、夏正無涉，此年周正十一月立冬，則夏正九月立冬。其三，云並閏數之，以應"復此月"，其説杜預已發之，然杜氏《長曆》與三統不同，不可引以爲説。庚辰，於《長曆》十一月二十九日，非晦。而三統庚辰則爲十一月晦。吳入郢，明日即十二月，史墨之言，約略言之。若並閏數之，據三統，定公元年也有閏月，加之，與"復此月"不合；略之，與此年並閏之例相違，知李氏昧於三統術。凡服氏所言關乎三統者，李氏之解多誤。

② 昭公三十一年十二月之合晨度：昭 31 年距甲申統第 1133 年，1. 求積月：1132×235÷19＝14001+1/19。2. 求積日：（14001+11）×2392÷81＝ （轉下頁）

　　由此三點，知服虔仍用三統術。

　　其四，"庚午，日初有適，故曰庚辰"之語，出《左傳》"庚午之日，日始有讁"，服氏釋云："午，火；庚，金也。火當勝金而反有讁，故爲不克。晉，諸侯之霸，與楚同盟，趙簡子爲執政之卿，遠夷將伐同盟，日應之食，故夢發簡子。"① 此釋無曆法參數，而屬災祥之論。據《左傳》，定四年十一月庚午日，吳、楚二師戰於柏舉，楚師敗績。服虔之意，庚午火克金，象徵吳勝楚，然日既有讁，則吳終不克楚，此日讁應吳不克楚，與杜預所釋異。② "故曰庚辰"，亦謂庚辰日楚敗、吳入郢，然吳不克楚，申包胥求秦是也。對照服虔釋昭三十一年十二月日食，③ 同樣用災祥說，則服氏雖用曆術，卻又有所轉移。如劉歆釋此例十二月日食爲宋燕分，而服氏以吳楚爲説，是服氏不全同於劉歆。

　　其五，服氏又云"一曰日月在辰尾，尾爲亡臣，是歲吳始用子胥之謀以伐楚，故天垂象"，此説兼及庚辰日之干支。"辰

（接上頁）　33516704÷81＝413786＋38/81。3. 求合晨度：（413786×1539＋38×19－1132×562120）÷1539＝323＋439/1539。數起牽牛初度，知入尾宿十三度，即在龍尾。同理，求得定公四年十二月之積月14074，1. 求積日：14074×2392÷81＝415617＋31/81。2. 求合晨度：（415617×1539＋31×19－1137×562120）÷1539＝327＋1459/1539。知入尾宿十七度，在龍尾。

① 《十三經注疏》，上册，頁808上。

② 杜預《注》云："午，南方，楚之位也。午火庚金也。日以庚午有變，故災在楚。楚之仇敵唯吳，故知入郢必吳。"（《十三經注疏》，下册，頁2127上）知杜氏以日讁應楚災。

③ 服虔云："是歲歲在析木。後六年，在大梁。大梁，水宗。十一月日在星紀，爲吳國分。楚之先，顓頊之子老童，老童楚象。行歌，象楚走哭姬姓。日月在星紀，星紀之分姬姓吳也。楚衰則吳得志，吳世世與楚怨，楚走去其國，故曰吳其入郢。"（《十三經注疏》，上册，頁807下）

尾”，原指東方七宿之尾宿，或箕宿。服氏又另引一説，以牽合庚辰日，意謂庚辰日在十一月尾，而辰日在月尾者，爲亡臣之象，故楚有災。若據此釋，則“辰尾”有別義，與三統推算無關。

第四、五點皆涉及災異論，非曆術運算，此暫略。

服虔亦用三統，若曆術與傳文相違，服氏不改日期。

又如昭公元年《左傳》云：“（十二月）甲辰朔，隕於温。”服虔云：“甲辰朔，夏十一月朔也。”① 考三統術，知此年入甲申統第 1103 年，無閏餘，正月己酉朔，二月己卯朔，至九月乙巳朔，十月乙亥朔，十一月甲辰朔，十二月甲戌朔。② 此十一月甲辰朔，爲周正十一月，乃夏正九月，故非服氏所指。但此例並不表明服虔不用三統術，因經文有“十一月己酉”，十一月既有己酉，十二月不得有甲辰朔，故服虔改爲“夏十一月朔”。“夏十一月朔”，實明年正月朔，而昭公二年正月朔正是甲辰。由於晉用夏正，則服氏所改，既符三統術，也與“冬隕”之禮合。由此可見，服虔仍用三統術，又有適當調整。③

---

① 《十三經注疏》，下冊，頁 2026 上。

② $1102 \times 235 \div 19 = 13630$，無閏餘。$13630 \times 2392 \div 81 = 402505 + 55/81$，$402505 - 60 \times 6708 = 25$，數自甲申起，算外 25，得正月己酉朔。二月己卯朔，三月戊申朔，四月戊寅朔，五月丁未朔，六月丁丑朔，七月丙午朔，八月丙子朔，九月乙巳朔，十月乙亥朔，十一月甲辰朔，十二月甲戌朔，小餘 42。

③ 以夏正釋《左傳》，或是服虔遵循三統術的適當調整，如昭公四年《左傳》載申豐答季武子云“古者日在北陸而藏冰”，服氏云：“陸，道也。北陸言在，謂十二月，日在危一度。西陸朝覿不言在，則不在。昂謂二月，日在婁四度。謂春分時，奎婁晨見東方而出冰。”（《十三經注疏》，上冊，頁 671 中）考三統周正二月，日在危初度，大寒，而服氏云十二月，日在危一度，（轉下頁）

　　觀服氏所釋，既依曆術，又遵傳文，若曆術與經傳相違，服虔或使曆術以就經傳文（如以夏正改周正），或另立一説（如以災異説代替曆術），皆以經傳文爲主。再參考東漢末另一經學家蔡邕以曆釋經的特點（如蔡氏在《月令問答》中明確提到其《月令章句》用後漢四分曆，而不用三統曆，但《月令》之文，驚蟄在雨水前，蔡邕仍據三統爲釋），[①] 可知東漢末經學家的曆術背景雖各不相同，但若經傳與曆術相違，曆術應從於經傳，或許已成爲經學家的共識。

七、小結

　　以上一一辨析劉歆以曆釋經的具體特徵，對於理解經學史的相關論題，可提供有用的視角。如康有爲在《新學僞經考》中論劉歆日食説云："劉歆分野之説，散布《周禮》《左氏》《國語》諸書，并入之《費易》，其徵應可謂多矣。向上封事歷叙災異，而云'當是時禍亂輒應，故弑君三十六，亡國五十二'云

（接上頁）　是以夏正言之；三統周正四月，日在婁四度，春分，而服氏云二月，日在婁四度，也以夏正言之。此例申豐與季武子問答，屬周正，而服虔仍用夏正言之，則服氏雖沿用三統術，在解釋傳文時，當有據夏正而調整者，此種調整，或可彌合三統術與傳文的乖違。或有疑者，上文劉歆解卜偃之語，不也用夏正説？案：卜偃之例，與"甲辰朔烝於温"例同，緣晉國曆法，故用夏正。然此例季武子、申豐對答，是魯國曆法，不應有夏正之説，故服虔用夏正説，固依循三統，又有適當調整。

① 説詳第四章。

云；故其《五行傳》，屬辭比事，一一不爽。歆欲獎藉逆篡，故
爲此例以攪亂之，務使與經所書方圓不入而已。此與《向傳》
所載‘恭、顯等言日變歸罪堪、猛’，同一小人心事。"① 康氏
認爲，劉歆"欲獎藉逆篡"，故釋《春秋》日食之期與經異。
案：劉歆之釋《春秋》日食，係據三統術，三統術即太初術，先
於莽篡。若依康説，則太初改曆爲莽篡預設耳，知其比附無據。
崔適論《漢書·五行志》之劉歆日食説，亦誤。昭公七年經文
四月甲辰朔日食，劉歆云二月魯、衛分。崔氏云："歆説與經差
二月。其曰‘魯衛分’，又引士文伯曰‘魯衛惡之’。此歆説有
徵於《左氏》者，可爲《左氏》之言分野，出自劉歆之
證。"② 此説似是而非。《左傳》之曆數與三統異，上文已有揭
示，而劉歆之分野説實據三統，故《左傳》之言分野，必與劉
歆異。此例士文伯言"魯衛惡之"，偶適然也，不可作爲《左
傳》分野出自劉歆的證據。崔適《史記探源》並認爲，《五行
志》的董仲舒分野説係後人據劉歆分野説而竄亂，③ 其説亦不足
據，因董仲舒分野與劉歆分野異，上文也有詳證。

　　總之，瞭解兩漢經學家的曆學背景，對於理解他們的經學將
大有助益。拙文拋磚引玉，希望經學史的研究也有曆學家參與其
中，如此，學科間的藩籬不僅可以打破，歷史内涵的豐富性也將
充分展開。

---

① 康有爲：《新學僞經考》，古籍出版社，1956 年，頁 360。
② 〔清〕崔適：《春秋復始》，《續修四庫全書·經部·春秋類》，第 131 冊，頁
632 下。
③ 〔清〕崔適，張烈點校：《史記探源》，中華書局，1986 年，頁 7。

附：表二十三

據三統術所排《春秋》經傳日食之年朔閏表

隱公三年	正月戊辰朔，二月丁酉朔，三月丁卯朔，四月丙申朔，五月丙寅朔，六月丙申朔，七月乙丑朔，八月乙未朔，九月甲子朔，十月甲午朔，十一月癸亥朔，十二月癸巳朔。
桓公三年	正月甲子朔，二月甲午朔，三月癸亥朔，四月癸巳朔，五月壬戌朔，六月壬辰朔，七月辛酉朔，八月辛卯朔，九月庚申朔，十月庚寅朔，十一月己未朔，十二月己丑朔。
桓公十七年	正月癸酉朔，二月壬寅朔，三月壬申朔，四月辛丑朔，五月辛未朔，六月辛丑朔，七月庚午朔，八月庚子朔，九月己巳朔，十月己亥朔，十一月戊辰朔，十二月戊戌朔。
莊公十八年	正月癸丑朔，二月壬午朔，三月壬子朔，四月辛巳朔，五月辛亥朔，六月庚辰朔，七月庚戌朔，八月己卯朔，九月己酉朔，十月戊寅朔，十一月戊申朔，十二月丁丑朔。
莊公二十五年	正月壬申朔，二月壬寅朔，三月辛未朔，四月辛丑朔，五月庚午朔，六月庚子朔，閏六月己巳朔，七月己亥朔，八月己巳朔，九月戊戌朔，十月戊辰朔，十一月丁酉朔，十二月丁卯朔。
莊公二十六年	正月丙申朔，二月丙寅朔，三月乙未朔，四月乙丑朔，五月甲午朔，六月甲子朔，七月癸巳朔，八月癸亥朔，九月壬辰朔，十月壬戌朔，十一月壬辰朔，十二月辛酉朔。
莊公三十年	正月癸卯朔，二月癸酉朔，三月壬寅朔，四月壬申朔，五月辛丑朔，六月辛未朔，七月庚子朔，八月庚午朔，九月己亥朔，十月丙子朔，十一月己亥朔，閏十一月戊辰朔，十二月戊戌朔。
僖公五年	正月辛亥朔，二月庚辰朔，三月庚戌朔，四月己卯朔，五月己酉朔，六月戊寅朔，七月戊申朔，八月丁丑朔，九月丁未朔，十月丙子朔，十一月丙午朔，十二月丙子朔。
僖公十二年	正月庚午朔，二月庚子朔，三月己巳朔，四月己亥朔，五月戊辰朔，六月戊戌朔，七月戊辰朔，八月丁酉朔，九月丁卯朔，十月丙申朔，十一月丙寅朔，十二月乙未朔。

續　表

僖公十五年	正月癸未朔，二月壬子朔，三月壬午朔，四月壬子朔，五月辛巳朔，六月辛亥朔，七月庚辰朔，八月庚戌朔，九月己卯朔，十月己酉朔，十一月戊寅朔，閏十一月戊申朔，十二月丁丑朔。
文公元年	正月癸亥朔，二月壬辰朔，三月壬戌朔，四月辛卯朔，五月辛酉朔，六月庚寅朔，七月庚申朔，八月己丑朔，九月己未朔，十月戊子朔，十一月戊午朔，閏十一月戊子朔，十二月丁巳朔。
文公十五年	正月壬申朔，二月辛丑朔，三月辛未朔，四月庚子朔，五月庚午朔，六月己亥朔，閏六月己巳朔，七月戊戌朔，八月戊辰朔，九月丁酉朔，十月丁卯朔，十一月丙申朔，十二月丙寅朔。
宣公八年	正月戊辰朔，二月丁酉朔，三月丁卯朔，四月丙申朔，閏四月丙寅朔，五月乙未朔，六月乙丑朔，七月甲午朔，八月甲子朔，九月甲午朔，十月癸亥朔，十一月癸巳朔，十二月壬戌朔。
宣公十年	正月丙戌朔，二月丙辰朔，三月乙酉朔，四月乙卯朔，五月甲申朔，六月甲寅朔，七月癸未朔，八月癸丑朔，九月壬午朔，十月壬子朔，十一月辛巳朔，十二月辛亥朔，閏十二月庚辰朔。
宣公十七年	正月乙亥朔，二月乙巳朔，三月甲戌朔，四月甲辰朔，五月癸酉朔，六月癸卯朔，七月壬申朔，八月壬寅朔，九月辛未朔，十月辛丑朔，十一月辛未朔，十二月庚子朔。
成公十六年	正月丁酉朔，二月丙寅朔，三月丙申朔，四月乙丑朔，五月乙未朔，六月甲子朔，七月甲午朔，八月癸亥朔，九月癸巳朔，十月壬戌朔，十一月壬辰朔，十二月壬戌朔。
成公十七年	正月辛卯朔，二月辛酉朔，三月庚寅朔，四月庚申朔，五月己丑朔，六月己未朔，閏六月戊子朔，七月戊午朔，八月丁亥朔，九月丁巳朔，十月丙戌朔，十一月丙辰朔，十二月乙酉朔。
襄公十四年	正月甲子朔，二月癸巳朔，三月癸亥朔，四月壬辰朔，五月壬戌朔，六月辛卯朔，七月辛酉朔，八月辛卯朔，九月庚申朔，十月庚寅朔，十一月己未朔，十二月己丑朔。
襄公十五年	正月戊午朔，二月戊子朔，三月丁巳朔，四月丁亥朔，五月丙辰朔，六月丙戌朔，七月乙卯朔，八月乙酉朔，九月甲寅朔，閏九月甲申朔，十月癸丑朔，十一月癸未朔，十二月癸丑朔。

續　表

襄公二十年	正月己丑朔，二月己未朔，三月戊子朔，四月戊午朔，五月丁亥朔，六月丁巳朔，七月丙戌朔，八月丙辰朔，九月乙酉朔，十月乙卯朔，十一月甲申朔，十二月甲寅朔。
襄公二十一年	正月癸未朔，二月癸丑朔，閏二月癸未朔，三月壬子朔，四月壬午朔，五月辛亥朔，六月辛巳朔，七月庚戌朔，八月庚辰朔，九月己酉朔，十月己卯朔，十一月戊申朔，十二月戊寅朔。
襄公二十三年	正月壬寅朔，二月辛未朔，三月辛丑朔，四月庚午朔，五月庚子朔，六月己巳朔，七月己亥朔，八月戊辰朔，九月戊戌朔，十月戊辰朔，十一月丁酉朔，閏十一月丁卯朔，十二月丙申朔。
襄公二十四年	正月丙寅朔，二月乙未朔，三月乙丑朔，四月甲午朔，五月甲子朔，六月癸巳朔，七月癸亥朔，八月壬辰朔，九月壬戌朔，十月辛卯朔，十一月辛酉朔，十二月庚寅朔。
襄公二十七年	正月戊寅朔，二月戊申朔，三月丁丑朔，四月丁未朔，五月丙子朔，六月丙午朔，七月乙亥朔，八月乙巳朔，九月乙亥朔，十月甲辰朔，十一月甲戌朔，十二月癸卯朔。
昭公七年	正月甲戌朔，二月甲辰朔，三月甲戌朔，四月癸卯朔，五月癸酉朔，六月壬寅朔，七月壬申朔，八月辛丑朔，九月辛未朔，十月庚子朔，十一月庚午朔，十二月己亥朔。
昭公十五年	正月戊午朔，二月戊子朔，三月丁巳朔，四月丁亥朔，五月丙辰朔，六月丙戌朔，七月乙卯朔，八月乙酉朔，九月甲寅朔，十月甲申朔，十一月癸丑朔，十二月癸未朔。
昭公十七年	正月丁未朔，二月丙子朔，三月丙午朔，四月乙亥朔，閏四月乙巳朔，五月甲戌朔，六月甲辰朔，七月癸酉朔，八月癸卯朔，九月癸酉朔，十月壬寅朔，十一月壬申朔，十二月辛丑朔。
昭公二十一年	正月癸未朔，二月癸丑朔，三月壬午朔，四月壬子朔，五月辛巳朔，六月辛亥朔，七月庚辰朔，八月庚戌朔，九月庚辰朔，十月己酉朔，十一月己卯朔，十二月戊申朔。
昭公二十二年	正月戊寅朔，二月丁未朔，三月丁丑朔，四月丙午朔，五月丙子朔，六月乙巳朔，七月乙亥朔，八月甲辰朔，九月甲戌朔，閏九月癸卯朔，十月癸酉朔，十一月癸卯朔，十二月壬申朔。

續　表

昭公二十四年	正月丙申朔，二月乙丑朔，三月乙未朔，四月乙丑朔，五月甲午朔，六月甲子朔，七月癸巳朔，八月癸亥朔，九月壬辰朔，十月壬戌朔，十一月辛卯朔，十二月辛酉朔。
昭公三十一年	正月乙酉朔，二月乙卯朔，三月甲申朔，四月甲寅朔，五月癸未朔，六月癸丑朔，七月壬午朔，八月壬子朔，九月辛巳朔，十月辛亥朔，十一月庚辰朔，十二月庚戌朔。
定公五年	正月庚戌朔，二月庚辰朔，三月己酉朔，四月己卯朔，五月己酉朔，六月戊寅朔，七月戊申朔，八月丁丑朔，九月丁未朔，十月丙子朔，十一月丙午朔，十二月乙亥朔。
定公十二年	正月庚午朔，二月庚子朔，三月己巳朔，四月己亥朔，五月戊辰朔，六月戊戌朔，閏六月丁卯朔，七月丁酉朔，八月丙寅朔，九月丙申朔，十月乙丑朔，十一月乙未朔，十二月甲子朔。
定公十五年	正月癸未朔，二月壬子朔，閏二月壬午朔，三月辛亥朔，四月辛巳朔，五月庚戌朔，六月庚辰朔，七月己酉朔，八月己卯朔，九月戊申朔，十月戊寅朔，十一月戊申朔，十二月丁丑朔。
哀公十四年	正月辛酉朔，二月辛卯朔，三月庚申朔，四月庚寅朔，五月己未朔，六月己丑朔，七月戊午朔，八月戊子朔，九月丁巳朔，十月丁亥朔，十一月丙辰朔，十二月丙戌朔。

附：表二十四

《五行志》所載劉歆《春秋》日食、分野説之勘誤表

《春秋》經傳日食	《五行志》載劉歆説	改　　正
僖公十二年三月庚午日食	三月齊衛分	應爲三月二日齊衛分
昭公七年四月甲辰朔日食	二月魯衛分	應爲四月二日魯衛分
昭公十七年六月甲戌朔日食	六月二日魯趙分	應爲五月魯趙分

《春秋》經傳日食	《五行志》載劉歆説	改　　正
定公十二年十一月丙寅朔日食	十二月二日楚鄭分	應爲十月二日楚鄭分
哀十四年五月庚申朔日食	三月二日齊衛分	應爲三月齊衛分
宣公十年四月丙辰日食	二月魯衛分	應爲二月齊越分
昭公十五年六月丁巳朔日食	三月魯衛分	應爲三月齊衛分
定公五年三月辛亥朔日食	正月二日燕趙分	應爲正月二日燕越分

附：釋《漢書·五行志》中的《左氏》日食説

　　《漢書·五行志下之下》論三《傳》日食説云：“凡《春秋》十二公，二百四十二年，日食三十六，《穀梁》以爲朔二十六，晦七，夜二，二日一。《公羊》以爲朔二十七，二日七，晦二。《左氏》以爲朔十六，二日十八，晦一，不書日者二。”① 核諸三《傳》，知《公》《穀》日食之數，有傳文可證。然《左氏》日食數，不見於傳文，結合《五行志》前文所論，知班固所言“《左氏》以爲”，其實是“劉歆以爲”，劉歆據三統術重新推定經傳日食之期，班固採以爲説，並繫諸《左氏》。

　　然而，驗諸三統術，《漢志》中的日食之數並不符合推算結果。對此問題，迄今未見理想的解釋。有的學者因不明三統曆算，不能揭其誤，如錢大昭、沈欽韓、王先謙諸家之《漢書

---

① 《漢書》，頁1500。

注》。有的學者雖通曉三統術，但未及驗算，僅憑直觀立論，而與實情不合，如王韜、新城新藏。有的學者雖有驗算，却未仔細推勘，故結論仍有可商，如錢大昕、羅士琳。還有學者未明曆算，反據以立論，其説不足徵信，如王引之。概言之，《左氏》日食數不僅關乎文獻比勘，而且關乎曆術。筆者據三統反復推驗，頗疑《漢志》所載恐有訛誤，正確之數似宜爲："《左氏》以爲朔十八，二日十六，晦一，不書日者二"。即食朔與食二日之數前後互錯。兹將理據詳細説明如下。

　　本章第五節已據三統術糾正《漢志》所載之誤（可參見附表二十四），以此爲基礎，對文中日食表重新驗算，可以確定的有：三統食朔者十六，食二日者十五，見下表：

表二十五

	食 於 朔 者	食 於 二 日 者
1	桓三年七月壬辰朔日食	隱三年二月己巳日食
2	莊三十年九月庚午朔日食	莊二十五年六月辛未朔日食
3	僖五年九月戊申朔日食	莊二十六年十二月癸亥朔日食
4	文元年二月癸亥日食	僖十二年三月庚午朔日食
5	成十七年十二月丁巳朔日食	文十五年六月辛丑朔日食
6	襄二十年十月丙辰朔日食	宣八年七月甲子日食
7	襄二十一年九月庚戌朔日食	成十六年六月丙寅朔日食
8	襄二十一年十月庚辰朔日食	襄十四年二月乙未朔日食
9	襄二十四年七月甲子朔日食	襄十五年八月丁巳朔日食

	食 於 朔 者	食 於 二 日 者
10	襄二十四年八月癸巳朔日食	襄二十三年二月癸酉朔日食
11	襄二十七年十二月乙亥朔日食	昭二十一年七月壬午朔日食
12	昭十五年六月丁巳朔日食	昭二十四年五月乙未朔日食
13	昭十七年六月甲戌朔日食	昭三十一年十二月辛亥朔日食
14	昭二十二年十二月癸酉朔日食	定五年三月辛亥朔日食
15	定十五年八月庚辰朔日食	定十二年十一月丙寅朔日食
16	哀十四年五月庚申朔日食	

　　表中可以確定日食之數共 31，加上食於晦者一（即宣十七年六月癸卯日食），不書日者二（即莊十八年三月日食，僖十五年五月日食），共 34 日食，惟有三例不確定者。此三例，即桓十七年十月朔日食、宣十年四月丙辰日食、昭七年甲辰朔日食。若須合於《漢志》所言“二日十八”之數，此三例必屬食二日。

　　但問題却相當複雜，爲滿足此數，需要附加的條件過多，或有與實情相違者。桓十七年十月朔日食，《五行志》載劉歆云“楚鄭分”，前缺月日。據《漢志》文例，前缺之日期，皆爲蒙上。如莊十八年三月日食，《五行志》載“晦，魯衛分”，“晦”前闕月，據前經文三月，知“晦”前蒙上當爲三月。昭二十四年五月乙未朔日食，《五行志》載“二日魯趙分”，二日前闕月，由前經文亦可知此處省“五月”。同樣，昭三十一年十二月辛亥朔日食，《五行志》載“二日宋燕分”，顯然是蒙上而省“十二月”。據此，桓十七年經文既是“十月朔”，則“楚鄭分”前，最有可能蒙上而省"十月"二字。若是"二日",《五行志》此處不宜用省文。若以爲脱文,三十七日食中,又無獨脱"二日"之例。且據三統推算,決不可能得出"庚子"之日。故以文例言之,此例以(十月朔)楚鄭分的可能性爲大。只要此例不屬於食二日之例,則《漢志》所載食二日十八之數就無法滿足。

正因如此,下面二例的選擇才稍有依憑。

其一,昭七年四月甲辰朔,劉歆改爲二月魯衛分。考三統,此年二月甲辰朔,四月癸卯朔,故《漢志》所載,既可改二月齊越分,也可改爲四月二日魯衛分。今以傳文載士文伯言"魯衛惡之"可相參證,故改爲四月二日魯衛分。

其二,宣十年四月丙辰日食,《五行志》載劉歆云"二月魯衛分"。考三統,此年二月丙辰朔,四月乙卯朔,故"二月魯衛分"之誤也有兩種可能,一是日期不誤,分野誤,當改爲"二月齊越分"。二是分野不誤,日期誤,則當改爲"四月二日魯衛分"。錢大昕、羅士琳皆以爲當改作四月二日魯衛分,但所提供的證據不足。① 今考宣公世共三日食,宣八年七月甲子日食,劉歆改爲十月二日,時曆與三統相差三月。宣十七年六月癸卯日

---

① 羅士琳《春秋朔閏異同·卷上》論此例云:"劉歆以爲二月魯衛分,今據劉氏前後所言分野考之,魯衛實四月分。若二月,則當爲齊越分。又據三統所推,是年二月丙辰朔,四月乙卯朔,丙辰,其二日也。子駿凡遇朔日食,皆云某月朔,此獨不云,疑二月乃二日之訛。"(頁646)可知羅氏取捨之據乃"子駿凡遇朔日食,皆云某月朔,此獨不云"。案:此據非也。如莊公三十年九月庚午朔日食,劉歆云八月秦周分,不言朔。據三統術,此年八月朔庚午,是劉歆論朔日食,非必云某月朔也。此類例證多達十餘例,不爲孤證,知羅氏之説不足憑。至於錢氏,其説未及論證。《三史拾遺》云:"月,當作日,謂食在四月二日也。經書四月丙辰而不言朔,故知食二日。"(《續修四庫全書·史部·史評類》,第454册,頁913上)

食，劉歆改爲三月晦日食，時曆與三統相差兩月。今宣十年四月日食，若劉歆改爲二月，亦相差兩月，前後相類。雖然前文提及誤差之大小並非劉歆改動的定例，但若此例改爲四月二日魯衛分，則食朔者十七，食二日者十七，與十六、十八之數殊爲扞格。若改爲二月齊越分，則總數是食朔者十八，食二日者十六。考慮到《漢志》中十八、十六有形近致訛的可能性，故筆者在三統推算的基礎上，將此例歸爲食於朔者。

據此，則日食之數當爲食朔者十八，食二日者十六。

此三例對於推算《左氏》日食數至爲關鍵，但前人在論述時，對此三例並未詳細比勘，所以，有關《左氏》日食數的推算總嫌粗疏。錢大昕曾撰《三統術衍》，知其精通三統演算法，然錢氏《三史拾遺》估算《漢志》中的《左氏》日食數，却誤差頗大。其論食二日十八之數，見下表：

表二十六

錢大昕釋食二日十八者	錢氏之據	備註：以三統驗之
1. 隱三年二月己巳日食	見於《漢志》	合於三統
2. 莊廿五年六月辛未日食	同上	合
3. 莊廿六年十二月癸亥日食	同上	合
4. 文十五年六月辛丑日食	同上	合
5. 宣八年七月甲子日食	同上	合
6. 宣十年四月丙辰日食	據三統選其一	據三統，亦可改爲二月齊越分
7. 成十六年六月丙寅日食	見於《漢志》	合

續　表

錢大昕釋食二日十八者	錢氏之據	備註：以三統驗之
8. 襄十四年二月乙未日食	同上	合
9. 襄十五年八月丁巳日食	同上	合
10. 襄廿三年二月癸酉日食	同上	合
11. 昭七年四月甲辰日食	據三統選其一	據三統，亦可改爲二月齊越分
12. 昭十七年六月甲戌日食	見於《漢志》	不合，當作五月魯趙分
13. 昭廿一年七月壬午日食	同上	合
14. 昭廿四年五月乙未日食	同上	合
15. 昭卅一年十二月辛亥日食	同上	合
16. 定五年三月辛亥日食	同上	合
17. 定十二年十一月丙寅日食	同上	合
18. 哀十四年五月庚申日食	同上	不合，當作三月齊衞分

　　上爲錢氏所論食二日十八之數。雖然其中二例（宣十年四月日食、昭七年四月日食）據三統推算，但餘例皆依《漢志》。尤其是昭十七年六月甲戌日食，《漢志》云六月二日魯趙分，錢氏竟不改日期，以爲魯趙分當作晉趙分。① 考三統，此年五月甲戌朔，六月甲辰朔，七月壬申朔，故《漢志》所載分野不誤，乃日期誤，知錢氏未以三統驗算。又，錢氏未計僖公十二年三月

①《三史拾遺》，頁 913 上。

庚午日食之例。由此觀之，錢氏並未重新推算三十七日食之期，故關於食二日十八之數的解釋並不準確。

又，清代王念孫、引之父子的《讀書雜誌》，素爲學林所推重。其中有專釋劉歆之日食分野説者，舉例繁富。如論"僖公十二年三月庚午朔，日有食之"之"朔"爲衍字，極精審。然王氏不明三統術，論劉歆日食分野之由，舉證愈繁，愈見其曆學之疏。前揭諸家，多精曉曆術，第因未及詳察三統推算與《漢志》之間的矛盾，故致誤；而王氏僅以文獻爲據，論劉歆日食説之誤，其特點與上述諸家不同。兹録其文而後辨之：

引之曰：劉歆説《左氏春秋》日食、分野凡三十七事，後人傳寫譌誤者六事：(1) 昭公十五年六月丁巳朔，日有食之，劉歆以爲三月魯衛分。魯，當爲齊。周之三月，今正月。是月之朔，日躔去危而入營室，危，齊也，營室，衛也。故曰齊、衛分。若作魯，則爲奎之分野，奎爲二月之朔日躔所在，非正月之宿矣。(2) 定公五年三月辛亥朔，日有食之，劉歆以爲正月二日燕趙分。趙，當爲越。周之正月，今十一月。是月二日，日躔去箕而入斗，箕，燕也，斗，越也。故曰燕、越分。若作趙，則爲胃之分野，胃爲三月之朔日躔所在，非十一月之宿矣。此國名之誤也。(3) 昭公十七年六月甲戌朔，日有食之，劉歆以爲六月二日魯趙分。六月當爲五月，周之五月，今三月。是月二日，日躔去婁而入胃，婁，魯也，胃，趙也。故曰魯、趙分。嚴公二十五年六

月辛未朔，日有食之，劉歆以爲五月二日魯趙分，是其
證也。若作六月，則爲今之四月，四月之朔，日躔去畢
而入參，當云趙晉，不當云魯趙矣。且凡歆以爲某月
者，皆與經不同，經云六月，則歆之所定必非六月也。
(4) 定公十二年十一月丙寅朔，日有食之，劉歆以爲十
二月二日楚鄭分。十二月，當爲十月。周之十月，今八
月，八月二日，日躔去軫而入角，軫，楚也，角，鄭
也。故曰楚、鄭分。桓公十七年十月朔，日有食之，劉
歆以爲楚鄭分，是其證也。若作十二月，則爲今之十
月，十月之朔，日躔去心而入尾，當云宋燕分，不當云
楚鄭分矣。(5) 僖公十二年三月庚午朔，日有食之，劉
歆以爲三月齊衛分。朔，衍字也（……中略）。① 三月，
當爲二日。凡《春秋》日食不書朔者，劉歆皆實指其
晦、朔與二日。若隱公三年二月己巳日食，劉歆以爲正
月二日；嚴公十八年三月日食，劉歆以爲晦；僖公十五
年五月日食，劉歆以爲二月朔；文公元年二月癸亥日
食，劉歆以爲正月朔；宣公十七年六月癸卯日食，劉歆
以爲三月晦朓；襄公十五年八月丁巳日食，劉歆以爲五
月二日是也。今僖公十二年三月庚午日食，不書朔，則
歆亦當實指其晦、朔與二日，不當但言三月也。下文曰
"左氏以爲二日十八"，又曰"當春秋時，侯王率多縮

---

① 此省略之文，乃王氏專論衍"朔"之由，因中華書局點校本已示"朔"爲
衍字，爲免文繁，故略之。

胹不任事，故食二日仄愿者十八"，今遍數上下文，劉
歆以爲二日者十六（自注：哀公十四年五月庚申朔，日
有食之，劉歆以爲三月二日齊衛分，此獲麟後事，不在
日食三十六之内，故不數也），尚缺其二，蓋一爲僖公
十二年三月二日，一爲宣公十年四月二日也。不然，則
凡言劉歆以爲者，月日皆與經文不同，若經文言三月而
歆無異辭，則但言齊衛分可矣（自注：桓公十七年十月
朔，日有食之，劉歆以爲楚鄭分，是也），何須重複經
文而言三月乎？(6) 宣公十年四月丙辰，日有食之，劉
歆以爲二月魯衛分，二月當爲二日。蓋周之四月，今二
月。是月二日，日躔去東壁而入奎。東壁，衛也，奎，
魯也，故曰魯、衛分。若作二月，則義不可通，周之二
月，今十二月，十二月二日，日躔去須女而入虛，當言
越齊分，不當言魯衛分矣。自僖公十二年三月之二日訛
爲三月，宣公十年四月之二日謑爲二月，而左氏以爲二
日之十八，遂缺其二矣。此月日之誤也。①

王氏之釋，分國名之誤與月日之誤，甚確。與勘誤表（見
表二十四）相比照，王氏以爲傳寫訛誤者六，而勘誤表爲八。
即使不計哀公十四年五月無經之傳例，仍缺昭公七年四月甲辰朔
日食分野之例。此例《漢志》載劉歆云二月魯衛分，錢大昕、

---

① 〔清〕王念孫：《讀書雜誌·漢書志·左氏春秋日食分野》，頁245 上—246
下。文中之序號 (1) (2) 等，係筆者爲醒目而加。

羅士琳皆以爲當作四月二日魯衛分。王氏未能指出，不知何故？

先從第一例説起。王氏云："昭公十五年六月丁巳朔，日有食之，劉歆以爲三月魯衛分。魯，當爲齊。周之三月，今正月。是月之朔，日躔去危而入營室，危，齊也，營室，衛也。故曰齊、衛分。若作魯，則爲奎之分野，奎爲二月之朔日躔所在，非正月之宿矣。"

王氏以爲魯衛分當作齊衛分，是。云"是月之朔，日躔去危而入營室"者，據三統術，昭公十五年入甲申統第 1117 年，積月 13803，至三月，共積 13805 月，積日 407673，小餘 47，求得合晨度 54 又 614/1539，數起牽牛初度，入室八度，王氏云"日躔去危而入營室"，是。但第三例云"日躔去婁而入胃"，不確，宜云"日躔去婁而入昴"。據三統，此年閏四月，至五月，積月共 13832，積日 408470，小餘 74，求得合晨度爲 121 又 357/1539。數起牽牛初度，入昴八度。

又如第六例。宣公十年四月丙辰日食，《五行志》載劉歆云：二月魯衛分。王氏云："二月當爲二日。蓋周之四月，今二月。是月二日，日躔去東壁而入奎。東壁，衛也，奎，魯也，故曰魯、衛分。若作二月，則義不可通，周之二月，今十二月，十二月二日，日躔去須女而入虛，當言越齊分，不當言魯衛分矣。"

此例羅士琳亦言當作四月二日魯衛分。但羅氏的依據是"子駿凡遇朔日食，皆云某月朔，此獨不云"，與王氏異。前文已指出，此例應爲二月齊越分，不應爲四月二日魯衛分。羅氏之據不足憑。至於王氏云："若作二月，則義不可通，……當言越齊分，不當言魯衛分矣。"是王氏以爲分野不誤而日期誤，若分野改爲齊越分，義即可通。

最後説第五例。此例最爲典型，因爲王氏的結論是正確的，如果不仔細辨析，可能會認爲他的論據也是正確的，其實不然。

僖公十二年三月庚午日食，《五行志》載劉歆説：三月齊衞分。王氏以爲，三月當爲二日，即二日齊衞分。其據有二：

1. "凡《春秋》日食不書朔者，劉歆皆實指其晦、朔與二日。"

王氏所舉之例共六，是，猶嫌不周全，如宣公十年四月丙辰日食，劉歆云二月魯衞分，並未實指晦、朔、二日。王氏以爲，此二月當爲二日之誤，因非《五行志》本文，故證據不足。

2. "'當春秋時，侯王率多縮朒不任事，故食二日仄慝者十八'，今遍數上下文，劉歆以爲二日者十六（自注：哀公十四年五月庚申朔，日有食之，劉歆以爲三月二日齊衞分，此獲麟後事，不在日食三十六之内，故不數也），尚缺其二，蓋一爲僖公十二年三月二日，一爲宣公十年四月二日也。"

因《五行志》兩處提到食二日者十八，王氏據此判斷僖公十二年三月及宣公十年四月的兩次日食當在二日，以合十八之數。但王氏持據可商，理由是：

其一，《五行志》云："凡《春秋》十二公，二百四十二年，日食三十六。《穀梁》以爲朔二十六，晦七，夜二，二日一。《公羊》以爲朔二十七，二日七，晦二。《左氏》以爲朔十六，二日十八，晦一，不書日者二。"此中可注意者，《春秋》日食三十六，《公》《穀》之釋皆合此數，惟《左傳》有哀公十四年五月日食例，故合《傳》當有三十七日食，所謂"《左氏》以爲朔十六，二日十八，晦一，不書日者二”，其總數正是三十七，所以，哀公十四年五月日食應計算在内。王氏以爲此例“不在日食三十六之内，故不數也”，不確。

其二，據三統術，三十七日食中，有三例的日食分野結果不確定。其中二例明顯有兩可選擇，一爲宣公十年四月丙辰日食，《五行志》載劉歆云二月魯衛分。據三統術，既可改爲二月齊越分，也可改爲四月二日魯衛分。一爲昭公七年四月甲辰朔日食，《五行志》載劉歆云二月魯衛分。據三統術，既可改爲二月齊越分，也可改爲四月二日魯衛分。此二例的選擇不同，勢必影響到統計結果。今暫懸置此二例，先釋“《左氏》以爲朔十六，二日十八，晦一，不書日者二”是如何得出的。

何謂“晦一，不書日者二”？晦一，指宣公十七年六月癸卯日食，劉歆釋云：三月晦胐魯衛分。案：莊公十八年三月日食，劉歆亦云三月晦魯衛分。晦應有二，何以此處僅云“晦一”？這是因爲，莊公十八年三月日食，屬於“不書日”之例，因經文三月的日食無干支。與此相類，是僖公十五年五月日食，經文亦無干支，同屬“不書日”之例。這是“不書日者二”所指。

除去此三例，其餘日食之期，不在朔，便在二日。若不計宣公十年、昭公七年日食二例，以三統推算，可以確定無疑的有：食在二日者共 15 例（見表二十三）。如果根據王氏之説，宣十年、昭七年的日食分野均改爲四月二日魯衛分，則結果就是：食二日者十七。欲合十八之數，還須包括桓公十七年十月日食之例，但王氏認爲此例爲食朔，非食二日，故十八之數其實無法滿足。

其三，王氏以食二日十八計，由於不數哀公十四年五月庚申日食，即使加上宣公十年、昭公七年日食二例，止十七例，還須加上昭公十七年日食，方合十八之數。然據三統術，昭十七年六月甲戌朔日食，應是五月魯趙分。今王氏以五月二日爲説，非也。

其四，王氏云："凡言劉歆以爲者，月日皆與經文不同，若經文言三月而歆無異辭，則但言齊衛分可矣，何須重複經文而言三月乎？"

案：此説含混，起例不穩。昭十七年六月甲戌朔日食，《漢志》載劉歆云"六月二日魯趙分"，是與王氏"凡言劉歆以爲者，月日皆與經文不同"不合。或有辯者，"六月二日"乃"五月"之訛。既如此，則王氏之起例，乃基於《五行志》的修正上，然則，又如何斷定僖十二年三月庚午日食，《漢志》所載劉歆説非"三月二日齊衛分"？若再以昭二十四年、三十一年之日食例爲援，又有循環論證之嫌。故王氏雖推出僖十二年三月日食爲食二日者，但所起之例並不穩當。

其五，王氏又引《五行志》云"當春秋時，侯王率多縮朒不任事，故食二日仄慝者十八"，[1] 此處復言食二日者十八，應是承前文"《左氏》以爲朔十六，二日十八"而致誤。

總之，僖公十二年三月庚午日食，王氏雖改爲二日齊衛分，結論正確，但其立論之據並不準確。他例依此類推。

由此可見，王氏文獻學之功精湛，雖不知三統演算法，却能前後檢核，竟推出僖公十二年三月庚午爲三月二日，令人由衷起敬。然文獻之精審，並不能彌補曆學之疏失。今以三統術還原其

---

① 《漢書》，頁1506。

結果，則王氏所論之得失，可謂彰彰明矣。

　　綜上所述，欲準確推斷《漢志》中的《左氏》日食數，其中三例最爲關鍵。由於此三例在曆算上有兩可選擇，在文獻上又無明顯表徵，故如何歸屬至關重要。《漢志》云"朔者十六，二日者十八"，前提是桓十七年十月日食須在二日。然而，此前提既於曆術無法驗證，又於文例頗爲不合。歷代諸家在討論此例時，皆無異詞，即俱將此例歸爲食於朔者。倘若如此，則食朔者必至於十七，而食二日決無十八之數。正因如此，筆者在考慮桓十七年十月食在朔的前提下，斟酌其中二例的兩可選擇，將宣十年四月丙辰日食歸諸食朔例，將昭七年四月甲辰日食歸諸食二日例，前者以誤差大小爲據，後者以傳文爲據，最後之數即是食朔者十八，食二日者十六，故今本《漢志》之文恐上下錯互。昔儀徵劉師培曾慨歎《左氏》日食數"雖屢經近儒校定，然果合子駿之舊文與否，固未可知也"。① 誠哉斯言！然以三統術爲基礎，結合《漢志》行文之例，諸説權衡，則食朔者十八、食二日者十六的可能性最大，此庶幾可解劉氏之惑歟？兹不揣固陋，陳説如上，謹請正於明達君子。

---

① 劉師培：《古曆管窺》，《劉申叔遺書》，上冊，江蘇古籍出版社，1997 年，頁 690 下。

第四章

鄭玄《周書》《豳風》注的殷曆背景

——兼論鄭宗《周禮》及今、古説的歸類問題

　　鄭玄，東漢末經學家，學問淵深廣博。目下有關鄭學的討論，多承皮錫瑞、周予同先生之説，以爲鄭氏兼采今、古文。兼采今、古文，在鄭氏的經注中有不少例證，如《鄘風·君子偕老》"邦之媛也"，《毛傳》釋云"美女爲媛"，《鄭箋》則云："媛者，邦人所依倚以爲援助也。"以援易媛，采自韓説。① 此類例子，清代學者如陳喬樅、馬瑞辰等多有詳論。

　　問題是，鄭氏經注中也有與今、古説俱不合者。對此，又該如何解釋呢？有的學者狃於舊習，强以今、古説歸類鄭學，反而遮蔽鄭學之旨。其實，鄭氏經注中與今、古説不合者，或有另義，並非鄭氏兼采今、古説所致。本章始於鄭氏之曆學，揭示鄭氏周初年代學的殷曆背景，辨析清代學者以今、古説歸

---

① 見〔清〕馬瑞辰撰，陳金生點校：《毛詩傳箋通釋》，中華書局，1989 年，上册，頁 20—21。

類鄭注所存在的問題，引申討論今、古二分説於鄭宗《周禮》，也有歸類不清之嫌。易言之，論鄭學，除今、古説的區分外，還應尋求鄭氏的立論依據。這對於準確理解鄭氏學，或許不無裨益。

一、從蔡邕《月令章句》用四分曆説起

《禮記・月令》的主要内容，是叙述一年十二月的物候及與王政的關係。東漢經學家在討論《月令》時，除《月令》與王政的關係外，還涉及《月令》的曆術背景。如蔡邕《月令答問》云：

> 問者曰：子説《月令》，多類《周官》《左傳》，假無《周官》《左傳》，《月令》爲無説乎？
>
> 曰：夫根柢植，則枝葉必相從也。《月令》與《周官》並爲時王政令之記，異文而同體，官名百職，皆《周官》。解《月令》甲子，沈子所謂似《春秋》也。若夫太昊、蓐收、勾芒、祝融之屬，《左傳》造義立説生名者同，是以用之。
>
> 問者曰：既用古文，於曆數乃不用三統，用“四分”何也？
>
> 曰：《月令》所用，參諸曆象，非一家之事傳之於世，求曉學者宜以當時所施行且密近者，三統已疎闊廢

弛，故不用也。

問者曰：既不用三統，以驚蟄爲孟春，春中雨水爲
二月節，皆三統法也，獨用之何？

曰：孟春，《月令》曰蟄蟲始震，在正月也。中春
始雨水，則雨水二月也。以其合，故用之。

問者曰：曆云：暑，季夏節也，而今文見於五月，
何也？

曰：今不以曆節言，據時始暑而記也。曆於大
雪、小雪，大寒、小寒，皆去十五日，然則小暑當
去大暑十五日，不得及四十五日。不以節言，據時，
暑也。①

此段文字對《月令章句》的曆術背景有清楚交待：其一，蔡邕解
《月令》用後漢四分曆，而非三統術。其二，蔡邕謂三統之精密
不如四分，解釋《月令》應用四分。其三，雖然，《月令》所記
也有與三統相合者，如驚蟄爲正月中，雨水爲二月節，對此，宜
用三統而不宜用四分。其四，三統術爲古文之學。

三統術爲古文之學，蓋因劉歆曾用三統解説《春秋》，並多
徵引《左傳》。又揣摩文中"三統已疎闊廢弛，故不用也"之
意，似三統術即太初術，此牽涉三統曆與太初曆的關係，因與論
題無直接關聯，此不論。② 從殘存的《月令章句》看，仍可窺見

①〔東漢〕蔡邕：《月令答問》，〔清〕黃奭輯：《漢學堂經解》，上冊，廣陵書
社，2004 年，頁 633 下—634 上。
② 關於太初術與三統術的關係，參第三章。

蔡邕運用曆術之大概。

　　《月令》云：“孟春之月，日在營室，昏參中，旦尾中。”蔡邕《注》云：“周天三百六十五度四分度之一，分爲十二次，日月之所躔也。地有十二分，王侯之所國也。每次三十度三十二分之十四，日至其初爲節，至其中爲中氣。自危十度至壁九度，謂之豕韋之次，立春、驚蟄居之，衛分野。”①　此釋包括周天度，二十四氣及二十八宿距度、分野説等。今參照後漢四分曆，可推《月令章句》的四分術，如下表：

表二十七　蔡邕《月令章句》四分曆術表

夏正之月	二十八宿距度	二十四氣	十二次	分野之國
孟春之月	自危十度至壁八度	立春、驚蟄	豕韋	衛
仲春之月	自壁八度至胃一度	雨水、春分	降婁	魯
季春之月	自胃一度至畢六度	清明、穀雨	大樑	趙
孟夏之月	自畢六度至井十度	立夏、小滿	實沈	晉
仲夏之月	自井十度至柳三度	芒種、夏至	鶉首	秦
季夏之月	自柳三度至張十二度	小暑、大暑	鶉火	周
孟秋之月	自張十二度至軫六度	立秋、處暑	鶉尾	楚
仲秋之月	自軫六度至亢八度	白露、秋分	壽星	鄭
季秋之月	自亢八度至尾四度	寒露、霜降	大火	宋
孟冬之月	自尾四度至斗六度	立冬、小雪	析木	燕

---

① 〔南朝梁〕劉昭《續漢書注》引，見《後漢書》，頁3080。

續　表

夏正之月	二十八宿距度	二十四氣	十二次	分野之國
仲冬之月	自斗六度至須女二度	大雪、冬至	星紀	越
季冬之月	自須女二度至危十度	小寒、大寒	玄枵	齊

表中二十四氣之宿度，明與三統不合，如立春、驚蟄，表中以爲
"自危十度至壁九度"，然三統以爲"自危十六度至奎四度"，可
知蔡邕之説合於後漢四分曆。表中雖以驚蟄爲正月中，雨水爲二
月節，取三統爲説，但三統術穀雨在清明之前，蔡邕未據三統仍
依四分，是《月令》本文與四分曆不合者，僅驚蟄爲正月中
而已。

　　《月令問答》還提到"暑見於五月"。案：《月令》仲夏之月
云："小暑至，螳蜋生，鵙始鳴，反舌無聲。"仲夏爲五月，而四
分曆小暑在季夏六月。蔡邕謂此以時言，不以節言。以時言，指
小暑在夏時；不以節言，指小暑不必在六月。後漢四分術據無中
置閏法，即中氣之月一定，節氣之月不一。《月令章句》云：
"孟春以立春爲節，驚蟄爲中。中必在其月，節不必在其月。據
孟春之驚蟄在十六日以後，立春在正月；驚蟄在十五日以前，立
春在往年十二月。"[1] 案：一年二十四氣，每氣十五日有餘，若
中氣在月十六日以後，則節氣與中氣同月；若節氣在月十五以
前，則節氣在前月，與中氣不同月。故立春既可在往年十二月，
又可在正月；小暑可在仲夏五月，也可在季夏六月。故"暑見

---

[1] 見《後漢書》，頁3074。

於五月”，是以時言，不以節言。

　　蔡邕言四分精於三統，此與《續漢書·律曆志》所載蔡氏
“曆議”合。在蔡邕的觀念中，欲解《月令》，當據曆術的精粗。

二、鄭玄注《月令》的特點

　　然學者於曆術精粗，可謂見仁見智，《續漢書》所載漢末
“曆議”，即可窺見一斑。至於解經時是否據曆術之精粗，與蔡
氏約同時的鄭玄，也與蔡氏不同。

　　觀鄭氏《月令注》日躔之論，實不能確知鄭氏用何種曆法。
《月令》云：“孟春之月，日在營室，昏參中，旦尾中”，鄭
《注》：“孟，長也。日月之行，一歲十二會。聖王因其會而分
之，以爲大數焉。觀斗所建，命其四時。此云孟春者，日月會於
諏訾，而斗建寅之辰也。凡記昏明中星者，爲人君南面而聽天
下，視時候以授民事。”[1] 此釋並無明確曆數，不能斷定何種曆
術。又鄭注“小暑至，螳蜋生，鵙始鳴，反舌無聲”云：“皆記
時候也。”[2] 也不明鄭氏用何種曆術，蓋鄭氏隨文出注，故《月
令注》的曆術背景不得而知。

　　不過，《月令注》論十二辰次直宿，約略可見鄭玄的曆術去
取，如仲冬行秋令，鄭《注》：“酉，宿直昴、畢；……子，宿

---

①《十三經注疏》，上冊，頁 1352 下。
②《十三經注疏》，上冊，頁 1369 上。

直虛、危。"① 又云："正月，宿直尾、箕；九月，宿直奎；十月，宿直營室"② 等，知鄭玄關於十二辰次直宿與三統曆、後漢四分曆不同。見下表：

表二十八　鄭氏《月令注》中的十二辰次直宿表

十二辰次	直十二月	直二十八宿
寅	正月	尾、箕
卯	二月	〔氐〕、房、心
辰	三月	角、〔亢〕
巳	四月	〔翼、軫〕
午	五月	〔柳、星、張〕
未	六月	井、鬼
申	七月	〔觜〕、參
酉	八月	〔胃〕、昴、畢
戌	九月	奎、〔婁〕
亥	十月	室、〔壁〕
子	十一月	〔女〕、虛、危
丑	十二月	〔斗、牛〕

表中括弧內的文字係筆者所加。案：鄭玄十二辰次直宿、直月據歲星右行之例，與太歲或歲陰左行之例不同。以《史記·天官

---

① 《十三經注疏》，下冊，頁 1383 中。
② 分見《十三經注疏》，上冊，頁 1357 下、1371 下、1373 中。

書》爲例：

表二十九

歲陰所在	歲星所次	夏正之月	直二十八宿
寅	丑	正月	斗、牛
卯	子	二月	女、虛、危
辰	亥	三月	室、壁
巳	戌	四月	奎、婁
午	酉	五月	胃、昴、畢
未	申	六月	觜、參
申	未	七月	井、鬼
酉	午	八月	柳、星、張
戌	巳	九月	翼、軫
亥	辰	十月	角、亢
子	卯	十一月	氐、房、心
丑	寅	十二月	尾、箕

表中的歲陰十二辰次直月、直宿與鄭表異。① 由於《史記》的曆術背景可能是殷曆，② 知鄭玄歲次右行説不依殷曆。又鄭注《月令》也不依三統，以《月令注》的十二辰次直宿與三統曆不同。

---

① 《淮南子》和《史記》的差異有二，其一，《史記》用周正，《淮南》爲夏正。其二，《史記》名曰歲陰，《淮南》名曰太陰。餘皆同，如二者在直月、直宿的分配上並無歧異。

② 説詳第二章。

雖然鄭注《月令》之律數，與《漢書·律曆志》所載劉歆律學
同，① 不同於京房“律術”，② 但律術與劉歆律學相通，不必謂
鄭注《月令》即用三統術。《淮南子·天文》也有黃鐘“律長九
寸”之説，且十二律吕生成亦據三分損一、三分益一法，然
《淮南》曆術非三統術，可爲旁證。要之，鄭注《月令》，既不
用後漢四分曆，也不用三統術，乃隨文出注。此與蔡邕主用四分
術明顯有異。

隨文出注，在鄭玄注釋《左氏》《易緯》中也有體現。

昭公三十一年《左傳》載史墨云：“入郢必以庚辰，日月在
辰尾。庚午之日，日始有謫。”鄭玄答張逸云：

> 時九月節者，以庚午在甲子篇，辛亥在甲辰篇也，

① 如《月令》中有十二月與十二律相配，仲春之月，“律中夾鐘”，鄭《注》
云：“夾鐘者，夷則之所生，三分益一，律長七寸二千一百八十七分寸之千七
十五。仲春氣至，則夾鐘之律應。《周語》曰：‘夾鐘出，四隙之細。’”（《十
三經注疏》，上册，頁 1361 上）是鄭玄之解同於劉歆。

② 《漢書·律曆志》所載劉歆律學，只涉及十二律的生成，但京房“律術”
有六十律。二者損益法其實相同。即陽律生陰吕，三分去一；陰吕生陽律，三
分益一。二者均以黃鐘九寸爲本。但《續漢志》載京房“律術”在計算律長
時並有小分强弱，即“不盈者十之，所得爲分。又不盈十之，所得爲小分。以
其餘正其强弱”（見《後漢書》，頁 3002）。鄭玄《月令注》却無小分强弱之
文。以夾鐘爲例，據劉歆律學，夷則之律長爲五寸七百二十九分寸之四百五十
一，三分去一，則夾鐘爲三寸二千一百八十七分寸之千六百三十一。因律之長
不過黃鐘九寸，律之短不少黃鐘之半，即四寸五分，而夾鐘之律長少於此數，
故須倍之，得律長爲七寸二千一百八十七分寸之千七十五。餘皆仿此。京房律
術因有小分强弱之分，故須以千七十五除以二千一百八十七分，得小數約
0.491 5，其中，4 爲分，9 爲小分，後有餘 1，爲强。故夾鐘之律長爲七寸四分
小分九强。此乃劉歆律術與京房律術之異。今鄭氏云夾鐘律長爲七寸二千一百
八十七分寸之千七十五，不及小分强弱，知鄭氏不用京房“律術”。

中有甲戌、甲申、甲午，成一月也。從庚午以下四日，

從甲辰至辛亥八日，併之十二日，通同四十二日，如

是，庚午之日當在八月十九日，故言時得九月節也。①

此釋乃以夏正代周正，既不用殷曆，亦不用三統曆、乾象曆。②《左傳》史墨云："庚午之日，日始有謫"，預言定公四年事。鄭玄之釋，似仍指昭公三十一年事，其以八月爲說，乃據夏正。魯曆十二月辛亥日食，即夏正十月辛亥日食，據此可知九月無庚午、八月有庚午。自庚午至辛亥算上，共四十二日，以夏正

---

① 《周禮·春官·占夢·疏》引，見《十三經注疏》，上册，頁807下。

② "入郢必以庚辰"，謂定公四年，經云："（十一月）庚辰，吳入郢。"據殷曆上元至"獲麟"2759886年，則可知上元至定公四年爲2759861年。算如下：（1）求入紀，2759861÷4560 = 605+1061/4560。（2）求入蔀：1061÷76 = 13+73/76。數起甲子蔀，算外13，知入辛卯蔀73年。（3）求積月：73×235÷19 = 902+17/19。由17，知閏四月。（4）求積日：902×27759÷940 = 26636+778/940。（5）求大餘：26636−60×443 = 56。數起辛卯，算外56，得天正月丁亥朔，二月丁巳朔，三月丙戌朔，四月丙辰朔，閏四月乙酉朔，五月乙卯朔，六月乙酉朔，七月甲寅朔，八月甲申朔，九月癸丑朔，十月癸未朔，十一月壬子朔，十二月壬午朔，知庚午不在八月十九日。

若據三統曆，則上元距定公四年入甲申統1137年，積月1137×235÷19 = 14062+17/19，閏餘17，知閏四月。積日14062×2392÷81 = 415263+1/81。大餘415263−60×6921 = 3。數起甲申，算外3，得此年天正月丁亥朔，二月丙辰朔，三月丙戌朔，四月乙卯朔，閏四月乙酉朔，五月甲寅朔，六月甲申朔，七月癸丑朔，八月癸未朔，九月壬子朔，十月壬午朔，十一月辛亥朔，十二月辛巳朔。庚午非八月十九日，故鄭玄也不依三統。

若據乾象曆，則上元距定公四年6667年，入外紀（甲午）187年。積月187×235÷19 = 2312+17/19。閏餘17，知閏四月。積日：2312×43026÷1457 = 68274+894/1457。大餘：68274−60×1137 = 54。數起甲午，算外54，得天正月戊子朔，二月戊午朔，三月丁亥朔，四月丁巳朔，閏四月丙戌朔，五月丙辰朔，六月乙酉朔，七月乙卯朔，八月甲申朔，九月甲寅朔，十月癸未朔，十一月癸丑朔，十二月壬午朔。庚午也非八月十九日。

十月辛亥朔逆推，則庚午正是八月十九日。與服虔據三統術釋此句相比，① 鄭玄乃據夏正立説，正隨文出注之證。

又如，《易緯乾鑿度》云：

> 即置一歲積日，法二十九日與八十一分日四十二（二，當作三），除之得一，命曰月，得積月十二與十九分月之七，一歲。以七十六乘之，得積月九百四十，積日二萬七千七百五十九，此一紀也。以二十乘之，得積歲千五百二十，積月萬八千八百，積日五十五萬五千一百八十。此一部首。更置一紀，以六十四乘之，得積日百七十七萬六千五百七十六。

① 服虔釋云："後六年，定四年十一月，閏餘十七，閏在四月後。其十一月晦晦（案：疑衍一"晦"）庚辰。吳入郢在立冬後，復此月也。十二月辛亥，日月會於龍尾而食。"（《十三經注疏》，上冊，頁 807 下）其一，定公四年入甲申統第 1138 年，積月 14062，閏餘 17，知閏四月。此年正月丁亥朔，小餘 1，十一月辛亥朔，十二月辛巳朔，則庚辰爲十一月晦。服氏所言，與三統合。其二，此年立冬爲十一月二十三日癸酉，因入郢在三十日庚辰晦，故服云"吳入郢在立冬後"。又云："復此月也"，謂庚辰之後，即至十二月辛巳朔，與昭公三十一年十二月相應，故云"復此月"。其三，傳云："入郢必以庚辰，日月在辰尾"，謂定公四年事；服云："十二月辛亥，日月會於龍尾而食"，謂昭公三十一年日食之事。二事不同時，服虔何以連在一起？今以三統術證之，無論定公四年十二月，抑昭公三十一年十二月，日月合晨皆在龍尾（算如下：求昭公三十一年十二月之合晨度。昭公三十一年距甲申統 1132 年，（1）求積月：1132×235÷19＝14001+1/19。（2）求積日：〔14001+11〕×2392÷81＝33516704÷81＝413786+38/81。（3）求合晨度：〔413786×1539+38×19−1132×562120〕÷1539＝323+439/1539。數起牽牛初度，知入尾宿十三度，即在龍尾。同理，求得定公四年十二月之積月 14074，（1）求積日：14074×2392÷81＝415617+31/81。（2）求合晨度：〔415617×1539+31×19−1137×562120〕÷1539＝327+1459/1539。入尾宿 17 度，亦在龍尾）。知服虔用三統之法。

這段文字摻雜三統曆與四分曆，明是後人竄亂，鄭玄則分別做注。

首先，鄭解三統法云：

> 置一歲積日爲實，其法必通分乃成，則實亦常通二通六三三，以千五百三十九日，計下分三百八十五，始必通，是則以十九得，乃除之，去約多餘，則一歲積月分定矣。此爲計下分門時作法耳。計下分以四十一爲中，其求一歲積月及以分，直以此記歲，除積日，月亦自得之。[1]

此段文字有訛（如張惠言《易緯略義》云，"則實亦常通二通六三三"，當作"則實亦當通。通三六五",[2] 可從），不過，文中鄭玄解三統術"一歲積月"之法有二，其一，以一歲積日，通分之，云"以十九得"者，謂十九年的積日數，即（365+385/1539）×19＝562120/81。"乃除之"，謂以此積日數除以十九月之日數，即 562120/81÷〔（29+43/81）×19〕＝12+7/19，則一歲積月 12 又 7/19。其二，以一歲之積日（365+385/1539），除以一月之積日（29+43/81），也可得積月 12 又 7/19。此即"以此記歲，除積日，月亦自得之"之義。

———————————

① 《景印文淵閣四庫全書·經部·易類》，第 53 冊，臺北商務印書館，頁 877 上。

② 〔清〕張惠言：《易緯略義》，《續修四庫全書·經部·易類》，第 40 冊，頁 548 下。

其次，鄭解四分法云：

此法三部首而一元，一元而太歲復於甲寅。①

四分術與三統的日分、朔策、歲實等皆不同，四分三部一元，積4560 年，三統一元則爲 4617 年。云"三部首爲一元，一元復於甲寅"，明是四分曆。今一段文字竟包含二種曆數，而鄭氏兩解之，是隨文出注之又一證。

隨文出注，非謂鄭氏於曆學無主見，蓋緣文獻難徵。若文獻足徵，鄭玄也主用一種曆術，如鄭玄用殷術推排周初年代是也。

三、以殷曆推排周初史實

鄭玄據殷曆推排周初年代，相關文獻如《大雅·大明·疏》引鄭玄注《尚書》云："文王受命、武王伐紂，時日皆用殷曆。"② 又《洛誥》云："王肇稱殷禮。"鄭《注》："王者未制禮樂，恒用先王之禮樂。是言伐紂以來皆用殷之禮樂，非始成王用之也。周公制禮樂，既成，不使成王即用《周禮》，仍令用殷禮者，欲待明年即取（取，蓋政之訛）告神受職，然後班行《周禮》。班訖，始得用《周禮》。故告神且用殷禮也。"③ 據此，知

---

① 《景印文淵閣四庫全書·經部·易類》，第 53 冊，頁 877 上。
② 《十三經注疏》，上冊，頁 508 中。
③ 《雒誥·疏》引，《十三經注疏》，上冊，頁 215 上。

鄭玄以爲周初沿用殷禮，曆日亦循殷曆。請看如下諸例：

1.《周易·乾鑿度》云：“今入天元二百七十五萬九千二百八十歲，昌以西伯受命，入戊午蔀二十九年。伐崇侯，作靈台，改正朔，布王號於天下，受録應河圖。”鄭《注》：“受命後五年而爲此者。”①

2.《召誥》云：“惟二月既望，……越若來三月”，鄭《注》：“二月、三月，當爲一月、二月。”②

3.《周書序》云：“惟十有一年，武王伐殷。”鄭《注》：“十有一年，本文王受命而數之，是年入戊午蔀四十歲矣。”③

以上是鄭玄用殷曆之證，但互見矛盾。依第一例推算，文王受命入天元 2759280 年，應爲戊午蔀 24 年，不當云“入戊午蔀二十九年”，注云“受命後五年而爲此者”，即是 24 年之證。第三例鄭注《書序》“十有一年”云“入戊午蔀四十歲”，則又以文王受命入戊午蔀 29 年爲算。又據第二例推算，則文王受命當入戊午蔀 29 年。換言之，鄭玄破《召誥》之二月、三月爲一月、二月，是以文王受命入戊午蔀 29 年爲算。故孔穎達謂 2759280 之數，蓋略去殘數“五”字，④ 其説可從。至於鄭注《乾鑿度》云：“受命後五年而爲此者”，則隨文出注而已。

---

① 《景印文淵閣四庫全書·經部·易類》，第 53 册，頁 877 下。
② 《大雅·文王·疏》引，《十三經注疏》，上册，頁 503 下。
③ 《文王·序·疏》引，同前注，頁 503 上。
④ 此云二百七十五萬九千二百八十歲，“八十”下略“五”字。孔穎達《文王序·疏》云：“此略其殘數，整言二百八十而不言五也。”

鄭玄破讀《召誥》二月、三月爲一月、二月，何以與戊午
蔀29年相關呢？要回答這一問題，須明確鄭氏的周初年代學。
鄭氏關於周初年代史實的敘述，散見於孔穎達《五經正義》等
著作中，後世學者曾有輯錄：

> 文王十五生武王，九十七而終。終時武王年八十三
> 矣，於文王受命爲七年。後六年伐紂，後二年有疾，疾
> 瘳後二年崩。崩時年九十三。文王崩後明年生成王，則
> 武王崩時成王年十歲。服喪三年畢，成王年十二。明年
> 將踐阼，周公欲代之攝政，群叔流言，周公辟之居東
> 都，時成王年十三也。居東二年，成王收捕周公之屬
> 黨，時成王年十四也。明年秋，大孰，遭雷風之變，時
> 周公居東三年，成王年十五，迎周公反，而居攝之元年
> 也。居攝四年，封康叔，作《康誥》。五年作《召誥》。
> 七年作《洛誥》。伐紂至此，十六年也。作《康誥》，
> 時成王年十八，故《傳》云：“天子大子十八，稱孟
> 侯。”居攝七年《洛誥》，時成王年二十一也。明年成
> 王即政，時年二十二也。①

此文自文王受命至成王即政，共 29 年，每年相對應的史實十分
明確，正是鄭玄據殷曆推算的結果。清代學者李銳曾據殷術還原

---

① 〔宋〕王應麟輯，〔清〕孔廣林增訂：《尚書鄭注》，《學津討原》第二集，
第 1 冊，清嘉慶琴川張氏照曠閣刻本，頁 5a—6a。

出鄭氏的周初年代表,① 極具卓識。今錄李表如下。

表三十　鄭玄據殷曆推排周初年代史實

入戊午 蔀年	周初史年	歲名	説　明
二十九年	文王受命 元年	戊午	是年,文王得赤雀受命,明年改元。《中候·我應》云:"季秋之月甲子(案:殷九月辛丑朔,甲子,二十四日也),赤雀銜丹書入豐,止於昌户,再拜稽首受。"
三十年	文王改元 元年	己未	
三十一年	二年	庚申	
三十二年	三年	辛酉	
三十三年	四年	壬戌	
三十四年	五年	癸亥	
三十五年	六年	甲子	
三十六年	七年	乙丑	七年,文王崩。文王年十五生武王,九十七而終,終時武王年八十三矣。
三十七年	八年	丙寅	
三十八年	九年	丁卯	
三十九年	十年	戊辰	
四十年	十一年	己巳	《書序》云:"惟十有一年,武王伐殷。"《注》云:十有一年,本文王受命而數之,是年入戊午蔀四十歲矣。是年武王類取白魚。

① 〔清〕李鋭:《召誥日名考》,《續修四庫全書·經部·書類》,第55册,頁693—695。

續　表

入戊午蔀年	周初史年	歲名	説　明
四十一年	十二年	庚午	
四十二年	十三年	辛未	《書序》云："武王克殷，以箕子歸。作《洪範》。"《洪範》曰："惟十有三祀。"《譜》云："以曆校之，文王受命十三年，辛未之歲，殷正月六日殺紂。"案：是月己未朔，六日甲子。
四十三年		壬申	
四十四年		癸酉	《金滕》："既克商二年，王有疾。"
四十五年		甲戌	
四十六年		乙亥	武王崩，時年九十三。成王年十歲。
四十七年		丙子	
四十八年		丁丑	服喪三年畢，成王年十二。
四十九年		戊寅	周公辟居東都，成王年十三。
五十年		己卯	周公居東二年，成王年十四。
五十一年	居攝元年	庚辰	成王年十五，迎周公反，居攝元年。
五十二年	二年	辛巳	
五十三年	三年	壬午	
五十四年	四年	癸未	四年，封康叔，作《康誥》，成王年十八，稱孟侯。
五十五年	五年	甲申	五年，做《召誥》。

據此表，知鄭玄論周初史實，乃依殷曆推排。考李鋭所排，是以《乾鑿度》所言積年爲算上之年，《書序》云："惟十有一年"，

鄭謂"本文王受命而數之，是年入戊午蔀四十歲"，也據算上之年。又《乾鑿度》云文王受命改正朔，鄭玄此謂周公攝政之時仍用殷禮，似有矛盾。蓋因周公攝政，雖用殷術，正朔已改，即由建丑改爲建子，言異意同。兹將攝政五年的殷術推算過程列述如下：

鄭氏謂《召誥》作於周公攝政五年，據上表，入戊午蔀55年算上，則積月：$(55-1) \times 235 \div 19 = 667 + 17/19$。閏餘17，知此年閏四月（$[19-17] \times 12 \div 7 = 3 + 3/7$。命起天正正月，算外3，閏四月）。積日：$667 \times 27759 \div 940 = 19697 + 73/940$。大餘：$19697 - 60 \times 328 = 17$。命起戊午，算外17，得天正正月乙亥朔。其後，大餘加29，小餘加499，可得各月之朔日，見下表：

表三十一　據鄭玄殷術推排周公攝政五年、
七年朔閏表（附《召誥》日名）

周公攝政五年朔閏	正月乙亥朔，二月甲辰朔，三月甲戌朔，四月癸卯朔，閏四月癸酉朔，五月壬寅朔，六月壬申朔，七月辛丑朔，八月辛未朔，九月庚子朔，十月庚午朔，十一月己亥朔，十二月己巳朔
周公攝政七年朔閏	正月癸巳朔，二月壬戌朔，三月壬辰朔，四月辛酉朔，五月辛卯朔，六月辛酉朔，七月庚寅朔，八月庚申朔，九月己丑朔，十月己未朔，十一月戊子朔，十二月戊午朔，閏十二月丁亥朔
附：《召誥》日名	二月既望，越六日乙未。 三月，丙午朏。越三日戊申。越三日庚戌。越五日甲寅。若翼日乙卯。越三日丁巳。越翼日戊午。越七日甲子。

案：表中用周正。

對照攝政五年朔閏表與《召誥》日名，可見鄭玄改動《召誥》

曆日的緣由。周公攝政殷曆二月甲辰朔，大餘 46，小餘 572，則望日爲己未，[①] 既望在庚申，閏六日算上則爲乙丑，與經文 "乙未" 不合。三月甲戌朔，則經文丙午、戊申、庚申等曆日皆不在三月。今鄭玄破爲一月、二月，則與經文曆日全合。一月乙亥朔，則望日爲己丑，既望庚寅，閏六日算上爲乙未。又，二月甲辰朔，丙午爲二月三日，其餘曆日一一皆合。由此可知，《召誥》作於周公攝政五年，若依《史記》或《世經》作於攝政七年，則曆日皆不合。故知文王受命在戊午蔀 29 年，若是 24 年，則《召誥》之作當入戊午蔀 49 年，此年正月癸酉朔，二月癸卯朔，[②] 鄭玄破二月、三月爲一月、二月，與諸曆日皆不合。要之，鄭玄所以破《召誥》之二月、三月爲一月、二月，正依殷曆文王受命入戊午蔀 29 年爲算。

鄭氏據殷曆推排周初年代，不僅《召誥注》可證，鄭《箋》亦可證。今以《豳風箋》七篇爲例，與鄭氏的周初年代學一一勘驗：

鄭箋《七月》云："管、蔡流言，辟居東都。"[③] 知《七月》作於周公始居東之時。

鄭箋《鴟鴞》："未知周公之志者，未知其欲攝之意。"[④] 此

---

① 案：二月朔大餘 46，加 14；小餘 572，加 719 又 1/2，可得望日大餘 1，命起戊午，算外 1，得望日大餘爲己未。

② 算如下：（1）求積月：49×235÷19＝606+1/19。（2）求積日：606×27759÷940＝17895+654/940。（3）求大餘：17895−60×298＝15。數起戊午，算外 15，天正正月癸酉朔。二月則癸卯朔。

③《十三經注疏》，上冊，頁 388 下。

④《十三經注疏》，頁 394 下。

云"欲攝"，明在攝政前，故亦在居東二年間。又《鴟鴞》詩
云："既取我室，無毀我子。"《鄭箋》："成王不知其意，而多罪
其屬黨。"① 據此，知《鴟鴞》作於居東二年間、成王覺悟之前。

鄭箋《伐柯》："成王既得雷雨大風之變，欲迎周公，而朝
廷群臣猶惑於管、蔡之言，不知周公之聖德，疑於王迎之禮，是
以刺之。"② 據此，則此詩所述，在成王覺悟之後。孔穎達《正
義》申鄭云，此詩刺群臣而不刺成王，宜在"雷風之後，啓金
縢之前"，③ 此說是，故後於《鴟鴞》。

又，《九罭序》與《伐柯序》同，二詩所述爲同時事，依
《毛傳》次於《伐柯》後。

鄭箋《破斧》："惡四國者，惡其流言毀周公也。"④ 四國，
謂管、蔡、商、奄。於周公攝政時叛亂。經文"周公東征，四
國是皇"，鄭《箋》："周公既反，攝政，東伐此四國，誅其君
罪，正其民人而已。"⑤ 是《破斧》東征之事，在攝政初年，後
於《伐柯》。

鄭箋《東山》云："成王既得金縢之書，親迎周公，周公
歸，攝政。三監及淮夷叛，周公乃東伐之，三年而後歸耳。分別
章意者，周公於是志伸，美而詳之。"⑥ 經文"倉庚於飛，熠耀

---

① 《十三經注疏》，頁394下。
② 《十三經注疏》，頁398下。
③ 《十三經注疏》，頁398下。
④ 《十三經注疏》，頁398中。
⑤ 《十三經注疏》，頁398中。
⑥ 《十三經注疏》，頁395下。

其羽"，鄭《箋》云："歸士始行之時，新合昏禮，今還，故極
序其情以樂之。"① 是《東山》述及東征歸還之事，故《破斧》
在前，《東山》在後。

　　鄭箋《狼跋》："不失其聖者，聞流言不惑，王不知不怨，
終立其志，成周之王功，致大平，復成王之位。又爲之大師，終
始無怨，聖德著焉。"② 知《狼跋》爲周公致政成王時，故次於
最後。

　　《豳風》七篇所述周公攝政前後之事，與鄭玄的周初年代學
若合符契，知鄭氏據殷曆推排周初年代，在相關經注中一以貫
之。如周公攝政初年，即有東征四國之事；又如周公攝政前，成
王即嗣子位，有朝廟、謀政之事。

　　鄭箋《周頌・閔予小子》云："嗣王者，謂成王也。除武王
之喪，將始即政，朝於廟也。"③ 又《周頌・訪落》云："訪予落
止，率時昭考。於乎悠哉，朕未有艾。將予就之，繼猶判渙"。
鄭《箋》："成王始即政，自以承聖父之業，懼不能遵其道德，
故於廟中與群臣謀我始即政之事。"④《周頌・敬之》云："維予
小子，不聰敬止。日就月將，學有緝熙於光明。佛時仔肩，示我
顯德行。"鄭《箋》："是時自知未能成文、武之功，周公始有居
攝之志。"⑤ 知武王崩後，成王即嗣子位，有朝廟、謀政之事，

①《十三經注疏》，頁 396 下。
②《十三經注疏》，頁 400 上。
③《十三經注疏》，上册，頁 598 上。
④《十三經注疏》，頁 598 中。
⑤《十三經注疏》，頁 599 上。

然成王年幼，不堪重任，故周公有攝政之意。《周頌》中《閔予小子》《訪落》《敬之》《小毖》諸篇，皆是成王即政而求賢之作。

總之，鄭玄之意，周初的基本史實是：武王崩、成王即嗣子位，朝廟謀政，然不堪重任，故周公有攝政之意。因管蔡流言，周公避居東都。居東三年，成王發金縢之書，迎周公反，是爲攝政之始。周公攝政初年，即東征管、蔡、商、奄四國。五年營洛，七年，周公致政成王，成王遂踐阼。這就是鄭玄關於周初史實的大致認識。

知曉鄭氏的周初史實乃據殷曆編排，即可判斷學者立論之是非。如清孫星衍《尚書今古文注疏》，引劉歆《世經》，以《召誥》《洛誥》爲周公攝政七年作，又謂成王元年正月己巳朔，與鄭玄之説大同小異，① 實誤。據鄭説，《召誥》作於攝政五年，不在七年。又據鄭氏殷曆，周公攝政五年正月乙亥朔，而三統却是丁巳朔旦冬至。② 成王元年，據鄭氏殷術爲正月丁巳朔，③ 而三統却是己巳朔，④ 二者迥異。孫氏因不明鄭氏據殷曆編排的周初年代學，故論斷有誤。下面更以清人釋

_____

① 《尚書今古文注疏》，頁 340。

② 《漢書·律曆志》，頁 1016。

③ 成王元年，入戊午蔀 57 年，積月 $57×235÷19=705$。積日：$705×27759÷940=20819+235/940$。大餘：$20819-60×346=59$。命起戊午，算外 59，得天正正月丁巳朔。

④ 據三統，成王元年，入甲申統 535 年，積月：$535×235÷19=6617+2/19$。積日：$6617×2392÷81=195405+59/81$。大餘：$195405-60×3256=45$。命起甲申，算外 45，得天正正月己巳朔。

《金縢》爲例，詳加引申。

四、《金縢》三家釋：今、古說的歸類及其問題

《周書·金縢》云：

> 武王既喪，管叔及其群弟乃流言於國，曰："公
> 將不利於孺子。"周公乃告二公曰："我之弗辟，我
> 無以告我先王。"周公居東二年，則罪人斯得。於
> 後，公乃爲詩以貽王，名之曰《鴟鴞》。王亦未敢
> 誚公。

此文論及周公東征及攝政之事，但漢代學者的解釋頗見分歧。如
"辟"字，鄭玄注云：

> 我今不辟孺子而去，我先王以謙謙爲德，我反有欲
> 位之謗，無怨於（怨於，據阮校，當作"以告"）我
> 先王，言愧無辭也。居東者，出處東國待罪，以須君之
> 察己。①

此釋"辟"爲"避"，鄭氏《豳譜》又云"避流言之難，出居

①《豳風·七月·序·疏》引，《十三經注疏》，上冊，頁388下。

東都二年"。① 案：馬融釋辟爲"辟居東都",② 是馬、鄭無異。

但許慎《説文解字》釋"辟"云："治也。《周書》曰'我之不辟'。"③ 又,《説文》釋"辟"爲"法",④ 釋"法"爲"刑",⑤ 知許氏以"法、刑"釋"辟",意謂若不法治管、蔡,則無以告先王。許説與鄭異。

對於許、鄭之分,清代學者可謂議論紛紜,今以孫星衍、陳喬樅、皮錫瑞爲例,考察三家立説之異同。

（一）孫星衍的今、古説歸類

1. 孫氏認爲,許慎《説文》與《魯世家》同,所謂"字與史公異而意同,蓋古文説也"。⑥ 考《魯世家》云："周公乃告太公望、召公奭曰：'我之所以弗辟而攝行政者,恐天下畔周,無以告我先王太王、王季、文王。'"孫星衍以爲史公的"弗辟"與許慎義同。鄭既於許異,許氏爲古文説,是鄭説與古文説不同。

2.《豳譜·疏》引《尚書大傳》云："周公居攝,一年救亂,二年克殷,三年踐奄。"《大傳》爲今文説,孫氏據此云："是歐

---

①《十三經注疏》,上册,頁387中。

②《金縢·疏》引,見《十三經注疏》,上册,頁197上。

③〔清〕段玉裁：《説文解字注》,上海古籍出版社,1988年,頁432下。案：段氏依《釋文》破"治"爲"法"。此處仍從舊本。

④〔清〕段玉裁：《説文解字注》,頁432下。

⑤〔清〕段玉裁：《説文解字注》,頁470上。

⑥《尚書今古文注疏》,頁332。

陽、夏侯等亦不以居東爲辟居也。"① 鄭以居東爲避居，故孫氏又認爲，鄭説異於今文説。

3. 王充《論衡・感類篇》云："古文家以武王崩，周公居攝，管蔡流言，王意狐疑周公，周公奔楚，故天雷雨以悟成王。"② 此處提及古文家説，但周公奔楚與鄭玄居東稍異，其餘皆與鄭説相合，故孫星衍認爲"與鄭皆合"。③ 據此，鄭説又當歸爲古文説。

4.《周頌・雝・疏》引鄭説："武王十二月崩，成王三年二月禫，周公避流言而出，明年春禘。"④ 鄭玄以周公居東在成王禫後。對此，孫星衍釋云："此説與史公説又異，蓋今文説如此。"⑤ 又以鄭氏爲今文説。

以上四點相互矛盾，故孫氏最後調和道："王氏充以爲古文者，今文亦古説也。"⑥ 故皮錫瑞譏其"不曉家法，俱倒錯亂，强詞飾説，豈不怪哉！"⑦

（二）陳喬樅的今、古説歸類

1. 陳氏《魯詩遺説考》云："孔安國從申公受《詩》爲博

---

① 《尚書今古文注疏》，頁 332。

② 黄暉：《論衡校釋》，中華書局，1990 年，第 3 册，頁 788。

③ 《尚書今古文注疏》，頁 332。

④ 《十三經注疏》，上册，頁 595 下。

⑤ 《尚書今古文注疏》，頁 332。

⑥ 《尚書今古文注疏》，頁 332。

⑦ 〔清〕皮錫瑞撰，盛冬鈴、陳抗點校：《今文尚書考證》，中華書局，1989 年，頁 298。皮氏並論云："孫星衍拘於班固謂遷書載《金縢》多古文説，乃以毛公與史公同者爲古文説，鄭以周公居東在成王禫後與史公異者爲今文説，而無以處《論衡》明言古文家。"

士，至臨淮太守，見《史記・儒林傳》。太史公嘗從孔安國問業，所習當爲魯《詩》。觀其傳儒林，首列申公，叙申公弟子，首數孔安國，此太史公尊其師傳，故特先之。"① 據此，則《魯世家》述周公攝政之事當爲今文説，此與孫星衍不同。

2. 陳氏論鄭玄釋"辟"云："鄭君讀辟爲避，與《史記》同，皆據今文《尚書》，而其説又各不同者，蓋或從歐陽説，或從大小夏侯説。"② 案：史公讀"辟"爲"避"，是否今文家説，猶不能定，因爲《論衡・感類篇》所列"古文家説"，正釋"辟"爲"避"。

3. 鄭玄以營雒爲居攝五年事，與伏生《尚書大傳》合，與《魯世家》言七年作《召誥》異，陳氏以爲"所傳聞異詞"，③ 並云劉歆三統術以《召誥》《雒誥》爲一年内事，與《史記》同。令劉歆三統術爲古文説，則陳氏謂《史記》爲今文説，即有可商。若《大傳》五年作《召誥》爲今文説，則《史記》七年作《召誥》是古文説，且劉歆《世經》亦謂七年作《召誥》。既區分今、古説，不宜以"所傳聞異詞"爲遁詞。

4. 鄭注《周禮》引《召誥》，陳氏以爲今文説。考賈公彦《序周禮廢興》，鄭衆學《周禮》於杜子春，杜氏從學於劉歆。且鄭興亦從劉歆問學，故知先鄭之《周禮》學爲古文説。陳氏以鄭玄注《周禮》異於先鄭，故云"引《誥》據

---

① 〔清〕陳壽祺、〔清〕陳喬樅：《三家詩遺説考・魯詩遺説考》，《續修四庫全書・經部・詩類》，第 76 册，頁 43 上。
② 《今文尚書經説考》，《續修四庫全書・經部・書類》，第 49 册，頁 496 下。
③ 《今文尚書經説考》，頁 538 下。

今文《尚書》也",① 乃以家法傳授立説。

　　陳喬樅主據師家法傳授。昔葉德輝論陳氏之失云："言三家者，僅據其傳授推之，不知兩漢經師惟列傳儒林者，其學皆有家傳，自餘諸人，早晚皆有出入，如班氏學出齊師，而《白虎通》又雜採三家之説，《漢志》又云'魯最近之'，則其學無專師略可考見。"② 此説可謂有識。史公雖學《詩》於申公，然其學不專一家，於周初史實，或別據譜牒等。這些文獻記載，是否可歸爲今、古説，尚待求證。

（三）皮錫瑞的今、古説歸類及其問題

　　皮錫瑞於孫、陳二家之説，時見不同。在《今文尚書考證》中，皮氏提到：

　　1. 史公雖讀"辟"爲"避"，然不以爲避居東都，故陳喬樅之説非。③

　　2.《魯世家》云："管、蔡、武庚等果率淮夷而反。周公乃奉成王命，興師東伐，作《大誥》。遂誅管叔，殺武庚，放蔡叔。收殷餘民，以封康叔於衛，封微子於宋，以奉殷祀，寧淮夷東土，二年而畢定。"伏生《書大傳》云："周公攝政，一年救

---

① 《今文尚書經説考》云："案鄭君此注引《誥》據今文《尚書》也。何以明之？《周官》曰'惟王建國，辨方正位'，鄭司農釋正位爲正君臣之位。鄭君據《召誥》營雒及攻位位成事，以破其説，所引必博士肄習之本，使人易曉也。"（頁539下）

② 〔清〕葉德輝：《阮氏三家詩補遺叙》，〔清〕阮元：《三家詩補遺》，《續修四庫全書·經部·詩類》，第76冊，頁1下。

③ 《今文尚書考證》，頁297。

亂，二年克殷。"皮氏並引二説，以爲"史公之説與伏生合，皆以爲居東二年即是東征"。① 皮氏又引《毛傳》《論衡·恢國篇》爲證，謂"今文説以居東即是東征之證"，② 故孫星衍之説非。

3. 皮氏試圖調停《大傳》與《史記》之異，其論曰："以經考之，當以《史記》與劉歆之説爲合，然《大傳》之説亦自不誤。《大傳》云：'四年建侯衛，五年營成周。'封康叔在四年，而《康誥》篇首已云'周公初基，作新大邑於東國洛'者，蓋三監既平，遷邶、鄘之民於洛邑，以殷餘民封康叔於衛，皆一時之事。故建侯衛、營成周於四五年連言之。……公於四五年定其謀，七年乃成其事而作《召誥》《洛誥》。營雒大事，非一時所能辦。《大傳》言其始，《史記》要其終，兩説可互相明，本無違異。"③ 皮氏之意，《論衡·感類篇》周公奔楚之文，乃鄭玄説所本，"然西漢今文家無此説，西漢古文家如《毛傳》，亦無此説"。④ 言外之意，似指鄭説乃古文別説。

案：皮氏以《感類篇》爲鄭説所本，恐非的當。據《感類篇》，流言在周公攝政之後；鄭玄則以爲流言在攝政之前。居東、攝政孰先孰後，在鄭氏的周初年代編排中極爲明確，不容異説，皮氏試圖調停《大傳》與《史記》，僅是推測之辭。且五年營洛，於鄭説極爲明確，決非七年。

以上三家釋《金縢》，論及鄭説，終不脱今、古説區分的論

---

① 《今文尚書考證》，頁297。
② 《今文尚書考證》，頁298。
③ 《今文尚書考證》，頁333—334。
④ 《今文尚書考證》，頁298。

述框架。三家皆以今、古釋鄭説，却不能揭示其主旨，根本原因在於，鄭氏關於周初史實的論述，乃據殷曆推排，非當時師家法中的今、古説。①

鄭氏《金縢注》及《周書注》與今、古説不合者，歸納如下：

其一，鄭玄以爲《召誥》作於周公居攝五年，伏生《大傳》云："五年營成周。"②《召誥》正是五年營成周之事，是鄭説合於《大傳》；而《周本紀》《魯世家》，劉歆《世經》皆以爲《召誥》作於攝政七年，是鄭説與史公、劉歆不合。

其二，《大傳》云："使管叔蔡叔監禄父。武王死，成王幼，周公盛養成王，使召公奭爲傅，周公身居位，聽天下爲政。"③ 此 "居位，聽天下爲政"，即居攝義。審繹文意，《大傳》以爲武王崩，周公即攝政，此與鄭玄的居東二年説不合。又《大傳》云："成王幼在繈褓。"④ 亦與鄭説成王十歲異。《大傳》云："周公攝政，一年救亂，二年克殷，三年踐奄。四年建侯衛，五年營成周，六年制禮作樂，七年致政成王。"⑤ 此云三

---

① 清代其他學者在討論《尚書》時，也有論及鄭説者，如王鳴盛、段玉裁等，不以今、古説歸類。或關注今、古師説，但只是簡單歸類，如臧琳《經義雜記》有 "《金縢》古今文説" 條，僅據《論衡·感類篇》立論（見《續修四庫全書·經部·群經總義類》，第 172 册，頁 145 上—146 下）。或主據今、古文字，並未詳論義例之異。如莊述祖《尚書今古文考證》，劉逢禄《尚書今古文集解》。故本文僅以三家爲例。

② 〔清〕皮錫瑞：《尚書大傳疏證》，《續修四庫全書·經部·書類》，第 55 册，頁 769 上。

③ 〔清〕皮錫瑞：《尚書大傳疏證》，頁 761 上。

④ 〔清〕皮錫瑞：《尚書大傳疏證》，頁 762 上。

⑤ 〔清〕皮錫瑞：《尚書大傳疏證》，頁 769 上。

年踐奄，鄭《箋》則謂踐奄在攝政初年，又不合。

其三，許慎《五經異義》載古《尚書》説云："武王崩，時成王年十三，後一年管蔡作亂，周公東辟之，王與大夫盡弁以啟金滕之書，時成王年十四。"①鄭玄則謂武王崩，成王十歲；周公東征管、蔡，時成王年十五。且此"辟"爲"法、治"義，非鄭之"避"義，知鄭釋與古《尚書》説皆不合。

總之，今、古説分類不能揭示鄭氏立論之要。相反，據殷曆推排周初年代，卻可爲鄭説提供充分的解釋依據。鄭氏所以異於《五經異義》中的"古《尚書》説"，是因爲"武王崩，成王年十三"之説，與武王崩成王年十歲不合。鄭氏之所以從《大傳》攝政五年作《召誥》，並破二月、三月爲一月、二月，是因此方合殷曆推算。鄭氏之所以不從《大傳》《史記》等以爲武王崩周公即攝政，是因爲其間少周公居東二年。鄭玄據殷曆推排周初年代，是其《周書》《豳風》注的立論基礎，故鄭説既有合於今文説者，也有合於古文説者；既有與今文説不合者，亦有與古文説不合者。孫、陳、皮三家以今、古説歸類，故論斷有偏差。

根據鄭玄的周初年代學，還有助於理解王肅與鄭玄的歧異，如王肅注《金滕》云：

> 文王十五而生武王，九十七而終，時受命九年，武王八十三矣。十三年伐紂，明年有疾，時年八十八矣。九十三而崩，以冬十二月。其明年稱元年。周公攝政，

①《公羊傳・隱公元年・疏》引，見《十三經注疏》，下册，頁2197上。

遭流言，作《大誥》，而東征二年，克殷，殺管蔡，三
年而歸，制禮作樂，出入四年，至六年而成。七年營洛
邑，作《康誥》《召誥》《洛誥》，致政成王。然則文
王崩之年，成王巳三歲。武王八十而後有成王，武王崩
時，成王巳十三。周公攝政七年，致政，成王年
二十。①

據此知王肅編排周初年代：其一，武王崩後，周公即攝政。其
二，武王崩，成王年十三。其三，文王崩，成王年三歲。其四，
攝政七年作《康誥》《召誥》《洛誥》，等等，皆與鄭異。

　　王、鄭之分也不全是今、古說的對立。王肅之說雖與許慎
《五經異義》中的"古《尚書》說"合，却不可因此將鄭注歸
爲今文說，因爲鄭說與《大傳》也有明顯不同。易言之，不可
據王說之"古"反推鄭說之"今"，也不可據王說之"今"反
推鄭說之"古"。王、鄭之分，有時可能逸出今、古說的分歧
之外。②

　　然而，以今、古之分論鄭學，却影響頗大。如皮錫瑞《經
學歷史》云："鄭注諸經，兼采今文古文，……注《尚書》用古
文，而多異馬融；或馬從今而鄭從古，或馬從古而鄭從今。是鄭
注《書》兼采今古文也。箋《詩》以毛爲主，而間易毛字。自

---

① 《幽譜·疏》引，見《十三經注疏》，上册，頁388中。
② 關於今、古反推的例證，如皮錫瑞云："（王肅）或以今文說駁鄭之古文，
或以古文說駁鄭之今文。"見〔清〕皮錫瑞撰，周予同注：《經學歷史》，中華
書局，1959年，頁155。

云：‘若有不同，便下己意。’所謂己意，實本三家。是鄭箋《詩》兼采今古文也。注《儀禮》並存今古文；從今文則注內疊出古文，從古文則注內疊出今文。是鄭注《儀禮》兼采今古文也。”[1] 皮氏此論似專指文字言，然今、古之分，在皮著《今文尚書考證》中，不但文字，還有釋義。同樣，二十世紀五六十年代，周予同先生在復旦大學講授“中國經學史”時，曾以“通學”概括鄭學特點，其對“通學”的理解，仍以今、古之分立論。[2]

今、古説之分既不能盡包鄭氏論周初史實，若鄭氏論周代禮制，可否據今、古説歸類？提出這一問題，是因爲鄭氏釋周代禮制，尊宗《周禮》。由於《周禮》是古學，且《公羊》家何休謂《周禮》乃“六國陰謀之書”，[3] 故以今、古之分論鄭宗《周禮》，似無疑義。下文對此試作討論。

五、引申討論：鄭宗《周禮》試析

要回答上述問題，首先須對鄭氏尊宗《周禮》的特點有所瞭解。賈公彥《序周禮廢興》云：“鄭玄遍覽群經，知《周禮》

---

[1]《經學歷史》，頁142。

[2] 如周先生論鄭學云：“鄭玄是從古文學發展而來的通學派，以古文學爲主，雜以今文學，企圖統一經義，但他却把經義混淆了。”見周予同：《中國經學史講義》《中篇·鄭玄的通學》，收入朱維錚先生編：《周予同經學史論著選集》增訂本，上海人民出版社，1996年，頁886。

[3]〔唐〕賈公彥：《序周禮廢興》，《十三經注疏》，上册，頁636。

者，乃周公致太平之跡，故能答林碩之論難，使《周禮》義得
條通。"① 又鄭玄《駁五經異義》云："《周禮》是周公之制；
《王制》是孔子之後大賢所記先王之事。"② 鄭答臨碩難云："孟
子當赧王之際，《王制》之作，復在其後。"③ 答趙商問《玉藻》
與《周禮》之異云："《禮記》，後人所集，據時而言，或諸侯同
天子，或天子與諸侯等。所施不同，故鄭據（阮校：鄭據，當作
"難據"）。《王制》之法，與周異者多，當以經爲正。"④ 此處
"經"，謂《周禮》，《禮記》則爲"記"，周代禮制當從《周
禮》，不宜從《禮記》。總之，鄭氏尊宗《周禮》並無疑義。

（一）鄭宗《周禮》具體表徵之一

在禮制斷代上，鄭以《周禮》爲周代禮制，異於《周禮》
者多歸爲夏殷禮。如：

> 《禮記·曲禮》云："天子建天官，先六大，曰大
> 宰、大宗、大史、大祝、大士、大卜，典司六典。"鄭
> 《注》："此蓋殷時祭也。周則大宰爲天官，大宗曰宗
> 伯，宗伯爲春官，大史以下屬焉。"
>
> "天子之五官，曰司徒、司馬、司空、司士、司

---

① 〔唐〕賈公彥：《序周禮廢興》，《十三經注疏》，上册，頁 636。
② 〔清〕陳壽祺：《五經異義疏證》，《續修四庫全書·經部·群經總義類》，
第 171 册，頁 6 上。
③ 《禮記·王制·疏》引，《十三經注疏》，上册，頁 1321 下。
④ 《十三經注疏》，下册，頁 1474 上。

寇，典司五眾。"鄭注云："此亦殷時祭也，周則司士屬
司馬。大宰、司徒、宗伯、司馬、司寇、司空爲
六官。"

　　"天子之六府，曰司土、司木、司水、司草、司
器、司貨，典司六職。"鄭注："此亦殷時祭也，周則皆
屬司徒。司土，土均也。司木，山虞也。司水，川衡
也。司草，稻人也。司器，角人也。司貨，卝人也。"①

以上《禮記》所載官制，皆與《周禮》不同。據《周禮》，天
官冢宰，地官司徒，春官宗伯，夏官司馬，秋官司寇，缺冬官。
鄭玄認爲，冬官即司空。然《曲禮》天官有六，即"大宰、大
宗、大史、大祝、大士、大卜"，與《周禮》異，故鄭氏繫諸殷
制。同樣，天子五官、六府之説，《曲禮》也與《周禮》不同，
均繫諸殷制。

　　禮制斷代在鄭玄的《王制注》中有較多例證，知鄭氏論周
代禮制，是以《周禮》爲準。若與《周禮》不合者，多被歸爲
夏、殷制。②

────────────

① 《十三經注疏》，上册，頁 1261 中。
② 《禮記·王制》："凡四海之内九州，州方千里。州建百里之國三十，七十里
之國六十，五十里之國百有二十，凡二百一十國。名山大澤不以封，其餘以爲
附庸間田。八州，州二百一十國。"鄭《注》："此大界方三千里，三三而九，
方千里者九也。其一爲縣内，餘八各立一州，此殷制也。周公制禮：九州大界
方七千里，七七四十九，方千里者四十有九也。其一爲畿内，餘四十八，八州
各有方千里者六。設法一州，封地方五百里者不過四，謂之大國。又封方四百
里者不過六，又封方三百里者不過十一，謂之次國。又封方二百里者不過二十
五，及餘方百里者，謂之小國。盈上四等之數，並四十六，一州二百一十國，
則餘方百里者百六十四也。凡處地方千里者五，方百里者五十九，其（轉下頁）

(二) 鄭宗《周禮》具體表徵之二

鄭以《周禮》爲周代禮制，與《周禮》異者，若非夏殷禮，則是時王變禮。如：

> 《禮記・王制》云："諸侯之於天子也，比年一小聘，三年一大聘，五年一朝。"
>
> 鄭注："比年，每歲也。小聘使大夫，大聘使卿，朝則君自行。然此大聘與朝，晉文霸時所制也。虞夏之制，諸侯歲朝。周之制，侯、甸、男、采、衛、要服六者，各以其服數來朝。"①

鄭謂諸侯五年一朝爲春秋晉文之制。虞夏之制，則是諸侯歲朝。周制是以服數來朝。虞夏、周、春秋之朝聘年限各異，鄭據《周禮》爲斷。

案：《周禮・春官・大行人》云："侯服歲壹見；甸服二歲壹見；男服三歲壹見；采服四歲壹見；衛服五歲壹見；要服六歲壹

（接上頁）　餘方百里者四十一，附庸地也。"案：此云"周公制禮，九州大界方七千里"者，與《周禮注》同。《周禮・大行人》云：邦畿方千里，其外方五百里，謂之侯服、甸服、男服、采服、衛服、要服。鄭《注》："此六服去王城三千五百里，相距方七千里。"正是"九州大界方七千里"之義，知鄭玄以大界方七千里爲周代封域之制。但《王制》云"海内九州，州方千里"，據此可推"大界三千里"，與周之大界七千里不同，故孔穎達《疏》云："以夏時萬國，則地餘三千里，周又中國方七千里，今大界三千，非夏非周，故云殷制也"。此例鄭玄亦以《周禮》爲據。

① 《十三經注疏》，上冊，頁 1327 下。

見；是六者各以其服數來朝。”此爲鄭氏“周制，則諸侯以服數來朝”所本。鄭云晉文公制五年一朝之禮，是據《左傳》爲説，昭公三年傳引子太叔曰：“昔文襄之霸也，其務不煩諸侯，令諸侯三歲而聘，五歲而朝，有事而會，不協而盟。”至於“虞夏之制，諸侯歲朝”，可見《尚書·堯典》：“五載一巡守，群后四朝。”

此處鄭氏以《左傳》爲據，言比年小聘，三年大聘，五年朝爲晉文霸時所制。然據許慎《五經異義》：“《公羊》説：諸侯比年一小聘，三年一大聘，五年一朝天子。《左氏》説：十二年之間，八聘、四朝、再會、一盟。謹案：《公羊》説，虞夏制。《左氏》説，周禮。《傳》曰：三代不同物。明古今異説。”① 是許慎説周制朝聘與鄭氏異。《左傳》昭公十三年云：“歲聘以志業，間朝以講禮，再朝而會以示威，再會而盟以顯昭明。”是許慎“八聘、四朝、再會、一盟”所本。

許、鄭之分，緣於二人解《左傳》之殊。鄭玄以昭公三年之説爲據，不從昭十三年之説；相反，許慎以後者爲據，不從昭三年的文襄之制説。鄭氏所以取昭公三年爲説，因其合乎《周禮》，而昭十三年之説與《周禮》背。

（三）鄭宗《周禮》具體表徵之三

若《周禮》前後不一，鄭玄亦兩解不定，如：

《書大傳·多士篇》云：“古者百里之國，三十里

---

① 〔清〕陳壽祺：《五經異義疏證》，頁88上。

之遂，二十里之郊，九里之城，三里之宮。七十里之
國，二十里之遂，九里之郊，三里之城，一里之宮。五
十里之國，九里之遂，三里之郊，一里之城，以城爲
宮。遂、郊之門，執禁，以譏異服，識異言。"

　　鄭《注》："玄或疑焉。《周禮·匠人》'營國方九
里'，謂天子城也。今大國九里，則與天子同。《春秋
傳》曰：'中五之一，小九之一。'以此推說，小國大
都之城方百步，中都之城六十步，小都之城三十二步，
三分之一，非也。然則大國七里之城，次國五里之城，
小國三里之城焉，爲近可也。或者天子實十二里之城，
諸侯大國九里，次國七里，小國五里。"①

此釋城制。鄭氏所惑者，緣《周禮》述大國之城制前後牴牾。
《匠人》"營國方九里"，謂天子之城。據此，則公宜七里，侯伯
五里，子男三里。但《周禮·春官·典命》所記，又與此異：
"上公九命爲伯，其國家、宮室、車旗、衣服、禮儀皆以九爲
節。侯伯七命，其國家、宮室、車旗、衣服、禮儀皆以七爲節。
子男五命，其國家、宮室、車旗、衣服、禮儀皆以五爲節。"鄭
《注》："上公謂王之三公有德者，加命爲二伯。二王之後亦爲上
公。國家，國之所居，謂城方也。公之城蓋方九里，宮方九百
步。侯伯之城，蓋方七里，宮方七百步。子男之城，蓋方五里，

---

① 〔清〕皮錫瑞：《尚書大傳疏證》，頁 770 下。

宮方五百步。"① 上公以九爲節，其城九里，與《匠人》異。又《大雅·文王有聲》曰："築城伊淢。"鄭《箋》："方十里曰城。淢，其溝也。……文王受命而猶不自足，築豐邑之城，大小適與城偶，大於諸侯，小於天子之制。"② 此處鄭又以爲天子城十二里。據賈公彦《疏》："隱公元年祭仲云：都城不過百雉。雉長三丈，百雉五百步，大都三之一，則鄭是伯爵，城有千五百步，爲五里。是公七里，侯伯五里，子男三里矣。此賈、服、杜君等義與鄭玄一解也。"③ 此又是侯伯五里之説。可見，天子之城十二里，抑或九里，鄭玄兩解不定，究其因，《周禮》所記載前後不一，鄭氏亦疑不能定。

（四）鄭宗《周禮》具體表徵之四

鄭氏或據他經以斷周代禮制，實與《周禮》無異。如：

《禮記·王制》云："天子、諸侯宗廟之祭：春曰礿，夏曰禘，秋曰嘗，冬曰烝。"

鄭注："此蓋夏殷之祭名。周則改之：春曰祠，夏曰礿，以禘爲殷祭。《詩·小雅》曰：'礿祠烝嘗，於公先王。'此周四時祭宗廟之名。"④

①《十三經注疏》，上册，頁 780 中。
②《十三經注疏》，頁 526 中。
③《十三經注疏》，頁 780 下。
④《十三經注疏》，頁 1335 下。

夏殷之四時祭分別是春礿、夏禘、秋嘗、冬烝，周代四時祭則是春祠、夏礿、秋嘗、冬烝。鄭引《毛詩・小雅》，謂《天保》之篇，而《天保》之文正與《周禮》合，《春官・大宗伯》云"以祠春享先王，以禘夏享先王，以嘗秋享先王，以烝冬享先王"，也是春祠、夏礿、秋嘗、冬烝，合於《天保》。四時祭中既無夏禘，而《王制》所載四時祭有夏禘，故鄭玄釋爲夏、殷制。

（五）鄭宗《周禮》具體表徵之五

若《周禮》與他經不同，且後者也是可信文獻，鄭玄試圖融合異說。如：

> 臨碩質難《周禮》之軍制云，《詩》有"六師"，無"六軍"，與《周禮》不合。
>
> 鄭答云："軍者，兵之大名，軍禮重言軍，爲其大悉。故《春秋》之兵，雖有累萬之衆，皆稱師。《詩》云'六師'，即六軍也。然軍、旅、卒、兩皆衆名，獨舉師者，故《易・師・彖》云：'師貞，丈人吉，無咎。'軍二千五百人爲師，丈之言長也，以法度爲人之長，故吉，無咎。謂天子諸侯而主軍，軍將皆命卿，天子六軍，兵衆之名移矣。正言師者，出兵而多以軍爲名，次以師名，少旅爲名。言衆（據阮校，衆，當作師），舉中言之也。"①

---

① 《周禮・夏官・序官・疏》引，《十三經注疏》，上册，頁830中—下。

案：《周禮·夏官·序官》云："凡制軍，萬有二千五百人爲軍。王六軍，大國三軍，次國二軍，小國一軍，軍將皆命卿。二千有五百人爲師，師帥皆中大夫。五百人爲旅，旅帥皆下大夫。百人爲卒，卒長皆上士。二十五人爲兩，兩司馬皆中士。五人爲伍，伍皆有長。"此即"六軍"之説。《夏官》制軍之衆，多寡不同，軍、師有異。而《大雅·文王》"周王於邁，六師及之"，稱六師而不稱六軍。又《大雅·常武》云"王命卿士，……整我六師"，也是"六師"説。故臨碩疑《周禮》之軍制，以爲有六師而無六軍。對此，鄭答如上。鄭氏之意，軍禮之言軍，其名重，雖有兵衆之義，又有另義，如天子諸侯主軍、軍將皆命卿等。欲言兵之衆，軍、師、旅、卒、兩皆可，爲何不言軍、旅而獨取師呢？對此，皮錫瑞釋云："師以大名，不言軍，爲其大悉；不言旅，爲其中，故以師表名，見其得中，以兼上下。"① 皮氏所以但釋軍、師、旅，不及卒、兩，因爲行軍之數，多以千、百計，少以十、五計，故略卒、兩。獨言師，因其可兼軍、旅上下，故經文"六師"，即含六軍之義。又，鄭注《夏官·序官》："鄭司農云：'王六軍，大國三軍，次國二軍，小國一軍。故《春秋傳》有大國、次國、小國。'又曰：'成國不過半天子之軍，周爲六軍，諸侯之大者三軍可也。《詩·大雅·常武》曰：赫赫明明，王命卿士，南仲大祖，大師皇父。整我六師，以修我戎。既儆既戒，惠此南

---

① 〔清〕皮錫瑞：《答臨孝存周禮難疏證》，見《鄭志疏證》附錄，《續修四庫全書·經部·群經總義類》，第 171 册，頁 379 下。

國。《大雅·文王》曰：周王於邁，六師及之。'此周爲六軍之
見於經也。"① 六軍即六師，鄭氏不疑《毛詩》，故特釋王師何
以獨稱"師"，以示與《周禮》"六軍"不悖。

（六）鄭宗《周禮》具體表徵之六

鄭氏據《周禮》改動經、傳文字。如：

> 《邶風·綠衣·序》："《綠衣》，衛莊姜傷己也。妾
> 上僭，夫人失位而作是詩也。"
> 　鄭箋："綠，當爲褖。故作褖，轉作綠，字之
> 誤也。"②

《綠衣》首二句云："綠兮衣兮，綠衣黃裏。"《毛傳》："綠，間
色；黃，正色。"《鄭箋》："褖兮衣兮者，言褖衣自有禮制也。
諸侯夫人祭服之下，鞠衣爲上，展衣次之，褖衣次之。次之者，
衆妾亦以貴賤之等服之。鞠衣黃，展衣白，褖衣黑，皆以素紗爲
裏。今褖衣反以黃爲裏，非其禮制也。故以喻妾上僭。"③ 《毛
傳》讀"綠"如字，鄭玄則破"綠"爲"褖"，即據《周禮》
"六服"。《天官》："内司服掌王后之六服，褘衣，揄狄，闕狄，
鞠衣，展衣，緣衣：素沙。"鄭《注》："此緣衣者，實作褖衣

---

① 《十三經注疏》，上册，頁 830 上一中。案："周王於邁，六師及之"，乃
《大雅·棫樸》文，言《文王》者，泛指《文王之什》篇。
② 《十三經注疏》，上册，頁 297 中。
③ 《十三經注疏》，頁 297 中。

也。……褖衣黑"，① 與《箋》同。六服中並無綠衣，而有褖衣，如《疏》云："詩者詠歌，宜因其所有之服而言，不宜舉實無之綠衣以爲喻，故知當作褖衣也"，② 故鄭據《周禮》而破經文。又如《唐風・揚之水》"素衣朱襮"，《毛傳》云："襮，領也。諸侯繡黼丹朱中衣。"鄭《箋》："繡，當爲綃，綃黼丹朱中衣，中衣以綃黼爲領，丹朱爲純也。"③ 鄭破傳之繡爲綃，孔《疏》："案《考工記》云：'白與黑謂之黼，五色備謂之繡。'若五色聚居，則白黑共爲繡文，不得別爲黼稱。繡、黼不得同處，明知非繡字也，故破繡爲綃。"④ 綃爲繒名，綃黼，謂在綃上刺黼文。《揚之水》下句有"素衣朱繡"，鄭注《郊特牲》引《詩》云"素衣朱綃"，⑤ 也是破繡爲綃，知其改動經、傳之字皆據《周禮》。所以，皮錫瑞論云："箋《詩》以毛爲主，而間易毛字。自云'若有不同，便下己意'，所謂己意，實本三家。"⑥ 不確。

以上是鄭宗《周禮》的具體表徵。不難看出，《左傳》周代朝聘年限說與《周禮》不合，鄭氏棄而不用；合於《周禮》者，則用之。同理，鄭不從《毛詩》"綠衣"之說，破綠爲褖，因與《周禮》不合；而在宗廟四時祭上，鄭又以《小雅・天保》爲

---

① 《十三經注疏》，頁 691 上。

② 《十三經注疏》，頁 297 中。案清代學者陳喬樅認爲，綠，或是"緣"之誤。緣爲古文，褖爲今文，因緣而誤作綠。見《毛詩鄭箋改字說》，《續修四庫全書・經部・詩類》，第 72 册，頁 525 下。

③ 《十三經注疏》，上册，頁 362 中。

④ 《十三經注疏》，頁 362 下。

⑤ 《十三經注疏》，下册，頁 1448 上。

⑥ 《經學歷史》，頁 142。

證，因與《周禮》合。其餘諸例，如《王制》之異、臨碩之難等，皆可見鄭氏以《周禮》爲準。正因鄭氏以《周禮》爲周公致太平之書，故凡與《周禮》相異者，無論今、古説，皆不用；凡與《周禮》相通者，無論今、古説，皆用之。此與鄭注《周書》《豳風》類似：凡與殷曆推算不合者，不論今、古説，皆不用；凡與殷曆推算相合者，不論今、古説，皆用之。由此可見，鄭宗《周禮》，是因爲此書乃周公致太平之作，並不因爲此書屬古文之學。或有疑者，劉歆也謂《周禮》乃周公致太平之書，[1] 鄭玄同，不就是古文説之證？然鄭氏《周禮注》引杜子春、先鄭父子之説，並時有駁正，而子春與先鄭皆從學於劉歆，知鄭氏與其他古文家多有不合，是否古文説，未可斷言。或有辯者，鄭氏雖與子春、先鄭不合，亦可歸爲古文別説，然鄭氏《周禮注》時用今文説。或更有駁者，鄭氏《周禮注》與今文説相通，不正是兼采今、古説之證？但實情却是，鄭氏《周禮注》中雖引今文説，然其中與今文説相違者時見，甚至皆非今、古説者。此種歸類上的不周全，正顯示今、古之分的討論框架，不能盡包鄭學之要。下面更以鄭氏説禘祫禮爲例，詳加引申。

六、禘祫年限：鄭氏《周禮注》中的非古文説

《周禮・大宗伯》云："以肆獻祼享先王，以饋食享先王。

---

[1]〔唐〕賈公彦：《序周禮廢興》，《十三經注疏》，上册，頁636。

以祠春享先王，以禴夏享先王，以嘗秋享先王，以烝冬享先王。"鄭《注》："宗廟之祭，有此六享。肆獻祼、饋食在四時之上，則是祫也、禘也。"① 以祫、禘釋肆獻祼、饋食禮，在四時祭之上，即殷祭。②

　　文獻所記禘祫，多見於《春秋》經傳等。如僖公八年經"秋七月，禘于大廟"，文公二年經"八月丁卯，大事于大廟，躋僖公"，《公羊傳》云："大事者何？大祫也。"是禘祫爲殷祭之證。《周頌·雝·序》云"雝，禘大祖也"，又毛傳《閟宮》云"諸侯夏禘則不礿，秋祫則不嘗，唯天子兼之"，③《春秋》經傳、《毛傳》非周初之書，鄭以禘祫爲殷祭而非四時祭，乃隱括諸經而得，其《魯禮禘祫志》，詳述依《春秋》經傳而推禘祫禮

---

① 《十三經注疏》，上冊，頁758下。

② 宗廟祭之禘，與郊祭之禘，其義有異。《禮記·喪服小記》："王者禘其祖之所自出，以其祖配之。"鄭《注》："禘，大祭也。始祖感天神靈而生，祭天，則以祖配之。"又，《禮記·大傳》云："禮：不王不禘，王者禘其祖之所自出，以其祖配之。"鄭《注》："凡大祭曰禘。自，由也。大祭其先祖所由生，謂郊祀天也。王者之先祖，皆感大微五帝之精以生，蒼則靈威仰，赤則赤熛怒，黃則含樞紐，白則白招拒，黑則汁光紀，皆用正歲之正月郊祭之，蓋特尊焉。《孝經》曰'郊祀后稷以配天'，配靈威仰也；'宗祀文王於明堂以配上帝'，汎配五帝也。"二者爲郊祭之禘。殷祭之禘，謂審諦先祖昭穆。下文專論宗廟祭之禘，不及郊天之禘。有關禘祭的幾種不同涵義，可參考崔適《四禘通釋》，收入《四庫未收書輯刊》，北京出版社，第1輯5冊，頁538—575。又，清代學者對鄭玄以祫、禘釋"肆獻祼、饋食"禮，頗有異詞，如江永《周禮疑義舉要》云："舊解肆獻祼爲祫祭，饋食爲禘祭。禮館吳纂修綏云：非也。肆獻祼者，享先王之隆禮；饋食者，享先王之殺禮。以二者統冒於上，而以四時之祭分承於下。肆獻祼、饋食不專一祭，隨所值而當之者也。按此說發前人所未發。"《文淵閣四庫全書·經部·禮類》，第101冊，頁750下。孫詒讓《周禮正義》亦云："吳說是也。江永說同。"（中華書局，1987年，第5冊，頁1331）

③ 《十三經注疏》，頁615下。

之例：

　　魯莊公以其三十二年秋八月薨，閔二年五月而吉禘。此時慶父使賊殺子般之後，閔公心懼於難，務自專成以厭其禍。至二年春，其間有閏，二十一月禫，除喪，夏四月則祫，又即以五月禘，比月大祭，故譏其速。譏其速者，明當異歲也。經獨言吉禘於莊公，閔公之服凡二十一月，於禮少四月，又不禫，無恩也。

　　魯閔公二年秋八月，君薨。僖二年除喪，而明年春禘，自此之後，乃五年再殷祭，六年祫。故八年經曰“秋七月，禘於太廟，用致夫人”。然致夫人自魯禮，因禘事而致哀姜，故譏焉。

　　魯僖公以其三十三年冬十二月薨，文二年秋八月祫，僖薨至此而除，間有閏，積二十一月，從閔除喪，不禫，故明月即祫。經云“八月丁卯，大事於太廟，躋僖公”。僖公之服亦少四月，不剌者，有恩也。

　　魯文公以其十八年春二月薨，宣二年除喪而祫，明年春禘。自此之後，五年而再殷祭，與僖為之同（“為之”疑衍）。六年祫，故八年禘。經曰“夏六月辛巳，有事於太廟。仲遂卒於垂”。說者以為有事謂禘，為仲遂卒張本，故略之言有事耳。

　　魯昭公十一年夏五月，夫人歸氏薨，十三年夏五月大祥，七月而禫，公會劉子及諸侯於平丘，公不得志，八月歸，不及祫。冬，公如晉。明十四年春歸，乃祫，故十五年春，乃禘。經曰："二月癸酉，有事於武宮"，傳曰："禘於武公"。及二十五年傳"將禘於襄公"。此則十八年祫、二十年禘，二十三年祫、二十五年禘，於茲明矣。

儒家之説禘祫也，通俗不同，學者競傳其聞，是用訩訩爭論，從數百年來矣。竊念《春秋》者，書天子諸侯中失之事，得禮則善，違禮則譏，可以發起是非，故據而述焉。從其禘祫之先後，考其疏數之所由，而粗記注焉。魯禮：三年之喪畢，則祫於太祖，明年春，禘於群廟，僖也、宣也。八年皆有禘祭，則《公羊傳》所云"五年而再殷祭"，祫之在六年，明矣。《明堂位》曰"魯，王禮也"，以相準況，可知也。①

此文論及禘祫年限，其要點可歸納如下：1. 三年喪畢而祫，明年禘，此先祫後禘。2. "三年一祫、五年一禘"，是以禘年爲算，即禘祭之後，五年之中，一祫一禘。3. 五年之間，又是前三後二，此即鄭氏言"五年而再殷祭"之義。4. 禘祫禮據魯禮推出，魯禮者，即《春秋》經傳。今一一驗之，以彰顯鄭氏的推論過程。見下表：

---

① 《商頌·玄鳥·疏》引，見《十三經注疏》，上冊，頁 622 下。案：皮錫瑞《魯禮禘祫義疏證》有據他書補充者，此處爲免文繁，僅引《玄鳥疏》。

表三十二　《春秋》經傳與《魯禮禘祫志》
有關禘祫年限對照表

魯公	《春秋》經傳禘祫之文	鄭玄所補	備　註
閔公	二年，夏五月乙酉，吉禘於莊公	二年，四月，祫	
僖公	八年，秋七月，禘於大廟，用致夫人	六年，祫	
文公	二年，秋八月丁卯，大事於大廟，躋僖公		
宣公	八年，夏六月辛巳，有事於大廟。仲遂卒於垂。	二年祫，三年禘，六年祫	
昭公	十五年，二月癸酉，有事於武宮。二十五年，《左傳》：將禘於襄公	十四年，祫	據禘祫年數，昭公十四年、十五年不應有祫禘祭

案：文公二年經"八月，大事於大廟"，大事即祫祭。此鄭玄
"三年喪畢而祫"之所本。據上表，魯莊公薨於八月，閔公二年
五月禘祭，鄭玄以爲四月即有祫祭，此先祫後禘之義。四月既有
祫，五月又禘，比月大祭，故經文"吉禘於莊公"有譏速之意。
與《公羊》相較，閔二年《公羊傳》云："曷爲未可以吉？未三
年也。三年矣，曷爲謂之未三年？三年之喪實以二十五月。"何
《注》："時莊公薨至是適二十二月。"① 知何休以爲譏速者，乃未
滿三年二十五月，與鄭義異。據"三年喪畢而祫，明年則禘"
例，閔公二年、文公二年有祫祭之事。文公薨於二月，則宣公二
年亦當有祫祭，三年則行禘祭。宣八年經書禘祭，鄭氏推測宣六

_____

① 《十三經注疏》，下冊，頁 2244 中。

年祫祭，故"五年而再殷祭"，是以新君喪畢祫、明年禘起算，五年之中，歷三年而祫，又歷二年而禘，前三後二。閔公薨於八月，僖公二年祫，三年禘，則六年祫，八年禘。以此類推，則十一年祫，十三年禘，十六年祫，十八年禘，二十一年祫，二十三年禘。

據此前三後二之算，襄公薨於六月，至昭公二年祫、三年禘，則六年祫、八年禘，十一年祫、十三年禘，十六年祫、十八年禘。知昭十四年、十五年皆無祫、禘，然十五年經文"二月癸酉，有事於武宫"，是禘祭，鄭又云"十四年祫"，也與禘祫年數不合。這又如何解釋？

《魯禮禘祫志》釋云："魯昭公十一年夏五月，夫人歸氏薨，十三年夏五月大祥，七月而禫，公會劉子及諸侯於平丘，公不得志，八月歸，不及祫。冬，公如晉。明十四年春歸，乃祫，故十五年春，乃禘。"據此，十一年本應祫祭，因夫人歸氏薨而廢。① 夫人喪期三年，十三年當祫，然昭公十三年會劉子及諸侯於平丘，不得志，八月歸，祫期已過，故鄭云"不及祫"。既云"不及祫"，明十三年當祫，然當祫而無祫，是以鄭云"十四年春歸乃祫"。十四年之祫其實是十三年祫的延遲，故十五年禘祭，亦延後一年。又以十五年禘起算，前三後二，則十八年祫、二十年禘，二十三年祫、二十五年禘，與鄭説合。

以上所析，鄭氏論禘祫年數可謂一以貫之。雖然《春秋》

---

① 《禮記·曾子問》云："曾子問曰：天子嘗禘郊社，五祀之祭，簠簋既陳，天子崩，后之喪，如之何？孔子曰：廢。"

有與三年一祫、五年一禘不符者，然事出非常，並非禮數有異。據陳壽祺《五經異義疏證》，兩漢禘祫禮的今、古說之分是：古文家謂禘祫一祭二名，三年一禘，此以劉歆、賈逵爲代表；今文家謂禘祫分屬二祭，三年一禘，五年一祫，此以何休爲代表。① 又許慎《五經異義》云：“三歲一祫，五歲一禘，此周禮也。三歲一禘，疑先王之禮也。”② 鄭氏駁云，三年一祫，五年一禘，不僅是周禮，也是先王禮；不僅行於周初，亦行用於春秋。要之，鄭氏謂禘、祫分屬二祭，且三年一祫、五年一禘，此與何休同，與劉歆、賈逵、許慎不合。

　　但鄭、何之論禘祫，也有歧異。鄭玄謂三年喪畢而祫，明年春乃禘，何休則謂三年喪畢，遭禘則禘，遭祫則祫，③ 是禘祫之順序不同；鄭玄以爲禘小祫大，何休則謂禘大祫小，④ 是禘祫之大小不同。何、鄭之異，並非鄭用古文說，其據《春秋》經傳推論禘祫年數，既有與今文說相通者，也有不同者，故不宜斷言鄭氏兼采今、古說。“兼采”說的前提，是明確可用今、古說歸類，但這一前提恰恰難以確證。試問，鄭破《召誥》之二月、

---

① 分見陳壽祺《五經異義疏證》，頁 31 上、32 上。

② 《五經異義》云：“《古春秋左氏》說：古者先王日祭於祖、考，月薦於曾、高，時享及二祧，歲禱於壇，禘及郊宗石室。謹案：叔孫通宗廟有日祭之禮，知古而然也。三歲一祫，此周禮也。五歲一禘，疑先王之禮也。”（《五經異義疏證》，頁 27 下）據陳壽祺考證，“三歲一祫，此周禮也。五歲一禘，疑先王之禮也”可能是傳寫之訛，應作“三歲一祫，五歲一禘，此周禮也。三歲一禘，疑先王之禮也”（頁 28 下—29 下）。段玉裁也同陳說（《説文解字注》，頁 5 上）。無論五歲一禘，還是三歲一禘，皆異於鄭氏《駁異義》的“三年一祫、五年一禘，百王通義”。

③ 閔公二年《解詁》，《十三經注疏》，下册，頁 2244 中。

④ 僖公三十一年《解詁》，《十三經注疏》，頁 2263 上。

三月爲一月、二月，如何以今、古歸類？鄭以爲先祫後禘，禘小祫大，究竟屬今文説、抑屬古文説？這些問題難以確證，則今、古二分的“兼采”説就難以著實。明乎此，與其以“兼采”或今、古之分論鄭學，何如尋求鄭氏的立論依據？以殷曆推排的周初年代學，是鄭釋周初史實之依據；《周禮》則是鄭氏論周代禮制之所本。明乎鄭氏的立論依據，有時更能彰顯鄭學之精義。

七、小結

綜上所論，可以顯見今、古説之分，不能涵蓋鄭説之要旨。這並非否認今、古説框架的有效性，而是借此激發學者進一步探求鄭氏的立論依據。如此步步爲營，對鄭學的理解即可避免今、古二分的錯雜轇轕。事實上，已有學者在這方面取得可觀成績。如二十世紀七十年代，沈文倬先生據武威出土《禮》漢簡九卷，以爲鄭玄《儀禮注》所據，乃如簡本之錯雜並用，非鄭君“雜糅今古文、破壞家法也”。① 沈先生之意，蓋欲破皮錫瑞的“兼采”説。拙文承沈氏之意，區別在於，沈文依文字立論，拙文則以釋義立論，然取徑雖殊，指歸實一。希望能在“兼采”“通學”説之外，展現理解鄭學的另一綫索。世之博雅君子，當不謂余爲妄詞瞽説耶？

---

① 沈文倬：《〈禮〉漢簡異文釋》，《宗周禮樂文明考論》，杭州大學出版社，1999 年，頁 245。

第五章

杜預《長曆》與經傳曆日考證

　　杜預《長曆》見於《春秋釋例》，是杜氏據《春秋》經傳曆日而編排的曆譜。《長曆》的特點，如杜氏自言，"曲循經傳月日、日食以攷晦朔也"，①知《長曆》編排以經傳曆日爲準。由於經傳曆日有非曆理可解者，故《長曆》也不全依曆理。對此，杜氏有極清醒的自覺意識，其論曰："《春秋》有頻月而食者，有曠歲而不食者，理不得一，而算守恒數，故曆無有不差失也"，並指斥學者"各據其學以非《春秋》"。②準此，後世學者訾議《長曆》違背曆理，雖合乎實情，却不合杜氏的本意。③就經學史而言，若須準確把握杜氏《左氏》學的特點，《長曆》如何與曆理不合，

---

①〔晉〕杜預：《春秋釋例》，《文淵閣四庫全書·經部·春秋類》，第146册，頁265下。

②《春秋釋例》，頁266上。

③ 如清代江永《群經補義》云："大抵《左氏》長於史不長於曆，杜氏曲徇傳文。……曆家能推遠年之食、訂《春秋》之訛者，自姜岌始。杜氏雖作《長曆》，非知曆者也。"《文淵閣四庫全書·經部·五經總義類》，第194册，頁30上。

杜氏如何曲循經傳曆日以編排曆譜，必須仔細探究。否則，僅因
《長曆》不合曆理而置之弗論，則與《長曆》相關的經學問題，
有可能暗而不彰。可惜，此問題迄今未見詳細討論。精通曆學的
學者，對《長曆》多所譏彈而不願詳論；尋常文史學者，又因
學科隔閡疏於曆學，欲論而弗能；間有兼精經學與曆學的學者，
論及《長曆》，又嫌零散不具系統。有鑒於此，本文一方面揭示
《長曆》與曆理不合的概況，表彰杜氏如何依據經傳曆日而編排
曆譜的過程，另一方面結合杜氏經傳注中的相關問題，顯現曆日
考證與杜氏經傳注釋的相關性。希望能爲深入研討杜預《左氏》
學，提供一種參照、一份助益。

一、《長曆》的頻大月設置

　　杜預之前，諸古曆皆有上元、歲實、朔策、閏周等，據此編
排曆譜，頻大月與閏月之設皆可確定。杜氏《長曆》既不依曆
算，閏月與頻大月的位置也就不定。問題是，此種不定，是完全
的隨意呢，還是有一定之法？

　　四分曆推求各月朔日之法，乃大餘加 29，滿 60，除去之；
小餘加 499，滿 940，進一。因此，只要有頻大月，就可推出
此兩月的小餘區間。隱公元年，《長曆》十月丙午大，十一月
丙子大，十二月丙午小，十月、十一月即爲頻大月。若據四分
術，則十月的朔小餘必在 882—939 之間，十一月的朔小餘必
在 441—498 之間。今以隱公世爲例，十月丙午朔的小餘分別

假設爲最小值 882、最大值 939，並與《長曆》的頻大月相較，
見下表：

表三十三　四分曆頻大月法與《長曆》
之比較（隱公世）

《長曆》的頻大月編排	以小餘 882 衡之	以小餘 939 衡之
1. 隱元年十月丙午大、十一月丙子大	882、441，合	939、498，合
2. 隱二年閏十二月己巳大、隱三年正月己亥大	847、406，不合	904、463，合
3. 隱四年五月辛卯大、六月辛酉大	870、429，不合	927、486，合
4. 隱五年十二月壬子大、閏十二月壬午大	11、510，不合	68、567，不合
5. 隱六年十月丁丑大、十一月丁未大	800、359，不合	857、416，不合
6. 隱七年閏十二月庚子大、隱八年正月庚午大	765、324，不合	822、381，不合
7. 隱九年三月癸亥大、四月癸巳大	730、289，不合	787、346，不合
8. 隱十年五月丙戌大、六月丙辰大	695、254，不合	752、311，不合
9. 隱十一年十月戊申大、十一月戊寅大	718、277，不合	775、334，不合

表中，隱元年十月丙午朔的小餘取值愈大，與《長曆》的頻大
月設置愈合。可是，即使小餘取最大值 939，隱公世《長曆》頻
大月共九，而合者惟三。顯然，《長曆》之設頻大月，並非依朔
小餘加 499 爲算，而是有所改動。那麼，杜氏究竟如何改動呢？
《長曆》云：

　　至咸寧中，有善算者李修、夏顯，依曆體爲術，名
《乾度曆》，表上朝廷。其術合日行四分之數，而微增
月行，用三百歲改憲之意，二元相推，七十餘歲承以強
弱。強弱之差蓋少，而適足以遠通盈縮。……今其術具
存。時又並攷古今十曆以驗《春秋》，知《三統曆》之
最疏也。①

　　據此，其一，杜氏應知曉古曆演算法，所謂"攷古今十曆以驗
《春秋》"，已見乎《長曆》，如殷曆得日食十三，失日食二十
四；泰始曆得日食十九，失日食十八等。雖有"漢末宋仲子集
七曆以攷《春秋》"② 可以參考，但泰始曆、乾度曆的推算結
果顯是杜氏自作。若不知諸曆演算法，則不能得出這一準確結
果。其二，審繹文意，《長曆》的編排似依乾度曆。據杜氏所
言，乾度曆"合日行四分之數，而微增月行"，日行四分，
謂取周天 365 又 1/4 度，而月行速，則與四分曆的 13 又 7/19 度不
同，即微增其度，究竟"微增"多少，並無明言，不過，《長
曆》必定改變了乾度曆的月行度，故較諸經傳曆日，其相合數
遠超乾度曆及以前諸曆。

　　對於此種"微增月行"的曆術，《開元占經》所載諸古曆，
並無乾度曆。有學者認爲，"日行速度既定，若用十九年七閏
法，月行速度也是固定的。乾度曆'微增月行'速度，必然導

---

① 《春秋釋例》，頁 266 上。
② 《春秋釋例》，頁 267 上。

致閏法的改變。而改變閏法這樣的大事，史書豈能不載？……即是說，乾度曆也不是嚴格依照曆理、公式推算的，像長曆一樣帶有隨意性"，① 説頗精審。關鍵是如何把握《長曆》的此種"隨意性"。

通常的看法是，杜預既提到《長曆》曲循經傳曆日的特點，那麽此種"隨意性"必然以經傳曆日爲準。此説固是，不過，實情却遠爲複雜。

首先，若僅僅爲符合經傳曆日，曆譜編排當不止一種。比如，清代顧棟高《春秋朔閏表》也不依曆理，但在頻大月的設置上，二者差異不可謂不大。顧氏《春秋朔閏表》隱公世頻大月編排如下：

1. 隱二年閏十二月己巳大，隱三年正月己亥大。

2. 隱五年十一月壬午大，十二月壬子大。

3. 隱六年正月辛亥大，二月辛巳大。

4. 隱六年十二月丙子大，隱七年正月丙午大。

5. 隱十年五月丙戌大，六月丙辰大。

6. 隱十年十二月癸丑大，隱十一年正月癸未大。②

以上法驗之，隱公六年正月、二月既爲頻大月，則十二月及隱七年正月就不可能再是頻大月。隱公十年五月、六月爲頻大

---

① 劉洪濤：《古代曆法計算法》，南開大學出版社，2003 年，頁 237。

② 〔清〕顧棟高撰，吳樹平、李解民點校：《春秋大事表》，中華書局，1993 年，頁 67—80。

月，則同年十二月與明年正月更不可能是頻大月。顧氏自言編排朔閏之法：“推求春秋朔閏之法，以方幅之紙一年橫書十二月，每月繫朔晦於首尾，細求經傳中之干支日數，不合則爲置閏。”① 知顧氏設置頻大月，也以經傳曆日爲準，不依曆算。

杜預《長曆》與顧棟高《朔閏表》皆以經傳曆日爲準，然在頻大月的設置上，有如此差異，可以想見依經傳曆日編排的曆譜，有伸縮餘地。以隱公世爲例，若《長曆》完全依曆算設置頻大月（即大餘加 29，小餘加 499），其結果與經傳曆日並不乖違。或者，即使《長曆》不依曆算，也可編排出另一曆譜以符合經傳曆日，不必如今所見者。

其次，若爲迎合經傳曆日，則哀公十八年之後，傳文曆日極少，曆譜編排不必“曲循經傳曆日”，應據曆理編排。但實際情形却非如此，也以頻大月爲證，見下表：

表三十四　《長曆》哀公十八年後的頻大月設置

《長曆》頻大月之設	與上頻大月間隔之月數
哀十八年七月乙丑大，八月乙未大	此前，哀十七年四月、五月頻大，與此相間 17 月
哀十九年九月戊子大，十月戊午大	相間 15 月
哀二十年十二月辛亥大，哀二十一年正月辛巳大	相間 15 月
哀二十二年二月甲戌大，三月甲辰大	相間 15 月

---

① 《春秋大事表》，頁 61。

續　表

《長曆》頻大月之設	與上頻大月間隔之月數
哀二十三年五月丁酉大，六月丁卯大	相間 15 月
哀二十四年八月庚申大，九月庚寅大	相間 15 月
哀二十五年十月癸未大，十一月癸丑大	相間 15 月
哀二十七年正月丙午大，二月丙子大	相間 15 月

表中，自哀公十八年始，杜氏頻大月之設，均以 15 月爲間。若以四分曆小餘加 499 爲算，則頻大月的間隔應爲 15 月或 17 月，不可能在九年內續以 15 月。今杜氏既以 15 月間設頻大月，若依此檢驗《長曆》其他年份的頻大月編排，結果是，頻大月間隔以 15 月、17 月爲多，其餘則或前或後，少者相間 9 月，多者相間四十餘月，也有相間二十餘月者。今《長曆》設置頻大月不全依 15 月、17 月之例，究竟爲何？

對此，有的可用"曲循經傳曆日"釋之，有的又不然。

比如，隱公十一年《長曆》十月戊申大、十一月戊寅大，距前頻大月 17 月，其後桓公二年《長曆》二月庚午大，三月庚子大，去前亦 17 月。若依小餘加 499 爲算，則桓公三年的頻大月設置不可能再間隔 17 月，應是 15 月，即五月癸巳大、六月癸亥大，如此，則七月癸巳小，但經文有七月壬辰朔日食，與此不合，故《長曆》仍以 17 月爲間，置七月壬辰大，八月壬戌大，實際上退後二月，則與壬辰朔合。又如，莊公二十七年三月辛卯大，四月辛酉大，此去前頻大月共 21 月，莊二十八年十一月辛亥大，十二月辛巳大，距前亦 21 月，而莊公三十年《長曆》九月庚午大，十月庚子大，距前 23 月。此後，莊三十二年五月、六月頻大，閔公二年二月、三月頻大，僖公元年十月、十一月頻大，僖公三年六月、七月頻大，皆相去 21 月，因此，若莊三十年仍隔 21 月，則七月辛未大，八月辛丑大，九月辛未小，而經文就有九月庚午朔日食，與此不合，故退後二月。由此可見，經傳若有晦朔日，頻大月的前推後移，是爲了配合經傳曆日，此即杜氏"曲循經傳曆日"之意。

但其中也有不可解者。如宣公四年《長曆》十月丙辰大，十一月丙戌大，此前，宣元年二月戊申，三月戊寅大，二者相去 45 月。驗諸經傳曆日，自宣公元年至四年，經傳共 6 曆日，即宣二年二月壬子，九月乙丑、壬申，十月乙亥，宣三年十月丙戌，宣四年六月乙酉、七月戊戌。據《長曆》編排，這些曆日與晦朔相隔甚遠，因此，杜氏若依前例，以間隔 15 月或 17 月計，甚至間隔二十餘月，皆與經傳曆日無不合，但宣二年或宣三年竟不設頻大月，致使頻大月相間達 45 月，既與哀十八年後的 15 月之例不合，也不合他處的頻大月之例。又如，成公元年《長曆》五月辛卯大，六月辛酉大，成公二年則是二月丁巳大，三月丁亥大，二者相去僅 9 月，也違於《長曆》常例。以經傳曆日驗之，經文有四月丙戌，爲合此曆日，《長曆》頻大月之設可以前移一月，即正月戊子大，二月戊午小，三月丁亥大，四月丁巳大，五月丁亥小，丙戌即爲四月晦，且與其他曆日無不符。同例如成公三年頻大月編排，亦間

9 月，然可以遵循經傳曆日釋之。①

由上可知，《長曆》設置頻大月，有的據經傳曆日，有的與經傳曆日無關，有的甚至違背經傳曆日。杜云"曲循經傳曆日以攷晦朔"，在頻大月的設置中，實情並非全是如此。此間緣由，因《集解》與《長曆》皆無直接論述，未敢斷言。但由此可見，頻大月之設，既有一定性（如依經傳曆日），又有隨意性（如不依 15 月之例）。如何把握《長曆》編排的隨意性與一定性，恰恰是經學史不應忽略的問題。這一問題與《長曆》的置閏特點可互相印證。既知頻大月之設不盡是"曲循經傳曆日"，在置閏上，實情又是如何？由下文可知，《長曆》置閏也不是完全"曲循經傳曆日"。

二、《長曆》的置閏特點，兼及日食之釋

關於置閏之例，杜氏云："日行一度，而月日行十三度十九分度之七有奇，……閏月無中氣"，② 由此推知杜氏置閏大體依 19 年 7 閏及無中置閏法。但"有奇"二字表示，"設閏可能比十九年七閏法靈活得多"。③ 從《長曆》看，19 年 7 閏，相當於

---

① 案：成公三年正月壬午大，二月壬子大，同年十月戊申大，十一月戊寅大，亦閏 9 月。若十月、十一月不設頻大月，則是十月戊申大，十一月戊寅小，十二月丁未大，而經文有（十一月）丁未，與曆譜不合。故《長曆》此處的頻大月編排有可能是爲了符合丁未日，此即"曲循經傳曆日"之證。

② 《春秋釋例》，頁 264 下。

③ 《古代曆法計算法》，頁 236。

255 年置 94 閏月。

　　先從襄公三十年的曆譜説起。因杜氏自言《春秋》終始閏法，見於此年。① 襄公三十年傳云 "二月癸未"，《長曆》釋云：

　　　　二十三日也。會於承筐之歲，其歲文十一年，至襄三十年，七十四歲。其歲三月甲子朔，絳人稱正月甲子朔者，以夏正月數，故師曠於此年曰：七十三年。然則，起文十一月三月甲子朔，盡襄三十年二月二十三日癸未，七十三年，積二萬六千六十日也，其間有二十七閏，率三十二月有奇，則一年積閏也。今計至襄二十七年十一月乙亥朔，凡有二萬五千七百五十二日，故傳曰 "再失閏也"。從乙亥朔之後，至襄三十年二月癸未，其間當九千八百五十日，而有九千九百八日，長五十八日，再失閏，復於此也。雖不知春秋時曆本術，今則用此驗衆閏，從文十年上盡隱之前年，一百七年，三十九閏。又從襄三十年，下盡哀二十七年，七十六年，二十八閏，閏之大數皆與古今衆家法符。雖《春秋》安閏小有失文，大凡二百五十年内有九十四閏，亦無違也。②

此段文字是杜氏置閏法的直接描述，但其中有訛，疏通如下。

---

① 襄廿七年《長曆》云："《春秋》終始閏法，別見此下三十年也。"《春秋釋例》，頁 334 下。
②《春秋釋例》，頁 336 上一下。

其一，襄三十年《左傳》載絳縣老人語："臣生之歲，正月甲子朔，四百有四十五甲子矣，其季於今三之一也。"士文伯以爲"二萬二千六百有六旬也"，即 26660 日。但《長曆》上云"積二萬六千六十日"，顯然，六千下脫"六百"二字。此積日數，乃杜氏承士文伯之語，非《長曆》本數，因《長曆》之積日與此不合。

其二，云"其間有二十七閏，率三十二月有奇"，謂自文公十一年周正三月起，至襄公三十年二月，積月 893，中有 27 閏月，其率：$893 \div 27 = 33 + 2/27$。據此當云"率三十三月有奇"，杜氏何以言"三十二月有奇"？案：文公十一年非章蔀之首，閏月之數容有前移後退。今假設以文公十二年起算（因此年始閏），則積月（$893-10$）$\div 27 = 32 + 19/27$，即三十二月有奇，故杜氏所言，大致不差。

其三，云"今計至襄二十七年十一月乙亥朔，凡有二萬五千七百五十二日，故傳曰'再失閏也'"，此據《長曆》爲説。《長曆》自文公十一年三月甲子算起，至襄公二十七年十一月乙亥朔止，積大月 463，積小月 409，則積日：（463×30）+（409×29）$= 25751$。杜云"二萬五千七百五十二日"，非爲算上言，乃盡乙亥朔言。

其四，云"從乙亥朔之後，至襄三十年二月癸未，其間當九千八百五十日，而有九千九百八日，長五十八日，再失閏，復於此也"，此中亦有訛。乙亥朔謂襄公二十七年十一月朔，自此（不含此日）至襄三十年二月癸未，不足三年，豈有九千餘日？今以《長曆》爲算，其間積大月 16，積小月 14，加上二月 23

日，則積日：（16×30）＋（14×29）＋23＝909 日。因不含乙亥朔本日，故 909−1＝908 日。知"九千九百八日"之"九千"實爲衍文，同理，上句"九千"亦爲衍文。又，杜氏何以言"其間當（九千）八百五十日"及"長五十八日"？這是因爲，若不計襄公二十七年的二閏月，總共 849 日，杜氏"八百五十日"，或有誤，或舉成數言，若加上此二閏月，則總共 908 日，長 59 日。由於《長曆》襄公二十七年所置二閏爲一大一小，則相差必是59 日，杜云"長五十八日"，或因"八百五十日"而致誤。總之，杜氏既云"再失閏，復於此"，則據《長曆》置二閏的一大一小，必是 59 日，故文中"五十八"，定是"五十九"之訛。

其五，云"雖不知春秋時曆本術，今則用此驗衆閏，從文十年，上盡隱之前年，一百七年，三十九閏。又從襄三十年，下盡哀二十七年，七十六年，二十八閏，閏之大數皆與古今衆家法符。雖《春秋》安閏小有失文，大凡二百五十年內有九十四閏，亦無違也"，其誤有二：

1. "從文十年上盡隱之前年，一百七年，三十九閏"，不確。從文十年上盡隱之前年，應是 113 年（算上），非 107 年。若以107 年爲算，則止於隱公六年，自此年計至文十年，《長曆》只有 36 閏月，非 39 閏。又據《長曆》自文十年上算隱公元年，僅38 閏，故杜氏云"隱之前年"，謂惠公末年，此年《長曆》未排曆譜，但據此文，知此年有閏，故合爲 39 閏。

2. "從襄三十年，下盡哀二十七年，七十六年，二十八閏"，襄公三十年至哀十七年算上，76 年，《長曆》共二十八閏月，故《春秋》經傳閏月之總數：39＋27＋28＝94。知下文"大凡二百五十年内有九十四閏”，此“五十”下當脱“五”字，因隱元年至哀二十七年，爲 255 年。

由上可知，杜氏認爲，經傳置閏的大致之例以 32 月有餘爲率，255 年爲 94 閏，相當於 19 年 7 閏，故《長曆》云經傳閏數與“古今衆家法符”。

不過，所謂 19 年 7 閏或 32 月有餘之率，僅是概數。由於《長曆》置閏遠者間達 70 月（如僖公十二年閏二月，次閏下至僖公十七年閏十二月，相間 70 月），近者頻年而設，甚至 1 年 2 閏（見下）。所以，19 年 7 閏之法，既不能確知閏月位置，也不能揭示《長曆》置閏的依據，如《長曆》雖以爲惠公末年有閏，却無法還原出《長曆》此年的曆譜。同理，隱公九年，《長曆》爲何閏在十月，而不是閏在九月，其間緣由亦無從得知。對於此類置閏，“曲循經傳曆日”難以盡釋。故問題是，《長曆》置閏與經傳曆日的關係究竟如何？

以文公元年爲例，經有二月癸亥日食，傳有五月辛酉朔，故傳文閏三月之説可取，《長曆》即依此而閏三月。傳既有五月辛酉朔之定點日，可推七月庚申朔，九月己未朔，十一月戊午朔，明年正月丁巳朔，二月爲丁亥朔，即使中有頻大月，也僅一日之差，而文公二年經傳均有二月甲子之曆日，甲子去丁亥近四十日，不在一月，故杜推測其間當有閏月，若不置閏，不僅經傳二月甲子不合曆日，此年其他曆日亦不合，如二月丁丑，三月乙巳等均不合。又因文公元年經傳俱有十月丁未之曆日，故閏月當在十月至明年正月間，《長曆》即以文公二年爲閏正月。此例表明，《長曆》置閏，有據經傳曆日者。

但《長曆》置閏也有不可解者。如閔公二年《長曆》閏五月，僖公元年閏十一月，是頻年置閏。案：頻年置閏大違曆理，若非明確失閏，曆譜編排不應用此法。以曆日驗之，僖公二年經有五月辛巳日，即使爲迎合此曆日，亦無須在元年十一月置閏，可在二年四月置閏，既可避免頻年置閏之嫌，又合經傳曆日。今《長曆》於僖元年十一月置閏，實不可解。

《長曆》置閏有時依經傳曆日者，有時不依經傳曆日，此與頻大月之設類似。但《長曆》置閏尚有其他依據，此與頻大月之設少異。

首先，《長曆》直據傳文置閏。傳有閏月之文，《長曆》即據此置閏。如僖公七年傳有"冬……閏月，惠王崩"之文，故《長曆》此年於十一月置閏，前加"傳"字。又如文公元年傳有"閏三月"之文，故《長曆》此年亦閏三月，亦加"傳"字。昭二十二年傳有"閏月……，取前城"之文，《長曆》閏十二月，前有"傳"字。哀公十五年《長曆》云"傳閏十二月"，亦同例。諸如此類，皆是《長曆》據傳置閏之證。故知昭公二十年《長曆》"閏八月丁巳小"，閏前宜加"傳"字，因此年傳有"閏月戊辰"之文。

但襄公九年傳有"閏月戊寅"之文，曆譜雖有"傳閏月"字樣，却不標朔日干支，是《長曆》以爲傳文誤，此年不應有閏。對此，杜氏釋云：

　　參校上下，此年不得有閏月，戊寅乃是十二月二十日也。思惟古傳文必言"癸亥，門其三門，門五日"。

戊寅，相去十六日。癸亥，門其三門，門各五日，爲十五日。明日戊寅，濟於陰阪。於敘事及曆皆合。然則，"五"字上與"門"合爲閏，後學者自然轉"日"爲"月"也。傳曰"晉人不得志於鄭，以諸侯復伐之。十二月癸亥，門其三門"，門則向所伐郛門、師之梁及北門也。晉人三番四軍，以三番爲待楚之備，一番進攻，欲以苦鄭而來楚也，五日一移，楚不來，故侵掠而還。殆必如此，不然，則二字誤。①

杜氏謂傳文"閏月戊寅"當作"門五日戊寅"，其據有二，一爲"敘事"，一爲"曆"。敘事於文中可見，曆則引申如下。

襄公九年、十年的經傳曆日不少，除經傳互歧外（如經云"十二月己亥"，傳則云"十一月己亥"，杜以爲經非傳是），其他曆日仍是考察此年是否有閏的重要依據。假設如傳所言，此年閏十二月，因傳有十二月癸亥日，則閏月朔日必在甲子至戊寅間，由此可推襄十年二月朔日必在癸亥至丁丑間，四月朔日當在壬戌至丙子間，即使中有頻大月，僅一日之差，然十年傳文有四月戊午日，無論朔日是壬戌還是丙子，皆不合。同理，傳有五月庚寅，也與此不合，因五月朔日當在壬辰至丙午間，庚寅與此相去至少四十餘日。又據閏十二月朔日在甲子至戊寅間，可推襄九年十一月朔日當在乙丑至己卯間，九月朔當在丙寅至庚辰間，七月朔在丁卯至辛巳間，五月朔在戊辰至壬午間，而經文有五月辛

---

① 《春秋釋例》，頁 324 下—325 上。

酉、八月癸未日，皆與此不合。所以，若據傳文閏在十二月，則經傳曆日多與此不合。此其一。又"門五"與"閏"形近，傳文敘事又與"門五"之推測合，故杜氏以爲傳文"閏月"誤。此其二。如此，則"門五日"訛作"閏月"不無可能。楊伯峻先生也認爲杜説可信。①

除傳文明言"閏月"外，《長曆》還依文意置閏，如一年置二閏之例。

襄公二十七年經文"冬，十有二月乙亥朔，日有食之"，《左傳》云"十一月乙亥朔，日有食之。辰在申，司曆過也，再失閏也。"

杜氏注經云："今《長曆》推十一月朔，非十二月。傳曰：'辰在申，再失閏。'若是十二月，則爲三失閏，故知經誤。"又注云："謂斗建申，周之十一月，今之九月，斗當建戌而在申，故知再失閏也。文十一年三月甲子，至今年七十一歲，應有二十六閏。今《長曆》推得二十四閏，通計少再閏。《釋例》言之詳矣。"②

《長曆》此年置閏如下："十一月建申乙亥大，閏十一月建酉乙巳小，後閏建戌甲戌大，十二月建亥甲辰小。"③ 此即一年置二閏之特例。

案：經文"十二月乙亥朔"，傳改爲"十一月乙亥"。考經文七月有辛巳日，則乙亥朔當在十一月，不可能在十二月，除非

① 楊伯峻：《春秋左傳注》，修訂版，中華書局，1990 年，第二冊，頁 969。
②《十三經注疏》，下冊，頁 1998 上。
③《春秋釋例》，頁 333 上。

其間有閏月；① 而《左傳》以十一月改之，正是其間無閏。周正十一月，辰在戌，傳云"辰在申，再失閏"，明傳以爲經文"十一月"乃失二閏所致，本應是九月申，而今却是十一月戌。據《長曆》，自文公十一年至襄二十七年，若依十九年七閏之法，應有二十六個閏月，但《長曆》置閏總二十四閏，此二月的差數，在杜預看來，乃失閏所致。

既爲失閏，則須補閏，《長曆》爲何不補他處，而於襄二十七年頓置二閏呢？杜氏的解釋如下：

閏者，會集數年餘日，因置以要之（要，《正義》作"安"），故閏月無中氣，斗建斜指兩辰之間也。魯之司曆，漸失其閏，至此年日食之月，以儀審望，知斗建之在申，斗建在申，乃是周家九月也，而其時曆稱十一月，故知再失閏也。於是始覺其謬，遂頓置兩閏，以應天正，以叙事期。然則前閏月爲建酉，後閏月爲建戌，十二月爲建亥而歲終焉。是以明年經書春無冰，傳以爲時災也。若不頓置兩閏，則明年春是今之九月、十月、十一月也。今之九月、十月、十一月無冰，非天時之異，無緣總書春也。②

---

① 江永《群經補義》（頁29下—30上）云："經文傳寫訛耳。此年七月，經有辛巳，則乙亥朔必是十一月矣。"案：江説或是，但有一前提，即七月至十一月間無閏月，假設此年閏十月，則乙亥朔恰屬十二月。

② 《春秋釋例》，頁334上一下。

案：傳雖改十二月爲十一月，而十一月斗建在戌，但魯之司曆"以儀審望"，斗實建在申，知時曆已失兩閏。故《長曆》加"建申、建酉"二閏，至十二月建亥，以求合天。此乃杜氏據傳文"辰在申"而置閏。杜氏還有另一考慮，即襄二十八年正月經書"春，無冰"。"春，無冰"乃記災異，傳文載梓慎語以爲宋、鄭之災，是其證也。既爲災異，則非常事。由於魯曆（或稱時曆）仍以周正建子爲歲始，天正月、二月、三月爲春時，當夏正之十一月、十二月、正月，爲冬季有冰之時，今無冰，即爲非常。時曆既失二閏，若不於此加置兩閏月，則經文"春，無冰"就不能落實，因爲時曆之"春"，相當於今之九月、十月、十一月，乃秋時，無冰實爲常事，經不必書，而傳引梓慎語以爲宋鄭災，則非常事可知。故《長曆》於此頓置兩閏，既合於傳文的"辰在申"，也合乎明年經"春，無冰"。杜氏云："依《春秋》經傳，反覆其終始以求之，近得其實矣。"① 知杜氏又據經傳文意而頓置二閏。

依據文意而置閏，在《長曆》中並不少見，昭公九年經書"夏四月，陳災"，《左傳》載裨竈云"今火出而火陳"。案：昭十七年《左傳》載梓慎云"火出，於周爲五月"，今甫四月，火即出陳，與五月不合，故杜氏以爲此年失閏，因時曆於前年誤置一閏，亦依文意置閏。

以上諸例説明，《長曆》置閏，有的據曆日，有的據傳文，有的據文意，有的兼據文意與曆日，如哀公十四年《長曆》閏二月，即是兼據文意與曆日。

---

① 《春秋釋例》，頁334下。

哀公十二年經文"十二月，螽"，傳云："季孫問諸仲尼，仲尼曰：丘聞之，火伏而後蟄者畢，今火猶西流，司曆過也。"夫子之意，謂火（心宿二）不見，已是天寒，飛蟲蟄入。今十二月（當夏正十月），即是冬時，火不應見，而猶見於西方，乃司曆者之誤。杜氏於十四年閏二月，正據此意。

又以曆日言，哀十三年傳有六月丙子、丁亥、七月辛丑等曆日，哀十四年經有四月庚戌曆日。以此爲算，中間必有閏月。已知六月丁亥、七月辛丑，則七月朔必在戊子至辛丑之間，可推九月朔在丁亥至庚子間，十一月朔在丙戌至己亥間，明年正月朔在乙酉至戊戌間，三月朔在甲申至丁酉間，則四月朔當在甲寅至丁卯間，即使中有頻大月，僅一日之差，庚戌去甲寅、丁卯四、五十日，不在一月，欲合四月庚戌，則須閏月，此其一。且傳有五月庚申朔日食之定點日，由此推得四月朔或庚寅或辛卯，也與上推四月朔在甲寅至丁卯間不合，惟置閏方合。此其二。總之，自哀十三年七月至十四年四月間，經傳曆日示有一閏。杜氏於哀十四年二月置閏，分明據曆日推算。

由上所述，杜氏置閏雖大體遵循"十九年七閏"法，但閏月之位無定準，其置閏特點，可謂一定之中又見無定。言其無定，是因爲《長曆》置閏不依閏餘，有明顯的隨意性。言其一定，是杜氏置閏也有相應的依據，如經傳之文、前後曆日的勘驗等。正因爲有經傳文及曆日的雙重參考，故"曲循經傳曆日"之説不爲無據，又因爲以經傳文意爲參考，故知"曲循經傳曆日"在《長曆》中並未完全貫徹。因而，不可因"曲循經傳曆日"之言而忽略《長曆》置閏的多重依據，正如頻大月之設也不全是"曲循經傳曆日"一樣。

只有理解《長曆》設置閏月與頻大月的隨意性與一定性特點，即可進一步考察《長曆》編排何以失三十三曆日的緣由。

但在展開討論之前，須對杜氏的日食之釋稍作交代，因杜氏曾提及"據日食以攷晦朔"。按照現代天文學的觀點，日食是編排曆譜的可靠起點，天文學者可通過還原古代日食的確切之期，以驗證《春秋》經傳中的日食記載是否有偏差，並據以編出更爲準確的曆譜。新城新藏在《東洋天文學史研究》中即提及此法。[1]

然杜預編排《長曆》，日食並非編排曆譜的起點。經傳中的日食之期，在杜氏的觀念中，只是作爲朔晦日的判斷依據，至於某年某月是否出現日食，不在杜氏的考察範圍內，故經有頻月而食者，雖不合曆理，仍是杜氏編排曆譜朔日的重要依據。此種情形在劉歆的《春秋》日食說中已有體現，《漢書·五行志下之下》載劉歆改動經傳日食之期，即以朔日法爲準，而不依食限。正因爲日食之期只是作爲朔日的依據，若經傳前後的多數曆日與日食之期矛盾，杜氏即斷此日食之期有誤。比如，昭公廿二年十二月癸酉朔日食，此例據張培瑜《〈春秋〉日食表》，不誤，[2] 而杜氏以爲癸酉誤，當爲癸卯，其依據便是經傳曆日。[3] 其他日食之判斷，亦同此例。如下二例：

1. 宣公八年七月甲子日食，《長曆》推得甲子爲七月晦，非

① 《東洋天文學史研究》，頁 295。

② 張培瑜：《中國先秦史曆表》，齊魯書社，1987 年，頁 246。

③ 杜氏云："傳十二月下有閏月，二十三年正月壬寅朔，二十二年十二月不得有癸酉，癸酉，閏月朔也。又傳十二月有庚戌，計癸酉在庚戌前三十七日，則十二月亦不得有癸酉朔也。以此推之，十二月癸卯朔。經書癸酉，誤也。"見《春秋釋例》，頁 350 上。

朔日。

2. 襄公十五年八月丁巳朔日食,《長曆》推得丁巳爲七月朔,非八月朔。

宣公八年經"秋七月甲子,日有食之,既",杜《注》:"無傳,月三十日食。"① 《長曆》此年曆譜爲七月乙未朔、八月乙丑朔,甲子爲七月三十日晦。杜氏斷定經文日食之誤,是因爲前後曆日互有歧異。宣公八年經有六月辛巳、壬午、戊子之曆日,知七月之朔日必非甲子,因辛巳、戊子等去甲子遠超三十日,且經並有十月己丑、庚寅之曆日,若甲子爲七月朔,則十月朔當爲癸巳,即使中有頻大月,也僅一日之差,而己丑、庚寅去癸巳五十餘日,不在一月内。故七月若是甲子朔,則與此年的所有曆日皆不合,在經文日食之期或晦、或朔、或二日的前提下,甲子既無朔、二日之可能,則杜氏以甲子爲七月晦,合於其他曆日。

襄公十五年經文"秋八月丁巳,日有食之",杜《注》:"無傳。八月無丁巳,丁巳,七月一日也,日月必有誤。"② 案:此年經文曆日有二月己亥、十一月癸亥,若八月丁巳朔,則可推十一月朔或丁亥或丙戌,癸亥距此三十餘日,不合。同樣,由八月丁巳朔可逆推此年二月朔當爲庚申,而經文二月己亥也與此不合,且二月己亥又合於前年之曆日,③ 知八月丁巳朔與前後曆日

---

① 《十三經注疏》,頁 1873 下。

② 《十三經注疏》,頁 1959 中。

③ 由襄十四年有二月乙未朔之定點日,可推此年四月甲午朔,六月癸巳朔,八月壬辰朔,十月辛卯朔,十二月庚寅朔,襄十五年二月己丑朔,己亥爲十一日,即使中有頻大月,也僅一日之差。

皆不合。故杜云"八月無丁巳"。

由此二例，知杜氏判斷日食之期正誤，亦依經傳前後曆日互相參校。此法既與判斷昭廿二年十二月朔無癸酉有癸卯一致，① 也與設置閏月或頻大月的依據相符。明乎此，即可進而考察杜氏如何解決《長曆》與經傳曆日不合的情形。

三、杜氏"參校曆日"考釋

經傳曆日共 779，其中經 393 日，傳 386 日，而《長曆》得 746 日，失 33 日。此"三十三曆日"之失，杜氏以爲"經傳日月誤"，② 並非《長曆》疏漏所致。今以上法一一驗之，以顯現杜氏的參校過程。先列表如下：

表三十五　《長曆》失三十三曆日與杜氏之釋

經傳曆日記載	《長曆》之釋	備　註
1. 隱二年經八月庚辰	八月無庚辰，庚辰，七月九日也，日月必有誤。	
2. 隱三年傳（十二月）庚戌	十二月無庚戌，十一月十七日也。	

---

① 經傳三十七日食中，《長曆》合者三十三，失者四（其中不包括"三無甲乙"例，即桓公十七年十月朔日食、莊公十八年三月日食、僖公十五年五月日食，此三例無干支日，故無法驗證曆譜之相合與否），此四例中，除文中介紹的三例外，還包括襄公二十七年十二月乙亥朔日食，《長曆》推得乙亥爲十一月朔，合傳不合經。其法與他例無異。

②《春秋釋例》，頁 267 上。

經傳曆日記載	《長曆》之釋	備　註
3. 隱八年傳八月丙戌	上有七月庚午，下有九月辛卯，則八月不得有丙戌。	
4. 隱十年傳六月戊申	六月無戊申，五月二十三日也。上有五月，則誤在日。	
5. 隱十年傳九月戊寅	九月無戊寅，八月二十四日也。上有八月，下有冬，則誤在日也。	
6. 桓十七年經二月丙午	二月無丙午，丙午，三月四日也，日月必有誤。	
7. 僖九年經七月乙酉	七月無乙酉，八月二日也，日月必有誤。	《集解》未見考證
8. 僖十八年經八月丁亥	經傳俱言八月，（八月）無丁亥，誤也。	
9. 僖卅三年經十二月乙巳	乙巳，十一月十二日也。經書十二月，誤也。周十一月，今九月，霜當微而重，重又不能殺草，所以為異也。	
10. 文四年經十二月壬寅	十二月無壬寅，五年正月四日也，日月必誤。	《集解》未見考證，經文作十一月壬寅
11. 文六年傳十一月丙寅	十一月無丙寅，十二月八日也，日月必有誤。	
12. 文十三年經十二月己丑	十二月無己丑，十一月十一日，日月誤也。	
13. 文十四年傳七月乙卯	七月無乙卯，上有六月，下有八月，則誤在日	
14. 鄭文公四年（當魯莊公二十五年）傳二月壬戌	莊二十五年，二月無壬戌，三月二十日也，日月必有誤。	傳文見於文公十七年，故列於此

續　表

經傳曆日記載	《長曆》之釋	備　註
15. 宣九年經九月辛酉	九月無辛酉，上有八月，下有十月，誤在日。	
16. 宣十二年經十二月戊寅	十二月無戊寅，十一月九日也，日月必有誤也。	
17. 成二年經四月丙戌	四月無丙戌，五月一日也。	
18. 成十七年經傳十一月壬申	十一月無壬申，《公羊》《穀梁傳》及諸儒皆以爲十月十五日也。十月庚午圍鄭，十三日也，推至壬申，誠在十五日。然據傳曰：十一月諸侯還自鄭，壬申至於貍脤而卒，此非十月，分明誤在日。	
19. 襄元年傳（正月）己亥	正月無己亥，誤也。	
20. 襄二年經六月庚辰	七月九日也，書於六月，經誤也。	
21. 襄三年經六月戊寅	七月十三日也，據傳，盟在秋，經誤也。	
22. 襄四年經三月己酉	三月無己酉，二月十七日也，經書己酉，傳言三月，誤也。	
23. 襄九年經十二月己亥	參校上下，己亥在十一月十日。又十二月五日有癸亥，癸亥五日則書之傳，其月不得有己亥，經書十二月，誤也。	
24. 襄九年傳閏月戊寅	參校上下，此年不得有閏月，戊寅乃是十二月二十日也。	
25. 襄廿二年傳十二月丁巳	十二月無丁巳，十一月十四日也，日月必誤也。	

續　表

經傳曆日記載	《長曆》之釋	備　註
26. 襄廿五年經八月己巳	八月無己巳，七月十二日，然則經誤也。	傳文：七月己巳
27. 襄廿八年傳十二月乙亥朔	書十二月無乙亥朔，日誤。	
28. 襄廿八年經十二月乙未	十二月無乙未，日誤也。	
29. 昭元年經傳十一月己酉	十二月有甲辰朔，則十一月不得有己酉，己酉，十二月六日也，經傳言十一月，誤也。	
30. 昭四年傳八月甲申	八月無甲申，七月二十六日也，上有七月，下有九月，則誤在日也。	
31. 昭八年傳十一月壬午	十一月無壬午，十月十八日，傳誤也。	
32. 昭九年傳二月庚申	二月無庚申，三月二十九日，必有誤也。	《集解》未見考證
33. 昭十年傳五月庚辰	五月無庚辰，四月二十五日也，日月必有誤。	《集解》未見考證

《長曆》計經傳曆日共 779，數起於隱公元年，終於哀公十四年。

"獲麟"之後，傳文之曆日止於八月辛丑，合此計算，總數恰
779，故知不含哀十五年以後之曆日。

此三十三例中又不含失日食之例，如襄十五年八月丁巳日
食，《長曆》以爲丁巳當爲七月朔，昭廿二年十二月癸酉朔日
食，《長曆》以爲癸酉當爲閏月朔，等等。此類歸屬失日食之

例，不在失三十三曆日之數内。

昭十八年，經傳俱云五月壬午，《長曆》云：“五月無壬午，四月二十三日也，日月必有誤。”① 此恐是杜氏誤筆，或傳寫致誤，因《長曆》此年四月庚子朔、五月己巳朔，則壬午正是五月十四日，而四月二十三日當爲壬戌，無緣壬午，故此例亦不在三十三曆日之内。如果加上此例，總數則是失三十四曆日。

又，僖二十八年經傳載踐土之盟，經云“五月癸丑”，傳云“癸亥”，是曆日互歧，《長曆》此年五月丙申朔，則癸丑爲五月十八日，癸亥爲二十八日。一事二日，其中必有一誤，然經傳皆合《長曆》，此類亦不計在失曆日例中。

昭公二十二年經文“冬十月，王子猛卒”，傳云：“十一月乙酉，王子猛卒”，經傳紀月互異，杜推得乙酉在十一月，故《注》云“經書十月誤”。② 此例經文無干支，亦不在三十三曆日之内。

最後，文公四年經文“十有一月壬寅”，《集解》未見考證。然《長曆》云：“十二月無壬寅，五年正月四日也，日月必誤。”③ 是杜氏所見經文爲十二月壬寅，故《長曆》推經文有誤。但後刻本皆爲十一月壬寅。考《長曆》文四年曆譜，十一月庚子朔，則壬寅爲十一月三日，正合。對此，《四庫提要》認爲，杜氏所見，實爲十二月，故《長曆》正之。其證並有襄公六年經文“十有二月，齊侯滅萊”，而近刻《左傳》前則曰“十有一月，齊

----

① 《春秋釋例》，頁 346 下。

② 《十三經注疏》，下册，頁 2100 下。

③ 《春秋釋例》，頁 301 上。

侯滅萊。……十一月丙辰，而滅之"，然《長曆》逕云"十二月丙辰"，未加考證，是杜氏所見本爲十二月丙辰，非如近刻"十一月丙辰"也。[1]《提要》之説雖非鐵證，然足資參考。今以三十三日衡之，知《長曆》並計文四年"十二月壬寅"之例。

明乎失三十三日之確切所指，下面逐一考察杜氏如何參校上下曆日的過程。

隱公二年經有八月庚辰日，杜以爲八月無庚辰，因隱三年經有二月己巳日食之定點日，可知隱二年十二月庚午朔，但經有十二月乙卯，二者相隔四十餘日，故杜氏推此間必有閏月（《長曆》閏十二月），因十二月有閏，則十一月辛未朔，九月壬申朔，八月朔即是壬寅，即使其間有頻大月，也僅一日之差，而庚辰距壬寅三十八日，知八月必無庚辰，故《長曆》云"八月無庚辰"。

隱公三年經文"冬，十有二月，齊侯、鄭伯盟於石門。"傳云："冬，齊鄭盟於石門，尋盧之盟也。庚戌，鄭伯之車僨於濟。"石門之盟既在十二月，傳所云"庚戌"，在石門後，故杜氏亦繫諸十二月。然下有十二月癸未之曆日，癸未去庚戌三十三日，不在一月，故云十二月無庚戌。此其一。又此年二月己巳日食，據此可推四月戊辰朔，六月丁卯朔，八月丙寅朔，十月乙丑朔，十二月甲子朔，即使中有頻大月，僅一日之差，而庚戌去甲子四十六日，也不在一月，且其他曆日皆合。此其二。故杜氏云"十二月無庚戌"。

---

[1]《春秋釋例》，頁3上。

　　隱公八年傳有八月丙戌，《長曆》以爲丙戌誤，杜云："上有七月庚午，下有九月辛卯，則八月不得有丙戌。"[1] 很顯然，辛卯、庚午相間僅二十一日，不容一月，故杜推八月無丙戌。

　　隱公十年傳六月戊寅，《長曆》以爲戊申誤。此年經傳俱有六月辛巳，六月既有辛巳，則不得有戊申，二者相間三十三日。經傳皆言"（六月）辛巳，取防"，可推傳文六月戊申誤。

　　隱公十年傳有九月戊寅，《長曆》以爲九月無戊寅。案：經有六月壬戌、辛巳，傳有七月庚寅等曆日，則此年七月朔當在壬午至庚寅間，可推九月朔必在辛巳至己丑間，無論朔在其間何日，戊寅均相去五十日左右，故知九月無戊寅。

　　桓公十七年經二月丙午，杜云"二月無丙午"。案：經有正月丙辰日，則二月無丙午，因丙辰至丙午相間五十餘日。然則，杜氏爲何不依"二月丙午"而證"正月無丙辰"？以經有五月丙午，五月既有丙午，則二月不得有丙午。有正月丙辰、五月丙午可據，故杜云"二月無丙午，日月必有誤"。

　　僖公九年經有七月乙酉，《長曆》云七月無乙酉。案：僖公十二年有三月庚午日食，以此可得此年正月辛未朔，僖十一年十一月壬申朔，九月癸酉朔，七月甲戌朔，五月乙亥朔，三月丙子朔，正月丁丑朔，僖十年十一月戊寅朔，九月己卯朔，七月庚辰朔，五月辛巳朔，三月壬午朔，正月癸未朔，僖九年十一月甲申朔，九月乙酉朔，七月丙戌朔，五月丁亥朔，三月戊子朔。即有頻大月，僅一日之差，以此驗以僖九年曆日：經有三月丁丑，與

_____

① 《十三經注疏》，下冊，頁 1733 中。

此不合；經有九月戊辰、甲子，亦不合；惟經有七月乙酉，若爲頻大月，可合。無閏而失三曆日，誤差嫌大，故杜氏認爲此間應閏。證之《長曆》，置閏在僖十二年二月，雖七月乙酉不合，但僅失一曆日。兩相權衡，則以失曆日少者爲可取。

僖公十八年經有八月丁亥，杜氏以爲八月無丁亥。案：僖公十六年經有正月戊申朔，以此順推，直至僖公十七年十二月，得丁卯朔，即使中有頻大月，僅一日之差，而經傳共七曆日，皆合，知此間並無閏月。又可推五月甲午朔，八月癸亥朔，經文則是五月戊寅，不合；八月丁亥，合。今杜氏謂五月戊寅合乎《長曆》，八月則無丁亥，明杜氏以僖十七年十二月至僖十八年五月間有一閏。杜氏如此置閏，或許慮及僖十九年六月己酉。如果不置閏，欲合此曆日，須在僖十八年八月至僖十九年六月間置閏，然此閏月距後閏僖十九年四月之閏太近，距前閏僖十二年二月之閏太遠，相較而言，於僖十七年十二月至僖十八年五月間置閏，更爲可取，是以杜云八月無丁亥。

僖公三十三年經文有十二月乙巳之曆日，《長曆》以爲十二月無乙巳。案：文公元年經有二月癸亥日食，據此可推僖卅三年十二月朔或甲子或癸亥，乙巳去甲子、癸亥四十餘日，不應同月，故杜以爲十二月無乙巳。且經文並有"隕霜不殺草、李梅實"，其義亦合於十一月。①

---

① 杜《注》云："書時失也。周十一月，今九月，霜當微而重，重而不能殺草，所以爲災。"《正義》云："十一月，夏之九月，霜不應重，重又不能殺草，所以爲災也。"（見《十三經注疏》，下冊，頁 1832 下）案：經文但言"隕霜"，未言"重"。以常理推之，九月之霜當微不當重，不殺草，屬常事。今杜氏云"霜當微而重"，加"重"字，以合經文"常事不書"之例。

文公四年經十二月壬寅，後刻本皆作十一月壬寅，恐非，前已釋。

文公六年傳有十一月丙寅，杜氏以爲十一月無丙寅。案：文公七年經傳有三月甲戌、四月戊子，知四月朔當在乙亥至戊子間，以此可推得此年二月朔在丙子至己丑間，文六年閏十二月朔在丁丑至庚寅間，① 則此年十一月朔必在戊寅至辛卯，即使中有頻大月，僅一日之差，而丙寅去戊寅、辛卯遠超三十日，不在一月，故杜云十一月無丙寅。

文公十三年經有十二月己丑，杜氏以爲十二月無己丑，此與下例合論之：

文公十四年傳有七月乙卯，《長曆》以爲七月無乙卯。案：文公十五年有六月辛丑朔日食，可推此年四月壬寅朔、二月癸卯朔，文十四年十二月甲辰朔，十月乙巳朔，八月丙午朔，則七月丙子朔，六月丁未朔，即使中有頻大月，僅一日之差，而乙卯、丙子相間 39 日，不在一月，故云七月無乙卯。

由此可知，自文公十五年六月日食，前推文十四年六月丙午朔，爲合經傳曆日，其間不應置閏。據此上推至文十三年五月壬午朔，知經文五月壬午合，十二月己丑不合。若欲合十二月己丑，須在五月至十二月間置閏，如此，又不合明年的六月癸酉、九月甲申。前後斟酌，故杜云“十二月無己丑”。

宣公九年經有九月辛酉，杜氏云九月無辛酉。案：宣公十年有四月丙辰日食，由此可推此年二月丁巳朔，宣公九年十二月戊

---

① 此年閏十二月，有經傳文可證，故《長曆》依此置閏。

午朔，十月己未朔，九月己丑朔，即使中有頻大月，僅一日之差，而辛酉去己丑三十二日，不在一月，故杜以爲九月無辛酉。

宣公十二年經有十二月戊寅，杜云："十二月無戊寅"。據宣十年四月丙辰朔日食，則六月乙卯朔、八月甲寅朔，依此可得宣十二年六月壬寅朔，三年之間即使有二頻大月，誤差僅二日，而經傳此年六月有乙卯、丙辰、辛未之曆日，皆合。十二月朔己亥，即有誤差，也不超過二、三日，然經有十二月戊寅，去己亥三十九日，故杜云"十二月無戊寅"。

成公二年經有四月丙戌，《長曆》以爲四月無丙戌，此例最爲不可解。

成公十七年經傳俱有十一月壬申，杜以爲十一月無壬申。案：經有十二月丁巳朔日食，則知十一月朔或丁亥、或戊子，壬申去此四十餘日，不在一月。且傳於此年十二月下有閏月之文，故知十一月無閏，則經傳"十一月壬申"必有誤。

襄公元年傳云"春，己亥"，杜《注》："下有二月，則此己亥爲正月。正月無己亥，日誤。"[1]案：成公十八年傳有二月乙酉朔，可推此年四月甲申朔，六月癸未朔，八月壬午朔，十月辛巳朔，十二月庚辰朔，則襄公元年正月朔當爲庚戌，即使中有頻大月，僅一日之差，己亥去庚戌近五十日，故正月無己亥。又因經傳俱有十二月丁未，知其間不應閏月，若有閏，必是成公十八年閏十二月，雖合"正月己亥"，却不合下文襄元年經"九月辛酉"之曆日，故杜氏參校上下，推正月無己亥。

---

① 見《十三經注疏》，下册，頁 1928 上。

襄公二年經有六月庚辰，傳有七月庚辰，杜氏以爲經非傳是。案：經文七月之下，並有己丑，今假設經是傳非，則七月朔必在辛巳至己丑間，以此爲準，前後推移，則不合他年之曆日甚夥，如推得成公十八年二月朔當在乙丑至癸酉間，與乙酉朔相差甚遠，即使中有閏月，也不合；其他曆日亦多不合。故杜氏以爲傳是經非。

襄公三年經"（六月）戊寅，叔孫豹及諸侯之大夫及陳袁僑盟"，傳云"秋，叔孫豹及諸侯之大夫及陳袁僑盟"，是經、傳不同。《長曆》之法，當與上例同，即參校遠年曆日，以爲經非傳是。襄公四年經"王三月己酉，陳侯午卒"，傳云："三月，陳成公卒。"《長曆》以爲三月己酉，經傳皆非，其法亦是參校遠年曆日。

以上諸例，足以彰顯杜氏"參校上下"之法。其實，《長曆》中也有直言此法者，襄公九年經十二月己亥，杜云：

> 參校上下，己亥在十一月十日。又十二月五日有癸亥，癸亥五日則書之傳，其月不得有己亥，經書十二月，誤也。①

襄九年經有十二月己亥，傳則是十一月己亥，經傳互異，必有一誤，且傳有十二月癸亥之文，己亥去癸亥二十四日，若己亥在十二月，則十二月朔必在癸巳至己亥間，依此，則此年十月朔當在

甲午至庚子間，然傳文有十月庚午、甲戌，與此不合，故杜氏以
爲傳是經非。

襄公二十二年傳有十二月丁巳，杜云“十二月無丁巳”。案：
襄公二十一年有十月庚辰朔日食，據此可推襄公二十二年十二月
或是癸酉朔，或是壬申朔，此又與襄公二十三年二月癸酉朔日食
合，而丁巳與癸酉、壬申相去五十餘日，故知“十二月無丁巳”。

襄公二十五年經有八月己巳，傳則是七月己巳，經傳互歧，
杜以爲經非傳是。案：襄二十四年經有七月甲子朔日食、八月癸
巳朔日食，襄二十六年傳有三月甲寅朔，由襄二十六年三月甲寅
朔，可知此年正月乙卯朔，襄二十五年十一月丙辰朔，九月丁巳
朔，八月當爲丁亥朔，即使中有頻大月，僅差一日，而己巳去丁
亥四十餘日，不合。故杜云“八月無己巳”。

襄公二十八年傳有十二月乙亥朔，《長曆》此年則是戊戌
朔。案：傳有十一月乙亥之文，則十二月不應乙亥朔。且傳有十
月丙辰、十一月丁亥，皆與十二月乙亥朔不合，故杜云十二月無
乙亥。又，此年經有甲寅、乙未，因甲寅、乙未相去四十一日，
不在一月，亦知經文有誤。

昭公元年經傳俱有十一月己酉，因傳有十二月甲辰朔，己酉
去甲辰五十五日，且傳文又有十二月庚戌，故推十一月無己酉。

昭公四年傳有八月甲申，《長曆》推八月無甲申。案：昭元
年十二月甲辰朔，昭二年有七月壬寅，昭三年有正月丁未，若不
於二年七月前置閏，則《長曆》不合此二曆日，故《長曆》置
閏在昭元年十二月後。以此順推，則昭二年正月癸卯朔，三月壬
寅朔，五月辛丑朔，七月庚子朔，九月己亥朔，十一月戊戌朔，

昭三年正月丁酉朔，即使中有頻大月，僅差一日，而昭三年經傳俱有正月丁未日，合於《長曆》所推，故知此間並無閏月。由正月丁酉朔，可推三月丙申朔，五月乙未朔，七月甲午朔，九月癸巳朔，十一月壬辰朔，昭四年正月辛卯朔，三月庚寅朔，五月己丑朔，六月己未朔，七月戊子朔，八月戊午朔，……十二月丙辰朔，即使中有頻大月，也僅一二日之差，而傳有六月丙午、八月庚申、十二月癸丑、乙卯，除八月庚申合於曆表，其他曆日皆不合，故杜氏須於此年六月前置閏，則其他曆日皆合，而八月無庚申。兩相權衡，杜氏取誤差之小者，故《長曆》閏四月。

　　昭公八年經云十月壬午滅陳，傳云十一月壬午滅陳，經傳互異。杜以爲經是傳非。案：昭公七年有四月甲辰朔日食，可推昭八年八月丙申朔，十月乙未朔，十一月甲子朔，據此，則十一月壬午合，十月壬午不合，經非傳是。且傳文以前之曆日亦無不合。今杜氏以爲經是傳非，乃因昭九年經文"夏四月，陳災"，傳引裨竈云"今火出而火陳"。案：昭十七年傳引梓慎語"火出，於周爲五月"，今方四月而火出，故杜氏云："閏當在此年五月後，誤在前年，故火以四月出。"[1] 是以《長曆》於昭八年八月後置閏，一則合於其他曆日，二則合乎明年四月火出之文，故杜氏云十一月無壬午。

　　以上諸例，足以顯現杜氏參校曆日的特點。杜氏據經傳前後曆日，互相比照，並據以編排曆表，以誤差小者爲長。參校曆日在先，編排《長曆》在後，故《長曆》能最大限度地符合經傳

---

[1]《春秋釋例》，頁 342 下。

曆日。《長曆》失三十三曆日，並非曆譜疏失所致，而是經傳曆日前後自相乖違。是以杜氏自信《長曆》"雖未必得天，蓋是春秋當時之曆也"。① 知曉杜氏失三十三曆日的參校特點，對於後世諸家論《長曆》之得失，即可心中了然。

四、諸家論説辨析

上文提及襄公九年傳有"閏月戊寅"之文，杜氏以"閏月"乃"門五日"之訛，其説有叙事與曆日的雙重論證，但孔穎達《正義》引衞冀隆駁杜説云：

> 案昭二十年朔旦冬至，其年云閏月戊辰，殺宣姜。又二十二年云閏月取前城，並不應有閏，而傳稱閏，是史之錯失，不必皆在應閏之限。杜豈得云此年不得有閏，而改爲門五日也？若然，閏月殺宣姜，閏月取前城，皆爲門五日乎？②

衞氏之意，如果閏月可改爲"門五日"，那麽，昭二十年閏月殺宣姜，昭二十二年閏月取前城，豈非皆可改爲"門五日"？顯然，衞氏係針對杜氏的"形訛"説，並未觸及杜氏叙事與曆日

---

① 《春秋釋例》，頁 266 下。
② 《十三經注疏》，下册，頁 1943 中。

的雙重論證。昭公二十年，傳有七月戊午朔之曆日，若不置閏，則十月朔當在丁亥，十一月朔當在丙辰，但傳文有十月戊辰、經文有十一月辛卯，與朔日相間四十日，皆不合。傳文既然有閏月，而閏月之後的曆日又合於經傳，故《長曆》即依傳置閏。且此年敘事與襄九年並無相似之處，"門五"之訛毫無敘事依據，故衛氏所駁不免意氣用辭。同樣，昭公二十二年十二月傳有閏月辛丑之文，《長曆》亦依此置閏。考昭二十三年傳文有正月壬寅朔，若不置閏，則昭二十二年十一月朔當爲癸卯，則十一月乙酉、己丑等皆不合，故傳文置閏之說可取。惟經有十二月癸酉朔日食之曆日，若置閏，十二月朔當是癸卯，與癸酉不合，對此，杜氏以爲是經文傳寫之訛，因傳文有十二月庚戌之曆日，十二月爲癸酉朔，則不得有庚戌。故經文或脫"閏"字，或癸卯訛作癸酉。總之，此例《長曆》無閏，係杜氏據經傳敘事及上下曆日的參校，衛氏僅以形訛駁之，不合杜氏之意。

明乎此，知蘇寬爲杜氏所作的辯解，也不合杜氏本旨，孔穎達引蘇氏駁衛冀隆云：

> 案：《長曆》，襄十年十一月丁未是二十四日，十一年四月己亥是十九日，據丁未至己亥一百七十三日，計十年十一月之後十一年四月之前，除兩簡殘月，唯置四簡整月，用日不盡，尚餘二十九日。故杜爲《長曆》於十年十二月後置閏，既十年有閏，明九年無閏也。[1]

---

[1]《十三經注疏》，下冊，頁1943中。

蘇氏認爲，自丁未至己亥，相隔五十三日，又中間四月，共一百七十三日，若不置閏，十一月有丁未，則四月無己亥；四月若有己亥，則十一月無丁未。所以，《長曆》於襄十年十二月置閏，襄十年既置閏，則九月無閏。頻年不可置閏，是蘇寬爲杜氏所作的辯解。

　　然而，此辯解不合《長曆》之例，如閔二年《長曆》閏五月，僖公元年閏十一月，是頻年置閏；哀公十四年、哀公十五《長曆》皆有置閏，也屬頻年置閏之例，故蘇氏舉證，並未真正把握杜氏置閏的特點。

　　又如，文公元年，傳云"閏三月，非禮也"，杜《注》："於曆法，閏當在僖公末年，誤於今年三月置閏，蓋時達曆者所譏。"[1]

　　杜氏此注，乃據傳文而發。傳既云"閏三月非禮"，又云"歸餘於終"，故杜氏推閏月當在僖公末年。此爲上文據傳意置閏之例，並非通例。若依經傳曆日，閏月不必皆在歲終，《長曆》中的閏月編排已有充分顯示，而顧炎武《杜解補正》論"閏三月"云：

　　　　古人以閏爲歲之餘。凡置閏，必在十二月之後，故曰歸餘於終。考經文之書閏月者，皆在歲末。文公六年閏月不告月猶朝於廟，哀公五年閏月葬齊景公是也。而《左傳》成公十七年、襄公九年、哀公十五年皆有閏

---

[1]《十三經注疏》，頁 1836 下。

月，亦並在歲末。是以經傳之文，凡閏不言其月者，言閏，即歲之終，可知也。今魯改曆法，置閏在三月，故爲非禮。《漢書·律曆志》曰：魯曆不正，以閏餘一之歲爲蔀首是也。又按《漢書·高帝紀》後九月，師古曰：秦之曆法應置閏者，總致之於歲末。此意當取《左傳》所謂歸餘於終耳。何以明之？據《漢書表》及《史記》，漢未改秦曆之前，屢書後九月，是知曆法故然。[1]

顧氏所論，雖合於此例"閏三月"，但以"歸餘於終"統論《春秋》置閏，恐非杜氏本意，也不符經傳曆譜的實情。其以漢初書後九月爲例，更不能證明春秋置閏亦在歲末。因爲漢初沿襲秦之顓頊曆，歲末置閏有明文。至於春秋之曆，是否歲終置閏，頗有可疑。若據經傳曆日及杜氏之意，傳文"歸餘於終"，並不合置閏實情。故顧氏所"補正"者，未必可信。

以上諸說，皆不合於《長曆》的置閏特點。

隱公十年傳有九月戊寅日，杜云"九月無戊寅"，孔穎達《正義》釋云：

> 九月無戊寅者，經有十月壬午，《長曆》推壬午十
> 月二十九日，戊寅在壬午之前四日耳，故九月不得有

---

① 〔明〕顧炎武：《左傳杜解補正》，《景印文淵閣四庫全書·經部·春秋類》，第 174 册，頁 303 下。

戊寅。①

《正義》以十月壬午爲據，不確。此年經傳有六月辛巳、七月庚寅日，由此知七月朔當在壬午至庚寅之間，則九月朔必在辛巳至己丑之間，即使中有頻大月，僅一日之差，而戊寅距辛巳、己丑達五十日，故九月必無戊寅。具體而言，據六月辛巳、七月庚寅，即可推出九月無戊寅，《正義》據十月壬午而推，是以《長曆》爲説，不能體現杜氏參校上下曆日的過程。再如宣九年經有九月辛酉，杜《注》：“九月無辛酉。”《正義》云：

> 九月無辛酉者，下有十月癸酉，杜以《長曆》推之，癸酉是十月十六日，辛酉在前十二日耳，故云九月無辛酉。②

案：僅據十月癸酉，不能推出九月無辛酉，杜氏乃據上下曆日參校。宣十年有四月丙辰日食，則可推宣九年十月己未朔，九月己丑朔，即使中有頻大月，僅一日之差，而辛酉去己丑三十二日，不在一月。且宣九年經有十月癸酉之曆日，亦合，故杜云九月無辛酉。至於“癸酉是十月十六日”，是杜氏在推斷十月無癸酉的前提下，再根據後編的《長曆》而給出確切日期。從前後順序看，考證曆日的有無在先，具體日期的確定在後。孔氏所論，不

---

① 《十三經注疏》，下冊，頁 1735 中。
② 《十三經注疏》，頁 1874 上。

合杜氏考校曆日的過程。

又如莊公二十五年經云"六月辛未朔，日有食之。鼓，用牲於社"，《左傳》云："非常也。惟正月之朔，慝未作。"杜《注》："非常鼓之月。《長曆》推之，辛未實七月朔，置閏失所，故致月錯。"①

案：常鼓之月，當爲夏正四月，即時曆之六月。昭十七年《左傳》云："夏，六月甲戌朔，日有食之。祝史請所用幣，昭子曰：'日有食之，天子不舉，伐鼓於社；諸侯用幣於社，伐鼓於朝，禮也。'平子禦之，曰：'止也。唯正月朔，慝未作，日有食之，於是乎有伐鼓用幣，禮也。其餘則否。'太史曰：'在此月也。'"據此，知夏正四月日食，有用幣、伐鼓之禮（文中之正月，謂正陽之月，即夏正四月、周正六月，非謂天正正月）。莊廿五年既是六月辛未朔日食（當夏正四月），則用牲於社、伐鼓於朝，可謂合禮。傳竟云"非常"，顯然認爲經六月辛未朔有誤，故杜氏據傳意云："非常鼓之月"。若以經文前年八月丁丑爲算，則六月辛未朔不誤，可知杜云"《長曆》推之，辛未實七月朔"，乃因傳文"非常"而認爲時曆有失閏之事。《正義》引劉炫説：

　　知非五月朔者，昭二十四年五月，日有食之，傳云"日過分而未至"，此若是五月，亦應云過分而未至也。

<hr>

① 《十三經注疏》，下册，頁 1780 上。

　　今有慝未作，則是已作之辭，故知非五月。①

　　劉説也以爲辛未非六月朔，但所舉例證與杜氏異。昭公二十四年
五月日食，《左傳》引昭子云"日過分而陽猶不克"，是劉炫説
所本。彼時爲五月朔，昭子以爲春分已過，陽氣漸强，然猶未克
陰，可見陰氣之盛，故有日食之應。劉炫釋莊廿五年六月日食，
以爲慝未作即已作之辭，並推測非五月。案：昭二十四年五月日
食，陰氣强而有日食，莊二十五年日食，若慝已作，正與昭二十
四年五月日食合，怎可推出"非五月"？是劉説不合杜氏日食之
論及據傳意置閏之特點。

　　以上學者們各據自家理解，並不依杜氏參校曆日的本意，故
所論與杜説多不合。由此可見，理解杜氏參校曆日的過程及特
點，是正確解釋《長曆》的必要前提。又文淵閣四庫本《春秋
釋例》文後附元吳萊《春秋釋例後序》，云"《長曆》本劉洪
《乾象曆》"，② 知吳氏既不明杜氏參校曆日的特點，也不明
《乾象曆》的運算之法，其説非也。

五、曆日考證中的"從赴"説

　　據上所述，《長曆》失 33 曆日、4 日食，皆因經傳曆日前後

---

① 《十三經注疏》，下册，頁 1780 上。
② 《春秋釋例》，頁 373 上。

互歧，而非曆譜疏失所致，即杜氏所言"經傳日月誤"。① 然以779 曆日驗諸《長曆》，除 33 曆日、4 日食不合外，尚有 7 例不合：

1. 桓五年，正月，甲戌，《長曆》：四年十二月二十一日，書於正月，從赴。

2. 桓十二年，八月，壬辰，《長曆》云：七月二十三日，書於八月，從赴。

3. 僖十二年，十二月，丁丑，《長曆》：十一月十二日，書於十二月，從赴。

4. 文十四年，五月，乙亥，《長曆》云：四月二十九日，書於五月，從赴。

5. 成四年，三月，壬申，《長曆》云：二月二十六日，書於三月，從赴。

6. 成九年，七月，丙子，《長曆》云：六月一日，書於七月，從赴。

7. 定四年，二月，癸巳，《長曆》：正月七日，書於二月，從赴。②

此 7 例，除第三、第五例外，其餘 5 例見於《集解》。僖公十二

---

① 《春秋釋例》，頁 267 上。
② 分見《春秋釋例》，頁 274 上、276 上、291 下、304 下、313 下、315 上、358 上。

年經文"十有二月丁丑，陳侯杵臼卒"，杜《注》："無傳。"未言從赴。成公四年經文"三月壬申，鄭伯堅卒"，杜《注》："壬申，二月二十八日。"① 亦不言從赴。其餘五例，《集解》與《長曆》俱謂之從赴。

所謂從赴（有時亦稱從告），指經傳記事以赴告爲據；他國來告赴，國史據以書之；赴告的内容涉及崩薨禍福。如文公十四年《左傳》云："凡崩薨不赴則不書，禍福不告亦不書。"是也。

從赴之説，並非獨見於《左傳》，《公羊》家也有從赴之義。② 其他典籍，如《白虎通》論"天子崩，赴告諸侯"，及"臣死，亦赴告於君"，③ 與《左氏》説合，知赴告乃禮之常事。

至於杜預的從赴説，則是在傳例的基礎上，有更爲詳細的説明。《長曆》云：

> 陳人再赴，兩書其日。齊緩告亂，書以十二月。天王偏赴，遂用其虛，明日月闕否，亦從赴辭。子駟實弑僖公，赴以瘧疾，而經從之。楚弑郟敖、齊弑陽生，皆

---

① 據《長曆》，壬申乃二月二十六日。《集解》云"二十八日"（《十三經注疏》，下册，頁1901上），此當是六、八形近而訛。

② 如隱公元年經書"天王使宰咺來歸惠公、仲子之賵"，《公羊傳》云："隱爲桓立，故以桓母之喪告於諸侯。"又如，《公羊傳·昭公二十三年》云："其言獲陳夏齧何？吴少進也。"何休《解詁》云："名者，從赴辭也。"（《十三經注疏》，下册，頁2327下）是《公羊》家也有從赴之説。

③ 分見〔清〕陳立撰，吴則虞點校：《白虎通疏證》，中華書局，1994年，下册，頁537、539。

其類也。君子不變其文，以慎其疑。且虛實相生，隨而表之，真僞之情，可以兩見。承赴而書之，亦所以示將來。①

杜氏此處所論從赴，仍以崩薨爲證。疏通如下：

其一，"陳人再赴，兩書其日"，謂桓公五年經書"春，正月甲戌、己丑，陳侯鮑卒"，《左傳》云："再赴也。……公疾病而亂作，國人分散，故再赴。"此謂陳國動亂，陳侯卒，有兩次赴告魯國之事，前赴以甲戌日，後赴以己丑日。杜《注》："甲戌，前年十二月二十一日；己丑，此年正月六日，陳亂，故再赴。赴雖日異，而皆以正月起文，故但書正月。慎疑審事，故從赴兩書。"② 杜氏之意，陳雖有兩赴，經但以後赴之月該前赴，故以此年"正月"兼含前年十二月。

其二，"齊緩告亂，書以十二月"，謂僖公十七年經"十有二月乙亥，齊侯小白卒"，傳云"十月乙亥，齊桓公卒。易牙入，與寺人貂因內寵以殺羣吏，而立公子無虧，孝公奔宋。十二月乙亥赴，辛巳，夜殯"。齊桓公十月卒，至十二月始赴諸侯，由齊亂故也。

其三，"天王僞赴，遂用其虛"，謂文公三年經書"夏五月，王子虎卒"，傳云"四月乙亥，王叔文公卒。來赴、弔，如同盟禮也"，杜《注》："王子虎與僖公同盟於翟泉，文公是同盟之

①《春秋釋例》，頁45下。
②《十三經注疏》，下冊，頁1747中。

子，故赴以名。傳因王子虎異於諸侯，王叔又未與文公盟，故於此顯示體例也。經書五月，又不書日，從赴也。"① 案：王子虎爲王朝卿大夫，王臣無外交，若無王命，不應有會盟之事。然僖公二十九年，王人（即王子虎）、晉人等會於翟泉，既是諸侯之會，則王子虎例當受天王之命，但經書"王人"，已有貶意，是知王子虎假王命而會。今王子虎卒，天王遂借"同盟"禮而赴告諸侯。此即"天王僞赴，遂用其虛"之義。四月卒，赴則在五月。

此三例，杜氏提及"日月闕否"，關乎從赴。其餘三例，與此稍異。

"子駟實弑僖公，赴以瘧疾，而經從之"，謂襄公七年經"鄭伯髡頑如會，未見諸侯。丙戌，卒於鄵"，傳云："及鄵，子駟使賊夜弑僖公，而以瘧疾赴於諸侯。"鄭僖公爲臣子所殺，經不書弑，傳則釋不書弑之由，杜《注》："實爲子駟所弑，以瘧疾赴，故不書弑。"② "楚弑郟敖"，謂昭公元年經"十有一月己酉，楚子麇卒"，傳云"縊而弑之"，經不書弑，杜氏也謂楚以瘧疾赴告。③ "齊弑陽生"，謂哀公十年經"三月戊戌，齊侯陽生卒"，傳云"齊人弑悼公"，經亦不書弑，杜《注》："以疾赴，故不書弑。"④ 此三例，皆屬僞赴，故杜氏謂"君子不變其文，以慎其疑"，然卒日即是赴告之日，與上例少異。

---

① 《十三經注疏》，頁 1840 上。
② 《十三經注疏》，頁 1938 上。
③ 《十三經注疏》，頁 2019 中。
④ 《十三經注疏》，頁 2165 中。

雖然前後三例在內容上有異，但在時間先後上有共通之處，即從赴皆是經後傳前。由於實際發生的日期在前（見傳文所載），赴告之期在後，故國史若據赴告之日記載，常後於實期。如定四年經文"二月癸巳，陳侯吳卒"，據《長曆》，癸巳爲正月七日，經書二月，是實卒在前，而經文所記在後。又如成公九年經"七月丙子，齊侯無野卒"，杜《注》："丙子，六月一日，書七月，從赴。"也是實卒在前，經文所記在後。同樣，文公十四年經"夏五月乙亥，齊侯潘卒"，杜注："乙亥，四月二十九日，書五月，從赴。"同上例。

據此，上文七例皆屬諸侯薨卒，時間均是經後傳前，可以視爲經傳記載從赴之例，也可證《長曆》的編排最合經傳曆日。

但《集解》中還有更多的從赴之例，與上七例並不統一，甚至有自破其例者。

如襄公十七年經文"（九月）宋華臣出奔陳"，杜《注》："實以冬出，書秋者，以始作亂時來告。"[1] 案：華臣出奔，經、傳日期互異，經在九月，傳在冬，是經前傳後，即赴告之日反前於實期。又如宣公十五年經文"六月癸卯，晉師滅赤狄潞氏，以潞子嬰兒歸"，傳云："六月癸卯，晉荀林父敗赤狄於曲梁。辛亥，滅潞。"杜《注》："書癸卯，從赴。"[2] 據《長曆》，宣十五年六月乙酉朔，知癸卯爲六月十九日，辛亥則是二十七日。經以癸卯領敗、滅二事，杜氏以從赴爲釋，則經文所記在前（滅在

---

① 《十三經注疏》，下冊，頁 1963 下。
② 《十三經注疏》，頁 1888 上。

癸卯），而實期反在後（滅在辛亥）。昭公十二年經書"五月，葬鄭簡公。楚殺其大夫成熊"，傳云："楚殺其大夫成虎，……六月，葬鄭簡公。"成虎，即成熊，傳載鄭簡公葬在六月，經却在五月，也是經前傳後，但杜注："經從赴。"① 實期在經文所記之後。對此，後世學者已有譏評。②

　　不僅如此，杜氏從赴説還有與實情不合者。僖公九年經書"九月戊辰，諸侯盟於葵丘。甲子，晉侯佹諸卒。"杜《注》："甲子，九月十一日。戊辰，十五日也。書在盟後，從赴。"③

　　據《長曆》，僖公九年九月甲寅朔，甲子爲九月十一日，戊辰爲十五日，依時間先後之序，當書"九月甲子，晉侯佹諸卒。戊辰，諸侯盟於葵丘。"今經文卒在盟後，杜預以從赴爲釋。孔穎達《疏》云："蓋赴以日而不以月，魯史不復審問，書其來告之日，唯稱甲子而已。不知甲子是何月之日，故在戊辰後也。"④ 孔氏言"赴以日不以月"，是；但謂"不知甲子是何月之日，故在戊辰後也"，却理據不足。若不知甲子在何月，既繫於九月，即應當以時間先後爲序，何必定在戊辰之後？此例其實可歸爲經文曆日互錯之類中，杜氏以從赴爲釋，反生歧義。

---

① 《十三經注疏》，頁 2061 中。

② 如華臣出奔陳，元代趙汸《春秋左氏傳補注》："經書華臣出奔在秋，而傳記其事在冬，且詳其日月。杜氏謂以始作亂時來告，亦非。由左氏所據載籍，或追録舊事，日月訛舛不與經合，傳姑仍之，以示傳疑之義，不得以從赴爲辭。其傳記在前而經書在後者，乃可言從赴爾。"《景印文淵閣四庫全書·經部·春秋類》，第 164 册，頁 380 下。

③ 《十三經注疏》，下册，頁 1800 上。

④ 《十三經注疏》，頁 1800 上一中。

又如僖公十五年經書"十有一月壬戌，晉侯及秦伯戰於韓，獲晉侯"，傳則云"（九月）壬戌，戰於韓原。……秦獲晉侯以歸。"杜注："經書十一月壬戌，十四日。經從赴。"案：杜注固爲一解，然此例經傳日期之異，或非從赴，乃建正之異，因春秋各國間行用曆法並不相同。晉國曆法建首夏正，① 而魯曆建首周正，故經、傳相差二月，或緣建正不同。清代陳厚耀在編排《春秋長曆》時，謂"春秋時有用周正者，亦有用夏正者，其各國所書日月，不盡合於魯，故經傳多不合，月每差兩月，日每差一日"。② 故經書十一月，傳云九月，非從赴告，乃建正不同。閻若璩《潛邱劄記》論此例云：

> 或問傳記"九月壬戌戰韓原"，經書"十一月壬戌，戰於韓"。杜氏以九月壬戌爲月之十三日，十一月壬戌爲月之十四日，事在前而書於後者，從赴也。經之從赴而書者衆矣，何獨此而疑其爲夏正耶？余曰：蓋從前後之文而決其爲夏正也。……大抵《春秋》經文爲聖人所筆削，純用周正，傳則旁采諸國之史而爲之，故其間有雜以夏正而不能盡革者，讀者猶可以其意得之也。③

---

① 關於晉用夏正，可參清代王韜《春秋朔閏日至考》卷下《春秋曆雜考·晉用夏正考》，《春秋曆學三種》，頁102—104。

② 〔清〕陳厚耀：《春秋長曆》，《景印文淵閣四庫全書·經部·春秋類》，第178冊，頁537下。

③ 〔清〕閻若璩：《潛邱劄記》，《景印文淵閣四庫全書·子部·雜家類》，第859冊，頁405上—下。

閻氏以前後文相證，其說可從。相似之例如僖公九年《左傳》云："十一月，里克殺公子卓於朝，荀息死焉。"經於十年書正月里克弑卓，相差二月，亦屬建正之異。故杜氏以從赴爲說，恐非。

正因杜氏從赴說不能一貫，故上述七例的從赴說也有可議。如第二例桓公十二年經書"八月壬辰，陳侯躍卒"，杜《注》："壬辰，七月二十三日，書於八月，從赴。"《正義》云："壬辰是七月二十三日，上有七月，書於八月之下，如此類者，注皆謂之日誤。今云從赴者，以其終不可通，蓋欲兩解故也。"[1] 知孔穎達對杜氏之釋並不堅信。

由此觀之，杜氏爲彌縫《長曆》與經傳曆日的歧異，以從赴爲釋，其本意。是彰顯《長曆》最合經傳曆日，曆譜可信；其結果，因從赴說前後乖違，反而導致《長曆》可信度的減弱。追根溯源，除注家理解偏差外，亦因傳文記載從赴，並無一貫之例，如：

1. 隱公三年傳曰："壬戌，平王崩。赴以庚戌，故書之。"此謂赴告在庚戌日，魯史因而書之。

2. 襄公廿八年傳曰："王人來告喪，問崩日，以甲寅告，故書之，以徵過也。"此謂來赴而不告日，因魯人問而答以日。

3. 文公十四年傳曰："齊人定懿公，使來告難，故書以九月。"案商人弑舍在七月，今魯史書九月，以來赴在九月故也。

以上三例記赴告日期，實無定準。赴告之人既可告日，也可

---

[1]《十三經注疏》，下冊，頁1756上。

告月；而魯史所記，或據實期，或據告期，或記日，或記月，也
無定準。傳記從赴既無定例，《春秋》又是夫子筆削之經，故有
學者甚至懷疑從赴説之可信，如宋代劉敞提到，從赴説無視孔子
作《春秋》的深意，不可信從。① 有的學者雖認同從赴説，但對
杜氏的注釋頗有異辭，如宋代葉夢得。② 杜氏之所以據從赴爲
説，一方面固爲了表明《長曆》合乎經傳曆日，另一方面可能
暗含着《左傳》優於二傳的認識。

如文公十四年經書"（九月）齊公子商人弑其君舍"，傳云
"七月乙卯夜，齊商人殺舍而讓元。……齊人定懿公，使來告
難，故書以九月"。知齊商人弑君在七月，九月赴告於魯國，杜

---

① 如劉敞《春秋權衡》云："大率《左氏》解經之蔽有三，從赴告，一也；
用舊史，二也；經闕文，三也。"（《景印文淵閣四庫全書·經部·春秋類》，
第 147 册，頁 253 下）在個別事例的從赴判斷上，劉敞均不同意杜氏之釋，如
僖公十一年經文"春，晉殺其大夫丕鄭父"。杜注："以私怨謀亂國。書名，罪
之；書春，從告。"（《十三經注疏》，下册，頁 1802 中）案據《左傳》，晉殺
丕鄭在僖十年冬，經書於十一年春，且傳文又有"十一年春，晉侯使以丕鄭之
亂來告"，杜以從赴爲解，頗合經後傳前的先後之序，且内容亦關乎禍難之類。
但《春秋權衡》駁云："杜云'從赴'，非也。傳所據者，簡牘所記，以夏正
記時，故使春冬錯。不自知，誤矣。乃複以爲晉晚來告。告雖晚，史所書自應
正之，不容顛倒時月也。"同前注，頁 208 下。
② 葉夢得《春秋考》云："學者多罪《左氏》以經從赴告，而杜預解經有不
通者，複多因其説委曲遷就，甚有疑經以爲誤者。夫以經從赴告，固非矣；若
謂皆不從赴告，則經何由得其事乎？經者，約魯史而爲者也；史者，承赴告而
書者也。諸國不赴告，則魯史不得書。魯史所不書，則《春秋》不得載。"
（《景印文淵閣四庫全書·經部·春秋類》，第 149 册，頁 294 上一下）但葉氏
《春秋左傳讞》又有非議杜説者，如隱公三年經書"三月庚戌，天王崩"，《左
傳》云："壬戌，平王崩，赴以庚戌，故書之。"傳、注皆以從赴爲釋。然葉氏
云："傳每以經從赴爲説，杜預從而附會爲之義，甚有至於顛倒是非，反易名
實者。害經之弊，莫大於此焉。"《景印文淵閣四庫全書·經部·春秋類》，第
149 册，頁 501 下。

《注》云：“齊人不服，故三月而後定。書以九月，明經日月皆從赴。”①

　　所謂“明經日月皆從赴”，杜氏蓋意有別指。孔《疏》云：“明經之日月皆從赴而書，非褒貶詳略也。杜言此者，排先儒言日月有褒貶之義。”② 此處的“先儒”，顯指《公》《穀》二傳。《穀梁傳》云：“舍之不日，何也？未成爲君也。”依《穀梁》，弑君例日，③ 此不日，是舍未成爲君。此與杜注明顯不同。杜氏解釋的重點是經傳七月、九月之異（即緩告三月），既是從赴，則緩書之由已解，不必更言“明經日月皆從赴”。今杜氏加上此語，表明經書月日，實無深意，乃國史之法，非如《公》《穀》所言寓褒貶也。這或許是杜氏從赴説的另層涵義。

　　總之，無論杜氏從赴説是否合理，欲準確理解《長曆》編排的更深內涵，則不能忽略杜氏注經的深層用意。二者的結合，將有助於深入理解杜預《左氏》學。

六、小結

　　杜氏編排《長曆》，其目標不是爲了合天，而是爲了合乎經傳。杜氏知曉據曆術編排的曆譜，與經、傳曆日相較，誤差甚

---

① 《十三經注疏》，頁 1854 中。
② 《十三經注疏》，頁 1854 中。
③ 廖平：《重訂穀梁春秋經傳古義疏》，《續修四庫全書·經部·春秋類》，第 133 冊，頁 152 上。

大。故採用另種方式，即根據經傳曆日而定晦朔，並參考四分術作相應調整，是以《長曆》的誤差遠小於其他曆譜。當然，因爲誤差之小，也顯現杜氏的某些預設，如爲了符合經、傳曆日，杜氏必然預設經、傳同曆。爲了彌縫曆譜與經傳曆日的矛盾，而預設春秋各國曆法相同。這些預設，正是理解杜氏《左氏》學的有效綫索。與杜氏不同，編排出合天的曆譜，並用以校正《春秋》經傳中的曆日，是後世曆學史家們孜孜追求的目標。然而，就經學史而言，曆譜即使錯誤，仍是經學史研究不可忽視的議題——此曆譜的"錯誤"是如何產生的，又如何與經傳注釋相聯？正因爲經學史重視過程及其成因，《長曆》編排即使合天，也應當在相應的學術背景中彰顯其意義。如襄公十五年八月丁巳日食，《長曆》以爲八月無丁巳，丁巳當爲七月朔，而張培瑜《〈春秋〉日食表》也認爲七月丁巳日食。[1] 日食之期雖同，但二者的依據則不同。概言之，《長曆》無論正誤，經學史應當深究的是，曆表編排與經傳考證如何相互影響？如此，經學與曆學的結合，將大大拓寬杜氏《左氏》學的研究視野。

---

[1]《中國先秦史曆表》，頁246。

結　語

　　以上各章雖各自獨立，但仍可統一在經學與曆學關聯性的主題下。諸章所涉經傳，有《易》《書》《詩》《周禮》《公羊》《左傳》等；所討論的學者，包括京房、翼奉、劉歆、鄭玄、蔡邕等。可以想見，不瞭解兩漢的曆學，將有礙於相關經學問題的更深理解。

　　在兩漢經學與曆學的論題中，前人論述固多創見，然其間存在的問題，仍有可資借鑒者。

　　首先是曆算與文獻的相互印證。清代兼精曆學與經學者，在討論經學中的曆術問題時，常有誤判，個中原因，乃因曆算過程過於煩瑣，需要耗費大量時間。不僅如此，此曆算結果更須證諸文獻，其過程又極爲繁複。有的學者僅完成部分曆算，就遽下結論。有的學者雖然完成曆算，往往又怯於文獻之驗證。故曆算與文獻的相互印證，是論述可信的前提。

　　其次是曆術的解釋功能。清代學者成蓉鏡《尚書曆譜》據三統釋商周年代，包慎言《公羊曆譜》據殷術編排春秋曆譜，近代劉師培用三統釋《逸周書》之曆日，吳其昌《金文曆朔疏證》以三統編排商周曆譜，其弊一如劉歆用三統釋《春秋》經傳。此前，不少學者已指出劉歆以三統釋《春秋》之誤，何以這些學者仍用三統釋古史？個中緣由雖有不同，但對曆術的解釋功能缺乏明晰的辨別力，卻無不同。秦之前的古史，無明文用何種曆法，若用後世曆術解釋古史，就有可能忽視史實與曆術間的矛盾。後世曆術對於古史曆日的解釋限度，應有十分嚴格的限定。

　　雖然前代學者以曆釋經多有謬誤，但其中又包含豐富的經學史內涵。故筆者在論述時，略於經學家以曆釋經的是非（如不重劉歆以三統釋經傳曆日是否合理，不論鄭玄用殷曆編排周初年代是否合乎實情），而注重還原各人運用曆術的過程及背景，進而彰顯經學家的立論基礎與論證依據。各章的寫作，大體依此思路而展開。

　　在目前的學科建制中，經學與曆學皆屬專門之學，難以兼擅。筆者研習經學史有年，近年留心古曆，深覺其中艱難。古曆之學，明清已降號稱絕學，博學精審如錢曉徵，下筆猶見不定，立說仍有可商。則以筆者之疏淺，其訛誤舛謬又豈何如哉！雖然，理有本末，事有始終，倘得知所先後，表其繫聯，則孟子所謂“尚論古之人”者，亦浸浸然可近焉，其諸君子亦有樂於是歟？

附論 《乾鑿度》主歲卦貞辰解

主歲卦者，指二卦主一歲。如乾坤主第一歲，屯蒙主第二歲，需訟主第三歲，六十四卦分主三十二歲。乾坤、屯蒙、需訟以至於既濟未濟，即是主歲之卦。貞辰者，謂主歲卦之十二爻當直何辰。貞者，當也、直也。如乾初爻起貞於十一月子，坤初爻貞於六月未。屯初爻貞於十二月丑，蒙初爻貞於正月寅。主歲卦貞辰之文具見於緯書《乾鑿度》，辭晦旨澀，歷來學者所論又紛紜糾纏，且多謬誤。茲先錄其文，而後詳辨之。

乾，陽也；坤，陰也；並治而交錯行。乾貞於十一月子，左行陽時六；坤貞於六月未，右行陰時六，以奉順成其歲。歲終，次從於屯蒙。屯蒙主歲，屯爲陽，貞於十二月丑，其爻左行，以間時而治六辰；蒙爲陰，貞於正月寅，其爻右行，亦間時而治六辰。歲終，則從其次卦。陽卦以其辰爲貞，丑與左行，間辰而治六辰。陰卦與陽卦同位者，退一辰以爲貞，其爻右行，間辰而時六辰。泰否之卦，獨各貞其辰，共北辰左行相隨也。中孚爲陽，貞於十一月子；小過爲陰，貞於六月未；法於乾坤。三十二歲暮而周。①

此即主歲卦貞辰之文，其中有初爻之起貞，有陰陽卦之分，有左右行之別，有進退辰之例。初爻之起貞者，如乾貞於十一月子，坤貞於六月未；屯貞於十二月丑，蒙貞於正月寅。陰陽卦之分者，如乾爲陽卦，坤爲陰卦；屯爲陽卦，蒙爲陰卦。左右行之別者，謂陽卦之爻左行，陰卦之爻右行。進退辰之例者，謂陰卦與陽卦同位者，退一辰；泰否之卦，獨各貞其辰。

此段文字可謂主歲卦貞辰之總綱，但僅論及乾坤、屯蒙、泰否、中孚小過八卦，其餘五十六卦之貞辰，略而不見。後來學者於諸卦之貞辰，言人人殊，實緣陰陽卦之分與進退辰之例不明。

一、卦分陰陽與辰行左右

欲明主歲卦之貞辰，宜先明卦分陰陽之例。主歲卦之分陰陽，有二例，一據前後例，一據奇偶例。據前後者，謂主歲二卦，前卦爲陽，後卦爲陰。案六十四卦分主三十二歲，起於乾坤，訖於既濟未濟，卦序與今注疏本《周易》同。乾前坤後，屯前蒙後，需前訟後，依此類推，則中孚在前，小過在後；既濟在前，未濟在後。乾、屯、需、中孚、既濟凡在前者，即是陽

①《乾鑿度》，卷下，《景印文淵閣四庫全書・經部・易類》，第 53 册，頁876 上。

卦；坤、蒙、訟、小過、未濟凡在後者，則是陰卦。據奇偶者，謂六十四卦分主三十二歲，主奇歲者爲陽卦，主偶歲者爲陰卦。如乾坤主第一歲，一是奇數，故乾坤是陽卦。屯蒙主第二歲，二數爲偶，故屯蒙是陰卦。需訟主第三歲，奇數也，陽卦。如此而下，泰否主第六歲，偶數也，故是陰卦。既濟、未濟主第三十二歲，亦是陰卦可知。據前後例與據奇偶例，凡三十二卦陰陽相錯，如乾坤主第一歲，據前後例，乾是陽卦，坤是陰卦；但據奇偶例，坤又是陽卦。屯蒙主第二歲，據前後例，屯是陽卦；若據奇偶例，屯又是陰卦。如此類推，則坤、屯、訟、師、履、泰、大有、謙、蠱、臨、賁、剝、大畜、頤、離、咸、大壯、晉、睽、蹇、益、夬、升、困、鼎、震、歸妹、豐、兌、渙、小過、既濟三十二卦，是陰陽交相見。據下文所述，此三十二卦中，唯有十六卦可稱之爲"陰卦與陽卦同位者"，此十六卦，即屯、師、泰、謙、臨、剝、頤、咸、晉、蹇、夬、困、震、豐、渙、既濟。不明此十六卦爲陰陽同位卦，則主歲卦之貞辰即茫然不得其解。

卦分陰陽，辰亦分陰陽。十二辰始於子，終於亥，奇位者爲陽辰，偶位者爲陰辰。陽辰，子、寅、辰、午、申、戌；陰辰，丑、卯、巳、未、酉、亥。陰陽辰既定，則陽卦當陽辰而左行，陰卦當陰辰而右行。陽卦當陽辰左行，謂自子至戌順次而行；陰卦當陰辰右行，謂自未至酉逆次而行。

明乎卦分陰陽與辰行左右之例，則六十四卦流轉貞辰之次即可推知。

六十四卦之流轉，謂陽卦轉陽卦，陰卦轉陰卦。陽卦流轉，陽辰順次而左行；陰卦流轉，陰辰逆次而右行。如主第一歲之乾卦起貞於子，流轉第二歲陽卦屯，即貞於寅；流轉第三歲陽卦需，貞於辰；轉第四歲師卦，貞於午；第五歲小畜則貞於申，第六歲陽卦泰貞於戌。自子至戌，陽辰順次而左行，主第七歲同人又起貞於子。如此反復，則中孚貞於子、既濟貞於寅，可知也。此是陽卦陽辰左行順次之例。陰卦陰辰右行逆次之例，謂主第一歲之坤卦貞於未，流轉第二歲陰卦蒙，貞於巳；轉第三歲陰卦訟，則貞於卯；轉第四歲比卦，貞於丑；轉第五歲履卦貞於亥，第六歲陰卦否則貞於酉。自未至酉，陰辰逆次而右行，主第七歲大有又起貞於未。如此反復，則小過貞於未，未濟貞於巳，亦可知也。表示如下：

表三十六　主歲卦流轉表

主歲	陽　卦	陰　卦	主歲	陽　卦	陰　卦
1	乾（初子）	坤（初未）	10	臨（初午）	觀（初丑）
2	屯（初寅）	蒙（初巳）	11	噬嗑（初申）	賁（初亥）
3	需（初辰）	訟（初卯）	12	剝（初戌）	復（初酉）
4	師（初午）	比（初丑）	13	无妄（初子）	大畜（初未）
5	小畜（初申）	履（初亥）	14	頤（初寅）	大過（初巳）
6	泰（初戌）	否（初酉）	15	坎（初辰）	離（初卯）
7	同人（初子）	大有（初未）	16	咸（初午）	恒（初丑）
8	謙（初寅）	豫（初巳）	17	遯（初申）	大壯（初亥）
9	隨（初辰）	蠱（初卯）	18	晉（初戌）	明夷（初酉）

主歲	陽　卦	陰　卦	主歲	陽　卦	陰　卦
19	家人（初子）	睽（初未）	26	震（初寅）	艮（初巳）
20	蹇（初寅）	解（初巳）	27	漸（初辰）	歸妹（初卯）
21	損（初辰）	益（初卯）	28	豐（初午）	旅（初丑）
22	夬（初午）	姤（初丑）	29	巽（初申）	兌（初亥）
23	萃（初申）	升（初亥）	30	渙（初戌）	節（初酉）
24	困（初戌）	井（初酉）	31	中孚（初子）	小過（初未）
25	革（初子）	鼎（初未）	32	既濟（初寅）	未濟（初巳）
	陽卦左行	陰卦右行		陽卦左行	陰卦右行

二、乾坤何以貞於子未

據此表，主歲卦流轉貞辰之理一目了然。觀諸卦流轉貞辰之
次，知主歲卦之起貞，實本乾坤。由乾坤之貞於子未，其餘主歲
卦之貞辰依例流轉。但乾坤何以起貞於子未？緯無明文，説者不
一。有學者或以律呂説解之，如《漢書・律曆志》載劉歆説云：

　　宮以九唱六，變動不居，周流六虛，始於子，在十
一月。大呂位於丑，在十二月。大族位於寅，在正月。
夾鐘位於卯，在二月。姑洗位於辰，在三月。中呂位於
巳，在四月。蕤賓位於午，在五月。林鐘位於未，在六

月。夷則位於申，在七月。南呂位於酉，在八月。亡射
位於戌，在九月。應鐘位於亥，在十月。

十一月，乾之初九，陽氣伏於地下。六月，坤之初
六，陰氣受任於大陽。正月，乾之九二，萬物棟通。[①]

上段文字以十二律與十二月辰相配，下段文字以十二月與乾
坤十二爻相配，兩相比照，則乾坤十二爻直月、直辰、直律不難
推知。鄭玄注《周禮‧大師》略同，惟以同位夫妻、異位子母
説補足劉歆之意。[②]

案：劉、鄭之意，皆以爲坤受於乾，劉歆云"坤之初六，陰
氣受任於大陽"，鄭玄云"黄鐘初九也，下生林鐘之初六"，均
以爲乾坤先後生，非並時生。然《乾鑿度》云"乾坤相並俱生，
物有陰陽，因而重之，故六畫而成卦"，[③] 此謂乾坤並生，不謂
乾生坤，亦無初九陽氣生初六陰氣之義。劉、鄭之説，自有師
承，非緯家之意也。

也有學者以陰陽曆數解之，如宋鮑雲龍《天原發微》云：

---

① 〔漢〕班固：《漢書》，中華書局，1962，頁959—961。案：中華書局點校本
九二譌作九三，殿本引宋祁之説，已揭其誤，據改。

② 鄭氏云："黄鐘初九也，下生林鐘之初六，林鐘又上生大蔟之九二，大蔟又
下生南呂之六二，南呂又上生姑洗之九三，姑洗又下生應鐘之六三，應鐘又上
生蕤賓之九四，蕤賓又下生大呂之六四，大呂又上生夷則之九五，夷則又下生
夾鐘之六五，夾鐘又上生無射之上九，無射又下生中呂之上六。同位者象夫
妻，異位者象子母，所謂律取妻而呂生子也。"見《周禮注疏》，阮元校刻
《十三經注疏》（臺北藝文印書館景印清嘉慶廿年南昌府學槧本），第3冊，頁
354下—355上。

③ 《周易乾鑿度》，卷上，頁867上。

數之所起，起於陰陽，陰陽往來於日道。冬至，日
南極，陽來而陰往；冬，水位也，一陽生，爲水數一，
故乾貞於十一月子而左行。夏至，日北極，陰進而陽退；
夏，火位也，當以一陰爲火數，但陰不名奇數，必以偶，
故六月二陰生，爲火數二，故坤貞於未而右行。①

鮑氏之意，陽生於冬至十一月，陰生於夏至五月，冬至極陰
生陽，夏至極陽生陰。冬至十一月，辰在子；夏至五月，辰在
午。但五月午在奇位，陰不得以奇數名，宜以偶數名，是以退一
位而貞未。鮑氏云："坤一陰生於午，陰不敢當午位，故退一辰
而貞於未"，② 即此意。

鮑氏"退一位"之釋，可謂有識。案：《乾鑿度》云乾貞於
子、坤貞於未，實乾生於子、坤生於午之變。子於十二辰爲極
陰，午爲極陽，極陰生陽，極陽生陰，故陽從子，陰從午。坤六
爻俱陰，是極陰從午；乾六爻皆陽，是極陽從子；乾坤分從子
午。今本《京氏易傳》有"陰從午，陽從子，子午分行，子左
行，午右行"之語，③ 可相參證。但子午皆屬陽辰，而坤却是陰
卦之主，陰卦之主，不宜以陽辰當之，故退一辰以未當之。如
此，乾子坤未，分主陽卦陰卦，得陰陽交錯成歲之義。此即

① 〔宋〕鮑雲龍：《天原發微》，《景印文淵閣四庫全書・子部・術數類》，第
806 冊，頁 98 上。
② 〔宋〕鮑雲龍：《天原發微》，頁 98 上。
③ 〔漢〕京房：《京氏易傳》，卷之下，頁 2b。《津逮秘書》（明崇禎間虞山毛
氏汲古閣刻本）。

《乾鑿度》乾貞於子、坤貞於未之精義。乾坤貞於子未一定，其餘主歲卦之流轉，乃據陽卦陽辰順次左行、陰卦陰辰逆次右行之例（見上表三十六）。茲示乾坤間行左右圖如下：

圖二　乾坤間辰左右行圖

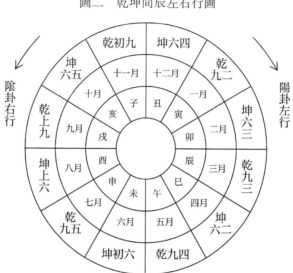

乾貞於十一月子，爲陽氣之始；坤貞於五月午，爲陰氣之始。乾坤相並俱生，則陰陽二氣之生，無有先後。今主歲卦既以二卦當一歲，坤退一辰而貞於六月未，故乾貞子先行，坤貞未後行，是爲陰從陽也。雖有先後，然各間辰而左右流轉一匝：乾初九起於十一月子，坤初六起於六月未；乾九二次於一月寅，坤六二次於四月巳；乾九三次於三月辰，坤六三次於二月卯；依次，乾上九次於九月戌，坤上六次於八月酉。據此，主歲卦雖以十二爻轉次十二月，其義乃謂陰陽卦氣流轉相交，周流一匝即成一

歲；不謂初爻必自歲首一月起，上爻必於歲末十二月止。即以乾坤言，乾初九起貞於十一月子，固可依周正言，然其次則是坤初六貞於六月未，非周正二月丑也。故主歲卦左右間辰之行次，不與時序同。若與時序同，則師比主歲，師起貞於四月，豈有一年自四月始耶？後來學者或不明此例，以爲間辰左右行皆自歲首起，且依二月、三月、四月之行次，非緯意也。

三、"陰卦與陽卦同位者退一辰"確解

坤本貞於午，以其爲陰卦之主，遂退一辰而貞未，故《乾鑿度》云"陰卦與陽卦同位者，退一辰以爲貞"，即依坤起例。坤之位，若據前後例，位在後，是陰卦；若據奇偶例，位在奇，是陽卦；既陰且陽，即陰卦與陽卦同位之意。坤既退一辰而爲陰卦之主，故緯文據以起例曰：陰卦與陽卦同位者，退一辰以爲貞。然則，凡陰陽同位之卦，其貞辰宜如坤例而退一辰。

但猶有變例。上文言及陰陽相錯者凡三十二卦，此三十二卦，半主奇歲卦，半主偶歲卦。主奇歲卦者，如坤、訟、履之等；主偶歲卦者，如屯、師、泰之等。若循坤例，凡主奇歲卦且陰陽同位者，當退一辰，今不然者，以訟、履之等，其貞辰本自坤未流轉而來，坤自午退未，已是陰辰；而訟、履之貞辰，既隨坤未而轉來，故不必再退一辰。是以陰卦與陽卦同位者，特指主偶歲之卦，如屯卦，位在前，是陽卦；以其主第二歲，爲偶，處於陰位，是陰卦；陰陽同位，故退一辰，由貞寅而退一辰貞丑，《乾鑿度》

云"屯貞於十二月丑"，緣此也。屯既退一辰貞於十二月丑，蒙本貞於巳，二者皆陰辰，非陰陽相交成歲之義，是以蒙卦進至於屯位，貞於寅，故云"蒙貞於正月寅"。蒙若不進，猶待於巳，則是陰位，嫌主歲二卦之貞辰皆陰，而無陰陽相交之義，不能成歲矣。

屯退一辰貞丑，雖貞陰辰，猶左行；蒙進而貞寅，雖貞陽辰，猶右行。是知辰行左右惟據前後例，不據奇偶例。凡據前後例爲陽卦者，雖退貞陰辰，猶左行；凡據前後例爲陰卦者，雖進貞陽辰，猶右行。屯蒙左右行如下圖：

圖三　屯蒙間辰左右行圖

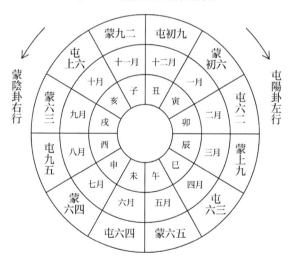

屯雖陰陽同位而退一辰，但是陽卦，猶左行。然緯文曰"陰卦與陽卦同位者，退一辰以爲貞，其爻右行"，此言"右行"者，乃據坤起例，非緯文自相違異。

要之，《乾鑿度》云"陰卦與陽卦同位者，退一辰"，本乎

坤例，而實指主偶歲之卦。屯蒙主第二歲，屯是陰陽同位，屯本
貞於寅，退一辰而貞於丑，蒙則進至於屯之陽位，故貞於寅。師
比主第四歲，師亦陰陽同位，師本貞於午，退一辰而貞於巳，比
則進至於師之陽位，貞於午可知。若然，泰否主第六歲，亦是偶
歲卦，泰陰陽同位，當退一辰而貞於酉，否當進至於泰位，貞於
戌。何以緯文曰"泰否獨各貞其辰"，而無進退耶？

四、泰否何以獨各貞其辰

　　其實，不但泰否獨各貞其辰，剝復、晉明夷、困井、渙節亦
獨各貞其辰，而無進退也。

　　泰否主第六歲卦，泰位在前，爲陽卦，以其主第六歲，處陰位，
又是陰卦，故泰是陰陽同位卦。泰本貞於戌，以陰陽同位，宜如屯、
師之例而退一辰，泰當貞於酉，否當進至於泰卦之位，而貞於戌。
然則，此二卦所貞者，猶是戌酉，所貞戌酉未變，而陰陽互易，嫌
陽從陰也，故緯文於泰否起例云"獨各貞其辰"。泰當變而不變，否
宜進而不能進，例與屯蒙、師比相乖，是以不得不變否之右行爲左
行，以彰陰順陽之義。泰猶貞戌、否猶貞酉，戌酉二辰比鄰左行，
戌前而酉後，否陰隨泰陽也。此即泰否"獨各貞其辰，共北〔比〕
辰左行相隨"之要義。北，蓋比之譌，張惠言説是也。[1] 同理，剝

──────────

①〔清〕張惠言：《易緯略義》，《續修四庫全書·經部·禮類》，第40冊，頁
546上。

復、晉明夷、困井、渙節亦不進退其辰者，以所貞之辰均是戌酉故也。

明乎陰陽同位卦當退一辰，而泰否獨各貞其辰之義，則《乾鑿度》之文讀無不通矣。泰否獨各貞其辰圖如下：

圖四　否泰獨各貞其辰左行相隨圖

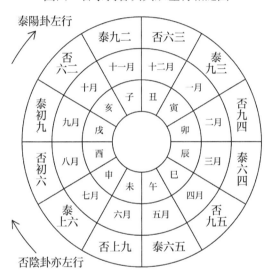

主偶歲卦之陰陽同位者，或退一辰，如屯；或不退，如泰，皆變於坤例。然則，主奇歲卦者無退辰，其貞辰乃法乾坤，而與乾坤同義歟？答曰：義猶不同也。以中孚、小過爲例，《乾鑿度》云“中孚爲陽，貞於十一月子；小過爲陰，貞於六月未；法於乾坤”，此云“法於乾坤”者，謂中孚小過貞於子未，與乾坤貞於子未相同。雖然，中孚小過所以貞於子未者，緣乾坤既貞於子未，以陽卦直陽辰順次左行、陰卦直陰辰逆次右行，流轉至於第

三十一歲，自然中孚貞於子、小過貞於未，故小過本辰在未。但坤卦本辰在午，乃以退一辰而貞於未。坤之貞未與小過之貞未，有退與不退之殊，義不得等同。

五、"六十四卦流轉注十二辰圖"補

上來所述，知陰陽同位卦退一辰者，例由坤生。然屯貞於丑，師貞於巳等等，是變於坤例，即由主奇歲卦者退一辰，變爲主偶歲卦者退一辰，此乃"陰卦與陽卦同位者，退一辰以爲貞"之要義所在。《乾鑿度》又謂泰否獨各貞其辰而無進退，亦變於坤例，以其貞於戌酉故也。

既明陰陽同位卦退一辰之例，更與主歲卦流轉表（表三十六）相合，則六十四卦流轉貞辰圖不難推排矣。先列陰陽同位卦進退辰表如下：

表三十七　陰陽同位卦進退辰表

主歲	陽卦	陰卦	進退辰釋例
2	屯（初寅）	蒙（初巳）	屯卦陰陽同位，退一辰而貞丑，蒙進而貞屯之寅。
4	師（初午）	比（初丑）	師卦陰陽同位，退一辰而貞巳，比進而貞師之午。
6	泰（初戌）	否（初酉）	泰否獨各貞其辰，而無進退者，以泰否貞戌酉故也。
8	謙（初寅）	豫（初巳）	例同屯蒙。謙退一辰貞丑，豫進而貞謙之寅。

續　表

主歲	陽卦	陰卦	進　退　辰　釋　例
10	臨（初午）	觀（初丑）	例同師比。臨退一辰貞巳，觀進而貞臨之午。
12	剝（初戌）	復（初酉）	例與泰否同。剝復貞戌酉不變，無進退。
14	頤（初寅）	大過（初巳）	例同屯蒙。頤退一辰貞丑，大過進而貞頤之寅。
16	咸（初午）	恒（初丑）	例同師比。咸退一辰貞巳，恒進而貞咸之午。
18	晉（初戌）	明夷（初酉）	例與泰否同。晉明夷貞戌酉不變，無進退。
20	蹇（初寅）	解（初巳）	例同屯蒙。蹇退一辰貞丑，解進而貞蹇之寅。
22	夬（初午）	姤（初丑）	例同師比。夬退一辰貞巳，姤進而貞夬之午。
24	困（初戌）	井（初酉）	例與泰否同。困井貞戌酉不變，無進退。
26	震（初寅）	艮（初巳）	例同屯蒙。震退一辰貞丑，艮進而貞震之寅。
28	豐（初午）	旅（初丑）	例同師比。豐退一辰貞巳，旅進而貞豐之午。
30	渙（初戌）	節（初酉）	例與泰否同。渙節貞戌酉不變，無進退。
32	既濟（初寅）	未濟（初巳）	例同屯蒙。既濟退一辰貞丑，未濟進而貞既濟之寅。

　　此表與表三十六（主歲卦流轉表）相合，即可生成主歲卦流轉貞辰圖。考今本《稽覽圖》有"六十四卦流轉""六十四卦流轉注十二之辰"之語，① 文在六十四卦坼、軌之下，頗疑《稽覽圖》"六十四卦流轉"云云，乃是緯圖之題名，而後來傳本僅存坼軌之數，圖則遺脱。試補圖如下：

---

① 《易緯稽覽圖》，《景印文淵閣四庫全書·經部·易類》，第 53 册，頁 856下、頁 857 上。

圖五　六十四卦流轉注十二辰圖

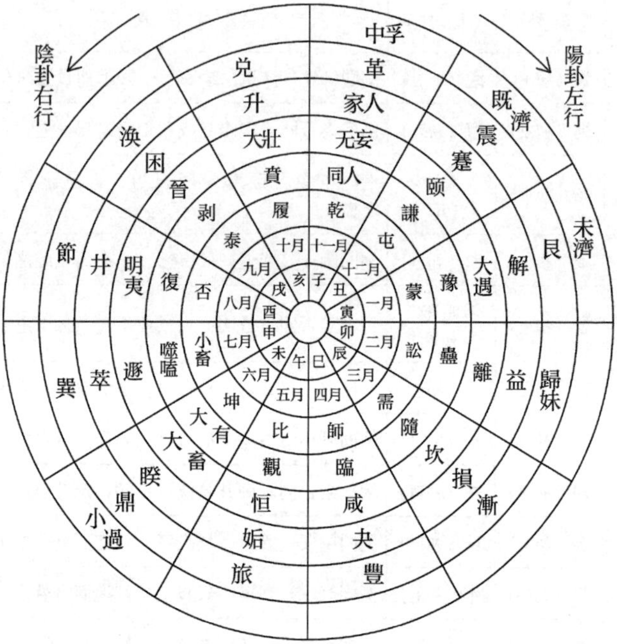

此圖乾貞於十一月子，坤貞於六月未；屯貞於十二月丑，蒙貞於正月寅；中孚貞於十一月子，小過貞於六月未，皆合乎緯文。又，泰貞於九月戌，否貞於八月酉，亦合乎緯文"共北〔比〕辰左行相隨"之義。是知主歲卦之貞辰，不可據六日七分說爲釋。六日七分卦序，乾在四月巳，坤在十月亥，泰在正月寅，否在七月申，小過在正月寅，① 並與《乾鑿度》主歲卦

---

① 六日七分卦序，即"小過、蒙、益、漸、泰〔寅〕。需、隨、晉、解、大壯〔卯〕。豫、訟、蠱、革、夬〔辰〕。旅、師、比、小畜、乾〔巳〕。大有、家人、井、咸、姤〔午〕。鼎、豐、渙、履、遯〔未〕。恒、節、同（轉下頁）

不合。

六、前人論説證謬

既知主歲卦流轉貞辰之理，即可明辨前人論説之是非。

1. 宋朱震《周易卦圖》云："乾貞於子而左行，坤貞於未而右行。屯貞於丑，間時而左行，蒙貞於寅，間時而右行。泰貞於寅而左行，否貞於申而右行。"②

此云乾坤貞於子未，屯蒙貞於丑寅，有《乾鑿度》明文可證。云"泰貞於寅，否貞於申"者，乃據《稽覽圖》六日七分法。案六日七分説以六十卦當一歲，主歲卦則以二卦當一歲，兩義不相涉，不能混淆。且泰左行、否右行，也與《乾鑿度》"共北〔比〕辰左行相隨"不合。朱説不可從也。

2. 清黄宗羲《易學象數論》云："主歲之卦，以《周易》爲序；而爻之起貞，則以六日七分之法爲序。乾於卦序在四月巳，坤於卦序在十月亥。今乾初不起四月，坤初不起十月者，以十一月陽生，五月陰生，乾坤不與眾卦偶，故乾貞於十一月子；坤又不起於五月者，五月與十一月皆陽辰，間辰而次，則相重矣，故貞於六月未。舍午而用未，是退一辰也。屯序在十

（接上頁）　人、損、否〔申〕。巽、萃、大畜、賁、觀〔酉〕。歸妹、无妄、明夷、困、剥〔戌〕。艮、既濟、噬嗑、大過、坤〔亥〕。未濟、蹇、頤、中孚、復〔子〕。屯、謙、睽、升、臨〔丑〕"。見《易緯稽覽圖》，頁851下。
②〔宋〕朱震:《周易卦圖》，《朱震集》，嶽麓書社，2007年，頁597。

二月，蒙序在正月，各以其月爲貞。師序在四月，比序亦在四月，陰卦與陽卦同位，陰卦退一辰而貞五月。泰在正月，貞其陽辰，否在七月，亦陽辰也，自宜避之，以兩卦獨得乾坤之體，故各貞其辰而皆左行。中孚貞於十一月子；小過，正月之卦也，宜貞於二月卯，而貞於六月，非其次矣，故云法乾坤。蓋諸卦皆一例，惟乾坤、泰否、中孚小過六卦不同，此是作者故爲更張，自亂其義。"①

　　案：爻之起貞，不以六日七分法爲序。黃氏以六日七分法釋主歲卦，與朱震同誤，故解乾坤之貞子未，終不與六日七分法合。其謂屯爲十二月卦，蒙是正月卦，以六日七分説適與《乾鑿度》同耳。黃氏謂師、比是陰卦與陽卦同位，乃緣六日七分法師比同在四月耳。令如黃説，則陰卦與陽卦同位者僅師比二卦而已，其餘主歲卦皆非同位卦，以其俱不同月耳。黃氏又論泰否云"以兩卦獨得乾坤之體，故各貞其辰而皆左行"，據此，則泰否"共北〔比〕辰"之義即不得其解。又云"小過，正月之卦也，宜貞於二月卯，而貞於六月，非其次矣"，乃與《乾鑿度》之文相背。故黃氏譏訾"作者故爲更張，自亂其義"云云，深嫌鹵莽。

　　總之，主歲卦以二卦當一歲，六日七分法則以六十卦當一歲，不可相比。朱震先發之，黃氏祖襲之，俱謬。

　　3. 惠棟《易漢學》："朱子發《卦圖》合鄭前後注而一之，

---

① 〔清〕黃宗羲：《易學象數論》，毛佩琦、陳敦偉、王永嘉點校：《黃宗羲全集》，浙江古籍出版社，2012年，第4冊，頁140—141。

學者幾不能辨，余特爲改正，一目了然矣。"① 惠氏雖改朱震之
說，猶不得其正。今考其"否泰所貞之辰異於他卦圖"，亦非
緯意：

圖六　惠棟"否泰所貞之辰異於他卦圖"

　　此圖以泰否十二爻當十二月，泰初爻起於正月，次二月，次
三月，終次於六月。否初爻起於七月，次八月，次九月，終次於
十二月。而據上圖三，泰否間辰同左行：泰初九起於九月戌，否
初六起於八月酉；泰九二次於十一月子；否六二次於十月亥；泰
九三次於一月寅，否六三次於十二月丑；泰六四次於三月辰，否
九四次於二月卯；泰六五次於五月午，否九五次於四月巳；泰上
六次於七月申，否上九次於六月未。此爲陰陽二氣間辰相隨，一

———————

① 〔清〕惠棟撰，鄭萬耕點校：《易漢學》（附《周易述》），下册，中華書
局，2007 年，頁 620。

匜而成歲，實不與歲時之序同。今惠圖以泰陽先行訖，否陰乃後行繼之，以歲首起於正月，歲末終於十二月解之，既非緯文間行治辰、奉順成歲之意，亦與泰否"比辰"之義相乖，不足徵信。

　　4. 張惠言《易緯略義》有"否泰各貞其辰左行相隨圖"等，① 亦多誤：

圖七　張惠言"否泰各貞其辰左行相隨圖"等

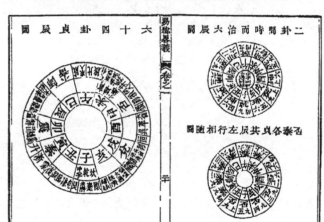

　　此三圖，除"二卦間時而治六辰圖"外，其餘二圖皆謬。否泰貞辰所以誤者，緣張氏亦以六日七分法爲據，故以泰初九貞於寅，否初六貞於申。至於"六十四卦貞辰圖"，其貞於子者，有乾、坎、中孚、頤、蹇、未濟、艮七卦；而貞於巳者，僅小畜、師二卦。如此參差，殊非緯文制圖之例，知張氏之圖也不合

① 《易緯略義》，頁 547 下。

緯意。

5. 四庫館臣所輯《乾鑿度》，文末附有識語，不著姓氏。此識語似辯而易惑，張惠言《易緯略義》引證其文，却不知其誤，① 故詳辨於下：

　　　主歲之卦，注以爲泰否之卦宜貞戌亥，蓋據屯蒙推之也。爲其圖者以爲貞戌酉，按注則違圖，按圖違經，則失圖之矣。而注亦又錯。今以經義推之，同位陰陽退一辰，相避也；按圖，位無同時，又何避焉？不合一也。又屯蒙之貞，違經失義，不合二也。否泰不比及月，不合三也。經曰：乾貞於子，坤貞於未，乾坤，陰陽之主也。陰退一辰，故貞於未。至於屯蒙，則各貞其日。言歲終，則各從卦次是也。且屯蒙爲法也，泰否言獨各貞於辰，中孚小過言法乾坤，蓋諸異者，否泰於卦位屬爲衡法，宜相避，故言獨貞辰也。北辰共者，否貞申，右行，則三陰在西，三陽在北；泰貞寅左行，則三陽在東，三陰在南；是則陰陽相比，共復乾坤之體也。中孚貞於十一月子，小過，正月之卦也，宜貞於母二月卯，而貞於六月，非其次，故言象法乾坤。②

① 張惠言云："此書簡末有正鄭義者。""簡末"者，即此段引文也。張氏僅校勘文字，於此文之義例未有申說，讀者實不知如何"正鄭"。見《易緯略義》，頁546下—547上。
② 《周易乾鑿度》，頁883上。

　　案：此説不得主歲卦要旨：

　　其一，云"注以爲泰否之卦，宜貞戌亥，蓋據屯蒙推之"者，非是。考注文云："泰卦當貞於戌，否當貞於亥。戌，乾體所在；亥，又坤消息之月。"[1] 明言泰否貞於戌亥者，乃據乾坤，不據屯蒙。今撰者既不辨注之是非，又謂泰否貞戌亥"據屯蒙推之"，非注意也。

　　其二，云"爲其圖者以爲貞戌酉，按注則違圖，按圖違經，則失圖之矣"，爲其圖者，蓋指《稽覽圖》"六十四卦流轉注十二辰之圖"，圖上之文爲坏軌數，有泰貞戌、否貞酉之文，[2] 今注云貞戌亥，與之不合，故云"按注則違圖"。云"按圖違經"者，經謂《稽覽圖》之文，即六日七分説，謂泰貞於正月寅，否貞於七月申。圖則是泰貞戌、否貞酉，故云"按圖違經，則失圖之矣"，失圖，張惠言謂"圖失"之倒，[3] 可從。今駁者引《稽覽圖》六日七分説爲據，然六日七分法與主歲卦義例互殊，不可據彼決此。

　　其三，云"今以經義推之，同位陰陽退一辰，相避也；按圖，位無同時，又何避焉？不合一也"者，以"相避"釋陰陽同位退一辰，是也，然謂"按圖，位無同時"者，則有可商。圖者，指《稽覽圖》"六十四卦流轉注十二辰圖"，圖雖無同位之卦，然陰陽同位卦，指一卦之中併包陰卦、陽卦之義，非謂二

---

①《周易乾鑿度》，頁 876 上。

②《稽覽圖》卷下云"泰（世辰初戌），否（世卯初酉）"，是泰貞戌、否貞酉之證。頁 854 上。

③《易緯略義》，頁 546 下。

卦相並也。

其四，云"屯蒙之貞，違經失義，不合二也"者，經即《稽覽圖》之文，彼文屯貞於寅，蒙貞於巳，[1] 今《乾鑿度》屯蒙貞於丑寅，故云"違經失義"。駁者不明屯是陰陽同位卦及進退辰例，故引六日七分法以駁主歲卦，是據《稽覽圖》以難《乾鑿度》，謬矣。

其五，云"否泰不比及月不合三也，至共復乾坤之體也"者，否泰不比及月，即注云"泰否不用卦次"也。卦次，指六日七分法之卦次，謂屯十二月、蒙正月；需二月、訟三月；師、比同四月；小畜四月、履六月；泰正月、否七月。案：小畜、履不比月者，若以"退一辰"釋之，則小畜猶可貞五月，如此，自屯蒙至於小畜履，皆比月。今泰貞正月、否貞七月，即退一辰，猶不比月，故云"否泰不比及月，不合三也"。然據主歲卦之流轉，泰貞戌、否貞酉，比月無疑，《乾鑿度》云："共〔比〕辰左行相隨"，亦可參證。此撰者雖承注意，猶未得緯文本旨。撰者又云"北辰共者，否貞申，右行，則三陰在西，三陽在北；泰貞寅左行，則三陽在東，三陰在南"，此讀"北"如字，不破注，然謂否右行、泰左行，則與注違。注云"泰從正月至六月，皆陽爻；否從七月至十二月，皆陰爻"者，意謂泰否是乾坤離體而成，泰三陽在東，三陰在北；否三陰在西，三陽在南。泰否皆左行，起於東，次南，次西，止於北，故云泰從正月至六月，

---

[1] 《稽覽圖》卷下云"屯（世寅初寅），蒙（世戌初巳）"，是屯貞於寅，蒙貞於巳。頁853下。

皆陽爻；否從七月至十二月，皆陰爻。今撰者云"否貞申，右行，則三陰在西，三陽在北；泰貞寅左行，則三陽在東，三陰在南"，乃分左右行，明與經注"左行相隨"相悖，既非注意，又不得泰否"獨各貞其辰"之正解。

其六，云"中孚貞於十一月子，小過，正月之卦也，宜貞於母二月卯，而貞於六月，非其次，故言象法乾坤"者，以小過爲正月之卦，正六日七分法。《乾鑿度》云中孚小過"法於乾坤"，謂中孚貞於子、小過貞於未，與乾坤貞於子未相同。注云小過爲正月之卦者，乃據六日七分法，非緯意。今撰者雖承注意，然又謂小過宜貞於二月卯，乃緣中孚貞於十一月子，若小過貞於正月寅，嫌二卦皆陽，故小過退一辰而貞於二月卯。云"母"者，或本鄭玄異位子母説，即中孚初九起於十一月子，生小過初六二月卯，是同位爲夫妻；小過初六二月卯，生中孚九二正月寅，是異位爲母子，故云"宜貞於母二月卯"，然非注意也。

要之，四庫本《乾鑿度》末附識語，既以六日七分説立論，又與注違，言不中理，不可信從。

七、"鄭注"辨僞

今本《乾鑿度》題鄭玄注，然觀此注文，多與主歲卦貞辰之義例不合。竊疑此注恐非鄭氏所撰，蓋後人託名也。亦辨如下：

貞，正也，初爻以此爲正。次爻左右者，各從次數
之。一歲終，則從其次，屯蒙需訟也。陰卦與陽卦其位
同，謂與同日，若在衝也，陰則退一辰者，爲左右交錯
相避。泰否獨各貞其辰，言不用卦次；泰卦當貞於戌，
否當貞於亥。戌，乾體所在；亥，又坤消息之月。泰
否，乾坤離體，炁與之相亂，故避之；而各貞其辰，謂
泰貞於正月，否貞於七月。六爻，皆泰得否之乾、否得
泰之坤。北辰左行，謂泰從正月至六月，皆陽爻；否從
七月至十二月，皆陰爻；否泰各自相從。中孚貞於十一
月，小過貞於正月，言法乾坤者，著乾坤尚然，示以承
餘，且有改也。餘不見，爲圖者備列之矣。莽也、周
也，皆一歲匝，悟相避。其於此月，唯歲終矣，爻析有
餘也。①

此注與緯意多不合，亦疏通如下：

其一，云“初爻以此爲正。次爻左右者，各從次數之”者，
謂主歲二卦爲陰陽之主，陰陽卦氣始於二卦初爻，猶未及左右
行，故以“正”解貞。初爻以下之次，乃分左右行，故云“次
爻左右”。

其二，云“陰卦與陽卦其位同，謂與同日，若在衝也，陰
則退一辰者，爲左右交錯相避”者，注以“同日”解“同位”。

---

① 《乾鑿度》，頁 876 上一下。

案：主歲卦十二爻但直月，無直日義，故張惠言改日爲月。① 然日字，亦有時日之廣義，非但與"月"對文。故此日字容或不誤，又或日字乃"位"字之誤，以無他本可證，闕疑可也。注以"在衝"釋陰陽卦同位，緣坤本在午位，與乾子位相對衝，故坤退一辰而貞未，注意是矣，然玩繹注文，似以陰陽同位爲二卦，如云"陰則退一辰者"，實闕"陽不退辰"之義。但陰陽同位卦，乃一卦並具陰陽二義，非謂陰陽二卦相並也。緯言"退一辰"者，雖本乎坤，特指主偶歲之卦（如屯），不宜以"陰則退一辰"爲釋。由此觀之，注於緯意猶未達一間。

其三，云"泰否獨各貞其辰，言不用卦次；泰卦當貞於戌，否當貞於亥。戌，乾體所在；亥，又坤消息之月"者，此云"卦次"，據六日七分法也，上節已有辨。注家既謂泰否不用卦次，遂籍泰否貞於戌亥爲釋，以《乾鑿度》有"乾坤氣合戌亥"之語。② 案：乾自初爻子，順次而行，至上爻止於戌，③ 故云"戌，乾體所在"。坤於十二消息卦（亦即六日七分法）在亥，故云"亥，又坤消息之月"。云乾戌，據主歲卦之爻當月；云坤亥，據六日七分法之爻當日。二者不同義例，今注家合而言之，非所宜也。

其四，云"泰否，乾坤離體，炁與之相亂，故避之。而各貞其辰，謂泰貞於正月，否貞於七月"者，注家既以爲泰否貞

---

① 《易緯略義》，頁 546 上。
② 《乾鑿度》，頁 876 下。
③ 乾初九爻起於子，九二爻次於寅，九三爻次於辰，九四爻次於午，九五爻次於申，上九爻止於戌。

戌亥本乎乾坤，此又謂乾貞於正月、坤貞於七月，前後乖異，何者？案：注家之意，泰否乃乾坤離體而成，泰否之貞宜本乎乾坤，故云貞於戌亥。又以乾坤陰陽二氣相亂，須避之，是以泰否不復貞於戌亥，而貞於正月、七月。以六日七分法，泰在正月、否在七月故也。

其五，云"六爻，皆泰得否之乾、否得泰之坤。北辰左行，謂泰從正月至六月，皆陽爻；否從七月至十二月，皆陰爻；否泰各自相從"者，案泰否皆三陰三陽，泰不得謂"皆陽爻"，否不得謂"皆陰爻"。今注云者，乃以泰三陰在北，三陽在東；否三陽在南，三陰在西。主歲之爻起於東，左行，次於南，次於西，止於北。故從正月至三月，泰三陽爻貞之；從四月至六月，否三陽爻貞之。從七月至九月，否三陰爻貞之；從十月至十二月，泰三陰爻貞之。由東而南，是"泰得否之乾"，皆陽爻；由西而北，是"否得泰之坤"，皆陰爻。云"否泰各自相從"者，即起以泰之乾，次以否之乾，又次以否之坤，終於泰之坤。此相從以卦，非相從以爻；可言"左行"，不可言"相隨"。顧與緯文"左行相隨"不合矣。

其六，云"中孚貞於十一月，小過貞於正月，言法乾坤者，著乾坤尚然，示以承餘，且有改也"者，緯文明言中孚貞於子，小過貞於未，今注據六日七分法，謂中孚貞於十一月，小過貞於正月，與乾坤貞於子未不同，故其解"法乾坤"云"示以承餘，且有改"，意雖承乾坤之法，又有所改。明與《乾鑿度》本文不合。

其七，云"彗也、周也，皆一歲匝，悟相避"者，張惠言

疑"悟"是"語"之譌，① 似不能通達其意。悟，或是牾之譌
歟？牾者，逆也、衝也。謂主歲卦辰行一周，若陰卦與陽卦同位
者，在逆衝之位，當退一辰以避之。

以上所論，知注家於主歲卦貞辰之例，未能洞徹表裏。觀其
以六日七分法立論，時與《乾鑿度》之文不合，殊非鄭康成箋
注之體。又考鄭氏注《周禮》云黄鐘下生林鐘，林鐘上生大蔟，
又云"同位者象夫妻，異位者象子母，所謂律取妻而吕生子"②，
同位者，謂同在初位、二位之等，如黄鐘之初九與林鐘之初六，
俱是二卦初爻，謂之同位；異位者，謂若林鐘之初六與大蔟之九
二，謂之異位。初九生初六，謂之同位象夫妻；初六生九二，謂
之異位象子母。律所生者，常同位；吕所生，常異位；故云
"律取妻而吕生子"。是鄭解同位，與此同位義異，深疑此注非
鄭玄所撰，乃後人託名耳。

八、小結

綜上所述，主歲卦貞辰之例凡四：1. 乾坤例，此爲諸卦貞辰
之本，與他卦貞辰皆不同例。坤以陰陽同位，退一辰以爲貞。
2. 屯蒙例，主偶歲卦，屯以陰陽同位，退一辰以爲貞，蒙則進
至於屯之位。凡主偶歲卦者多同此例。3. 需訟例，主奇歲卦，

---

① 《易緯略義》，頁 546 下。
② 《周禮注疏》，頁 354 下—355 上。

其貞辰不變。凡主奇歲卦者與此同例。4. 泰否例，雖主偶歲卦，但與屯蒙例不同。泰否貞戌酉，故無進退辰，且改否之右行爲左行。凡貞戌酉者皆同泰否例。明此貞辰四例，則《乾鑿度》之文義通達無窒礙矣。

主歲卦之貞辰，既關陰陽卦之分，又關進退辰之例。不分疏陰卦、陽卦之義，則"陰卦與陽卦同位者"不知所指。不明貞辰進退例，則"泰否之卦，獨各貞其辰"即難以索解。自來學者多以六日七分法解之，俱不得其理。兹一一疏通於上，俾有心於緯學者，或有一得之助焉。

引用書目

一、傳統文獻

經部

1. 〔漢〕京房撰，〔晉〕陸績注：《京氏易傳》，《津逮秘書》本，明崇禎
   虞山毛氏汲古閣刻本。

   〔漢〕京房撰，〔吳〕陸績注：《京氏易傳》，〔明〕樊維城編《鹽邑志
   林》明天啓間刻本。

   〔漢〕京房撰，〔吳〕陸績注：《京氏易傳》，《漢魏叢書》，明萬曆新安
   程氏刻本。

2. 〔清〕王保訓輯：《京氏易》，《木犀軒叢書》，光緒德化李氏木犀軒
   刻本。

3. 徐昂：《京氏易傳箋》，《徐氏全書》，第 1 冊，南通翰墨林書局，1944
   年鉛印本。

4. 《周易・乾鑿度》，《景印文淵閣四庫全書・經部・易類》，臺北：臺灣
   商務印書館，第 53 冊。

5.《易緯・稽覽圖》,《景印文淵閣四庫全書・經部・易類》,第 53 册。

6.〔宋〕朱震:《漢上易傳》,《景印文淵閣四庫全書・經部・易類》,第 11 册。

7.〔元〕胡一桂:《周易啓蒙翼傳》,《景印文淵閣四庫全書・經部・易類》,第 22 册。

8.〔清〕黄宗羲:《易學象數論》,《景印文淵閣四庫全書・經部・易類》,第 40 册。

9.〔清〕胡煦:《周易函書約存》,《景印文淵閣四庫全書・經部・易類》,第 48 册。

10.〔清〕張惠言:《易緯略義》,《續修四庫全書・經部・易類》,上海:上海古籍出版社,第 40 册。

11.〔清〕俞樾:《卦氣直日考》,《續修四庫全書・經部・易類》,第 34 册。

12.〔宋〕王應麟輯,〔清〕孔廣林增訂:《尚書鄭注》,《學津討原》第二集,第 1 册,北京大學藏清嘉慶琴川張氏照曠閣刻本。

13.〔清〕江聲:《尚書集注音疏》,《續修四庫全書・經部・書類》,第 44 册。

14.〔清〕王鳴盛:《尚書後案》,《續修四庫全書・經部・書類》,第 45 册。

15.〔清〕陳喬樅:《今文尚書經説考》,《續修四庫全書・經部・書類》,第 49 册。

16.〔清〕孫星衍撰,陳抗、盛冬鈴點校:《尚書今古文注疏》,北京:中華書局,1986 年。

17.〔清〕莊述祖:《尚書今古文考證》,《續修四庫全書・經部・書類》,第 46 册。

18.〔清〕劉逢禄:《尚書今古文集解》,《續修四庫全書・經部・書類》,

第 48 冊。

19.〔清〕李銳:《召誥日名攷》,《續修四庫全書‧經部‧書類》,第 55 冊。

20.〔清〕皮錫瑞撰,盛冬鈴、陳抗點校:《今文尚書考證》,北京:中華書局,1989 年。

21.〔清〕皮錫瑞:《尚書大傳疏證》,《續修四庫全書‧經部‧書類》,第 55 冊。

22.〔清〕陳壽祺、陳喬樅撰述:《三家詩遺説考‧魯詩遺説考》,《續修四庫全書‧經部‧詩類》,第 76 冊。

23.〔清〕陳喬樅:《詩緯集證》,《續修四庫全書‧經部‧詩類》,第 77 冊。

24.〔清〕陳喬樅:《毛詩鄭箋改字説》,《續修四庫全書‧經部‧詩類》,第 72 冊。

25.〔清〕迮鶴壽:《齊詩翼氏學》,《續修四庫全書‧經部‧詩類》,第 75 冊。

26.〔清〕馬瑞辰撰,陳金生點校:《毛詩傳箋通釋》,北京:中華書局,1989 年。

27.〔清〕葉德輝:《阮氏三家詩補遺叙》,見阮元:《三家詩補遺》,《續修四庫全書‧經部‧詩類》,第 76 冊。

28.〔清〕江永:《周禮疑義舉要》,《景印文淵閣四庫全書‧經部‧禮類》,第 101 冊。

29.〔清〕皮錫瑞:《魯禮禘祫義疏證》,《續修四庫全書‧經部‧禮類》,第 112 冊。

30.〔清〕皮錫瑞:《答臨孝存周禮難疏證》,《鄭志疏證》附録,《續修四庫全書‧經部‧群經總義類》,第 171 冊。

31.〔清〕孫詒讓撰,王文錦、陳玉霞點校:《周禮正義》,北京:中華書局，1987 年。

32.〔清〕崔適:《四禘通釋》,《四庫未收書輯刊》,北京:北京出版社,第
1 輯,第 5 冊。

33.〔晉〕杜預:《春秋釋例》,《景印文淵閣四庫全書‧經部‧春秋類》,
第 146 冊。

34.〔宋〕劉敞:《春秋權衡》,《景印文淵閣四庫全書‧經部‧春秋類》,
第 147 冊。

35.〔宋〕葉夢得:《春秋考》,《景印文淵閣四庫全書‧經部‧春秋類》,
第 149 冊。

36.〔宋〕葉夢得:《左傳讞》,《景印文淵閣四庫全書‧經部‧春秋類》,第
149 冊。

37.〔元〕趙汸:《春秋左氏傳補注》,《景印文淵閣四庫全書‧經部‧春秋
類》,第 164 冊。

38.〔清〕顧炎武:《左傳杜解補正》,《景印文淵閣四庫全書‧經部‧春秋
類》,第 174 冊。

39.〔清〕顧棟高撰,吳樹平、李解民點校:《春秋大事表》,北京:中華書
局,1993 年。

40.〔清〕陳厚耀:《春秋長曆》,《景印文淵閣四庫全書‧經部‧春秋類》,
第 178 冊。

41.〔清〕臧壽恭:《左氏古義》,《續修四庫全書‧經部‧春秋類》,第
125 冊。

42.〔清〕李貽德:《春秋左氏傳賈服注輯述》,《續修四庫全書‧經部‧春
秋類》,第 125 冊。

43.〔清〕羅士琳:《春秋朔閏異同》,《續修四庫全書‧經部‧春秋類》,

第 147、148 冊。

44.〔清〕王韜撰，曾次亮點校：《春秋曆學三種》，北京：中華書局，1959 年。

45.〔清〕廖平：《重訂穀梁春秋經傳古義疏》，《續修四庫全書·經部·春秋類》，第 133 冊。

46.〔清〕崔適：《春秋復始》，《續修四庫全書·經部·春秋類》，第 131 冊。

47.〔清〕江永：《群經補義》，《景印文淵閣四庫全書·經部·五經總義類》，第 194 冊。

48.〔清〕臧琳：《經義雜記》，《續修四庫全書·經部·群經總義類》，第 172 冊。

49.〔清〕陳壽祺：《五經異義疏證》，《續修四庫全書·經部·群經總義類》，第 171 冊。

50.〔清〕王引之：《經義述聞》，南京：江蘇古籍出版社，2000 年。

51.〔清〕阮元校刻：《十三經注疏》，北京：中華書局，1980 年。

52.〔清〕黃奭輯：《漢學堂經解》，揚州：廣陵書社，2004 年。

53.〔清〕皮錫瑞撰，周予同注：《經學歷史》，北京：中華書局，1959 年。

54.〔清〕康有爲：《新學僞經考》，北京：古籍出版社，1956 年。

55.〔清〕段玉裁：《説文解字注》，上海：上海古籍出版社，1988 年，第 2 版。

史部

56.〔漢〕司馬遷：《史記》，北京：中華書局，1959 年。

57.〔漢〕班固：《漢書》，北京：中華書局，1962 年。

58.〔劉宋〕范曄：《後漢書》，北京：中華書局，1965 年。

59.〔梁〕沈約：《宋書》，北京：中華書局，1974 年。

60.〔唐〕房玄齡等：《晉書》，北京：中華書局，1974 年。

61.〔唐〕魏徵等：《隋書》，北京：中華書局，1973 年。

62.〔宋〕歐陽修、宋祁：《新唐書》，北京：中華書局，1975 年。

63.〔明〕宋濂：《元史》，北京：中華書局，1976 年。

64. 王鍾翰點校：《清史列傳》，北京：中華書局，1987 年。

65. 上海師範大學古籍整理研究所校點：《國語》，上海：上海古籍出版社，1998 年。

66.〔清〕王鳴盛撰，黃曙輝點校：《十七史商榷》，上海：上海書店，2005 年。

67.〔清〕錢大昕撰，方詩銘、周殿傑點校：《廿二史考異》，上海：上海古籍出版社，2004 年。

68.〔清〕錢大昕撰：《三史拾遺》，《續修四庫全書·史部·史評類》，第454 冊。

69.〔清〕崔適撰，張烈點校：《史記探源》，北京：中華書局，1986 年。

70.〔元〕馬端臨：《文獻通考》，北京：中華書局，1986 年。

71.〔清〕朱彝尊：《經義考》，《景印文淵閣四庫全書·史部·目錄類》，第677 冊。

72.〔清〕阮元撰，羅士琳續補：《疇人傳》，《續修四庫全書·史部·傳記類》，第516 冊。

子部

73.〔清〕王先謙：《莊子集解》，《諸子集成》第三輯，上海：上海書店，

1986 年。

74.〔清〕陳立撰，吳則虞點校：《白虎通疏證》，北京：中華書局，
　　1994 年。

75.〔清〕閻若璩：《潛邱劄記》，《景印文淵閣四庫全書・子部・雜家類》，
　　第 859 冊。

76.〔清〕王念孫：《讀書雜誌》，南京：江蘇古籍出版社，2000 年。

77.〔明〕黃道周：《三易洞璣》，《景印文淵閣四庫全書・子部・術數類》，
　　第 806 冊。

78.〔清〕張爾岐輯：《風角書》，《續修四庫全書・子部・術數類》，第
　　1052 冊。

79.〔清〕錢大昕：《三統術衍》，陳文和主編：《嘉定錢大昕全集》，南京：
　　江蘇古籍出版社，1997 年，第 8 冊。

80.〔清〕李銳：《漢三統術》，《續修四庫全書・子部・天文曆算類》，第
　　1045 冊。

81.〔清〕成蓉鏡：《漢太初曆考》，《續修四庫全書・子部・天文曆算類》，
　　第 1036 冊。

82. 劉師培：《古曆管窺》，《劉申叔遺書》，上冊，南京：江蘇古籍出版社，
　　1997 年。

集部

83.〔宋〕晁說之：《景迂生集》，《景印文淵閣四庫全書・集部・別集類》，
　　第 1118 冊。

84.〔清〕錢大昕撰，呂友仁標校：《潛研堂集》，上海：上海古籍出版社，

1989 年。

85. 〔清〕孫星衍撰，駢宇騫點校：《問字堂集》，北京：中華書局，
1996 年。

二、近人論著

86. ［日］新城新藏撰，沈璿譯：《東洋天文學史研究》，上海：中華學藝
社，1933 年。

87. 章鴻釗：《中國古曆析疑》，北京：科學出版社，1958 年。

88. 魯實先：《劉歆〈三統曆〉譜證舛》，臺北："國科會"叢書，第二種，
1965 年。

89. 《馬王堆漢墓帛書〈五星占〉釋文》，《中國天文學史文集》，第一集，
北京：科學出版社，1978 年。

90. 陳遵媯：《中國天文學史》，第三册，上海：上海人民出版社，1984 年。

91. 陳奇猷：《呂氏春秋校釋》，上海：學林出版社，1984 年。

92. 朱伯崑：《易學哲學史》，北京：北京大學出版社，1986 年。

93. 張培瑜：《中國先秦史曆表》，濟南：齊魯書社，1987 年。

94. 楊伯峻：《春秋左傳注》（修訂本），北京：中華書局，1990 年。

95. 周予同撰，朱維錚編：《周予同經學史論著選集》（增訂本），上海：上
海人民出版社，1996 年。

96. 何寧：《淮南子集釋》，北京：中華書局，1998 年。

97. 盧央：《京房評傳》，南京：南京大學出版社，1998 年。

98. 黄暉：《論衡校釋》，北京：中華書局，1999 年。

99. 盧央：《京氏易傳解讀》，北京：九州出版社，2004 年。

100. 顧頡剛、劉起釪：《尚書校釋譯論》，北京：中華書局，2005 年。

101. 陳夢家：《西周年代考》，北京：中華書局，2005 年。

102. 曲安京：《中國曆法與數學》，北京：科學出版社，2005 年。

103. 江弘遠：《京房易學流變考》，臺中：瑞成書局，2006 年。

104. 高懷民：《兩漢易學史》，桂林：廣西師範大學出版社，2007 年。

105. 沈延國：《京氏易傳證偽》，《民國叢書》（第四編），上海：上海書店出版社，第 50 冊。

106. 席澤宗：《中國天文學史的一個重要發現——馬王堆漢墓帛書中的〈五星占〉》，收入《中國天文學史文集》（第一集），1978 年。

107. 李文林、袁向東：《論漢曆上元積年的計算》，中國自然科學史研究所主編：《科技史文集》（第 3 輯），上海：上海科學技術出版社，1980 年。

108. 張培瑜：《〈春秋〉〈詩經〉日食和有關問題》，《中國天文學史文集》（第三集），北京：科學出版社，1984 年。

109. 勞榦：《殷周年代的問題——長期求證的結果及其處理的方法》，《"中研院"歷史語言研究所集刊》，第 67 本 2 分，1996 年 6 月。

110. 沈文倬：《〈禮〉漢簡異文釋》，《宗周禮樂文明考論》，杭州：浙江大學出版社，1999 年。

後　記

　　二〇〇五年十月，筆者有幸進入北京大學中文系博士後流動站，從安平秋先生問學，研究課題擬爲"兩漢經學中的曆術背景"。閱二寒暑，前四章稿成。出站後，旋受聘於南開大學。任課之餘，補寫杜預《長曆》一章。今五章皆已刊發，① 蒙南開大學資助，遂統一各章體例，略爲修改，謹就正於明達君子。

　　拙文自選題至完稿，時時請益於平秋師。先生溫恭謙和，循循善誘，有時一語提撕，令人豁然開朗，弟子近之，愉愉如也。北大古文獻研究中心諸位先生，楊忠教授、曹亦冰教授、董洪利教授、高路明教授、吳鷗教授、楊海崢教授、顧永新教授，華東師範大學古籍所教授嚴佐之先生，或中期考核，或出站審查，並多教正。感激之情，中心藏之。

　　出站至今，四載倏忽而過，人事不免擾攘，學問又欠潛研，猶憶曩昔每日自北大中關園寓所步行，過天橋，入小東門，至燕

---

① 第一章刊於臺北"中研院"文哲所《集刊》。第二章刊於《台大文史哲學報》。第三章之第五節並附錄，刊於《中國史研究》；其餘各節刊於臺北《漢學研究》。第四章刊於臺北"中研院"史語所《集刊》。第五章刊於新竹《清華學報》。

南餐廳，餐畢，即折向圖書館，真可謂手不釋卷。其歡樂自得，滿乎心而溢於容。以彼較此，殊多愧色。《易》曰："君子終日乾乾，夕惕若"，適值拙文梓行之際，三復斯言，從此自警自勵也。

二〇一一年十月十五日，霞浦郜積意謹識

補 記

本書二〇一三年由北京大學出版社初版。十年來，不少讀者提出寶貴的批評意見，作者的觀點也有不少變化。蒙趙瞳女史美意，上海古籍出版社擬重版本書，於是重新修訂，或刪補，或改寫。論《乾鑿度》一章乃近年所寫，因涉及易緯象數，與本書主題略相關，故補作"附論"。

作者以前習經，重在經學史，近年興趣漸移，於本經義例多所關注。今再讀舊文，總嫌未能盡愜於心。古人云："年五十而知四十九年非。"回想當年寫完初稿時，自得自滿，而今難免自哂自嘲。噫，學不可以已矣！

二〇二二年十一月二日，郜積意又識